高等学校经济与管理类系列教材

U0656430

战略管理 （第二版）

吴金希 ◇ 编　著

华东师范大学出版社
·上海·

图书在版编目(CIP)数据

战略管理/吴金希编著. —2 版. —上海:华东师范大学出版社,2016.5
ISBN 978 - 7 - 5675 - 5331 - 6

Ⅰ.①战… Ⅱ.①吴… Ⅲ.①企业战略—战略管理—教材 Ⅳ.①F272

中国版本图书馆 CIP 数据核字(2016)第 129445 号

战略管理(第二版)

编　著	吴金希
项目编辑	孙小帆
特约审读	程云琦
责任校对	陈　易
封面设计	俞　越

出版发行　华东师范大学出版社
社　　址　上海市中山北路 3663 号　邮编 200062
网　　址　www.ecnupress.com.cn
电　　话　021 - 60821666　行政传真 021 - 62572105
客服电话　021 - 62865537　门市(邮购)电话 021 - 62869887
地　　址　上海市中山北路 3663 号华东师范大学校内先锋路口
网　　店　http://hdsdcbs.tmall.com

印 刷 者　常熟市文化印刷有限公司
开　　本　787 毫米×1092 毫米　1/16
印　　张　16.5
字　　数　371 千字
版　　次　2017 年 6 月第 2 版
印　　次　2025 年 8 月第 5 次
书　　号　ISBN 978 - 7 - 5675 - 5331 - 6
定　　价　38.00 元

出 版 人　王　焰

(如发现本版图书有印订质量问题,请寄回本社客服中心调换或电话 021 - 62865537 联系)

第二版序

党的二十大报告从全面建设社会主义现代化国家和全面推进中华民族伟大复兴的战略全局高度，首次对教育、科技、人才作出一体部署，强调要加快建设教育强国、人才强国，办好人民满意的教育，落实立德树人根本任务，培养德智体美劳全面发展的社会主义建设者和接班人。

近年来，中国和世界的经济环境及形势发生了较大的变化，中国成为全球第二大经济体，制造业总量位居全球第一，很多中国企业走出国门，把国际化战略运营得卓有成效，现已有一百多家中国企业位居世界五百强之列，华为、小米、联想、中兴等企业依靠创新获得了世界的尊敬。另外，移动互联网、工业互联网、智能制造、大数据、云计算、机器人、物联网等新技术和新产业正在国内外如火如荼地展开，中国正在迈向制造强国的行列。

因此，面对国内外经济技术快速发展的形势和日益激烈的竞争，国内产业转型升级及国际化的压力越来越大，中国企业和产业迫切需要战略管理理论的指导和启发。另一方面，日新月异的产业发展形势、实践界的迫切需求，也要求学术界与时俱进，提供更有价值和针对性的理论及方法指导。

正是受到这样的理念和使命感的驱动，我们对本教材进行了修订。修订版除了系统订正第一版的部分错漏，将所有的案例和统计数据资料进行了最大程度的更新，删除了一些不合时宜的案例外，本次修订还吸收了这几年战略管理理论出现的有价值新观点，尤其增加了部分中国企业探索出的鲜活实践经验。

感谢本书所引用的所有参考资料的作者，由于教材体例的原因，不能一一注明，在此一并致谢。

人文日新、持续精进，打造在国内，乃至国际上具有重要影响力的精品教材是编著者的唯一目标。但是，罗马不是一日建成的，本次修订只是万里长征中的又一小步。为跟上飞速发展的时代、满足广大读者的迫切需求，我们希望每隔几年对本书进行一次修订，几十年如一日坚持下去，必定能够到达光辉的顶点。

欢迎广大读者就书中出现的问题与我们进行沟通和讨论，指出其中的缺点和错误，共同建设有中国风格、影响世界的战略管理学教材。

吴金希

2023 年 2 月于清华大学

第一版序

在中外文明中,"战略"一词有着悠久的历史传统,它涉及的往往是一国的政治、经济、军事、外交领域的全局性的智谋、韬略和系统的行动方案。毛主席曾经指出,凡属带有要照顾各方面和各阶段的性质的,都是战争的全局,研究带全局性的战争指导规律,是战略学的任务。

20 世纪中叶以来,这种源于政治、军事领域的"战略"学逐渐被应用到企业管理领域,并逐渐发展成为一门枝繁叶茂而且具有重要影响的管理学科——企业战略管理学。

在企业管理领域,战略学的核心任务是着眼于企业经营的全局性和根本性问题,尤其是关心一个核心问题,即企业怎样才能成功。也就是说,在同样的环境下,为什么有的企业取得了成功,有的企业却失败了。要回答这个核心问题,必须考虑企业及其周围环境的全局性影响因素和长远的发展趋势。恰如中国古代贤哲所说的,不谋万世者不足以谋一时,不谋全局者不足以谋一域,全面、长远地考虑问题就是企业战略学的根本任务。

因此,在管理实践中,战略问题变得越来越重要,它越来越成为企业最高领导层所主要考虑的问题,越是大公司,战略问题越重要。在像美国通用电气(GE)、西门子、IBM 这样的大型跨国公司中,战略问题是它们的 CEO 们天天要讨论和思考的问题。在战略决策问题上,往往是"一着不慎,满盘皆输"。美国未来学者托夫勒曾经形象地描述了没有战略的企业,说它们就像在险恶天气中飞行的飞机,始终在气流中颠簸,在暴风雨中穿行,最后很有可能迷失方向。

在当前工商管理学科的教学体系中,战略管理学也处于核心地位。一般而言,战略管理课往往放在学生培养的最后阶段,在学生们系统地学习了"生产和运作管理"、"质量管理"、"财务管理"、"技术管理"、"人力资源管理"等基础性课程后,商学院才为他们开设这门课程,它要求学生综合运用以前所学的各种专业知识来分析公司综合性、全局性的战略问题。而对公司战略问题的分析判断和决策,往往是考验一个管理者综合素质和能力的最有挑战性的试金石。在学术领域,战略管理学的影响力也越来越大,其理论成果越来越多地渗透到了相关学科,其中如价值链管理、核心竞争力、低成本战略、差异化竞争等基本概念已经成为整个管理学大厦的基石。

目前,在国内外图书市场上,战略管理教材并不鲜见,我们力争在前人成果的基础上,做到博采众长、融会贯通、自成一体、有所创新。为此,本教材在内容和形式上作了很多创新尝试。

首先,本教材吸收了最新的战略管理理论成果。众所周知,知识经济和全球化是我们这个时代的主旋律,知识、创新、核心竞争力、基于规则的竞争和动态优势等概念是战略管理理论应对新形势的最新成果。在这样的大背景下,本教材强调和突出了当前的时代特点和发展趋势,在阐释理论的同时强调了这些新成果。

其次,本教材紧密结合管理实践。国内外企业管理的实践发展日新月异,尤其是中国改革开放三十多年来,中国经济、中国企业发生了翻天覆地的变化,中国企业群体正在创造一个又一个新的奇迹。一本好的教材必须紧跟时代步伐,与时俱进。本教材很多内容都凝结了作者们在多年教学和咨询过程中所积累的知识与实践经验,在用鲜活的案例解释经典的战略管理理论时,我们结合中国现实,力求采用最新的案例资料,给读者以鲜明的时代感。

再次,结构新颖。本教材定位为高校工商管理类专业的本科教材,因此特别注重教材的基础性和可读性,即把学科的基本概念、基础知识和技能按其内在的逻辑体系用通俗易懂、生动活泼的形式呈现出来。本教材借鉴并发扬了国内外经管类教材的先进体例,在每一章中设立了"学习目标"、"开篇案例"、"知识链接"、"案例应用"等栏目,结构比较新颖。

除了适用于本科教学外,我们认为本教材对于广大攻读 MBA 的同学以及企业管理的实践者而言,也不失为一本上乘的参考资料。

在本教材的编著过程中,吴金希承担了第一章的撰写工作;彭锐撰写了第五、六、七、八章;边秀武撰写了第二、三、四章和第十章的初稿;马琳撰写了第九章,并对第十章进行了修订;吴金希对第二、三、四章初稿进行了较大修改和订正。全书由吴金希统一审定。

感谢华东师范大学出版社曹利群、赵建军两位编辑的鼓励、协助、指导。一并感谢书中所有参考资料的作者。

由于作者才疏学浅,疏漏之处肯定很多,恳请读者批评指正,以利于再版时进行修正。

吴金希

2010 年于清华大学新斋

目录

第一章
战略管理概述

- 掌握战略管理的概念和特征
- 了解战略管理的过程和步骤
- 了解战略管理的学科特点和发展趋势

1993年3月的一天，郭士纳（Louis V. Gerstner, Jr.），一个学管理出身的技术外行，在很多人的劝说下接受挑战，"空降"到全球最大的电脑公司——IBM担任公司CEO。当时，IBM深陷经营危机，销售额和利润连续数年直线下滑，郭士纳接手IBM时，公司亏损高达160亿美元，很多评论家正在讨论如何"肢解""坟墓"中的IBM。

在IBM的危急关头，这位毕业于哈佛大学商学院的战略管理大师经过广泛的调查研究和深思熟虑，制定了一系列战略决策，为IBM这个庞然大物重新找回了方向。尽管他对计算机领域的技术并不十分精通，但是他早年的学习经历以及在麦肯锡公司、美国运通公司和雷诺-纳贝斯克公司担任高级经理的经历，使他成为一个具有敏锐战略洞察力和超强战略执行力的卓越领导人。在背水一战的情况下，郭士纳在很短的时间内就对整个世界计算机产业及其未来有了十分清晰的认识，且为IBM制定并实施了一系列卓有成效的战略调整措施——减掉硬件制造，增加综合技术服务能力与业务，使得IBM重振雄风。在郭士纳为IBM掌舵的9年间，IBM的销售额不仅及时止住了下滑的趋势，而且实现了持续的盈利，股价上涨了10倍之多，转而成为全球最赚钱的公司之一。

是什么原因使得郭士纳成为妙手回春的神医？透过上述传奇般的故事，我们可以发现，郭士纳能取得成功是因为他对IT产业有着过人的洞察力和分析预测能力，是因为他对知识经济时代什么是企业核心能力的概念有着透彻理解，是因为他能够系统完善、思维缜密地进行战略决策，更是因为他有着包括改善企业文化在内的卓越的战略执行力。一句话，是战略管理的力量帮助他走向了成功！

第一节 战略管理概念、作用和特征

在中国几千年的灿烂文明中，"战略"对我们而言不是一个陌生的概念，无论是享誉世界的《孙子兵法》，还是迄今为止仍然摆在一些国家政要桌面上的《毛泽东选集》，它们都蕴含着深刻的战略思想和系统的战略理论。几千年中华文明中的战略思想是对人类文明的一大贡献。

在西方，战略的英文表达是"strategy"，来源于希腊语"strategos"一词。最初，它是由"stratos"（军队）和"ago"（领导）两词合并而来的，其原始含义可以解释为"将军指挥军队的艺术"。根据《韦氏词典》中的定义，战略学是指"计划和指挥大规模军事行动，在与敌人进行实际作战之前，将力量调动到最具有优势位置的科学"。总之，从历史传统来看，无论中外，战略往往是与一国的政治、军事、外交领域的全局性的智谋、韬略和系统性的行动方案联系在一起的。

20世纪中叶以来，源于政治、军事领域的"战略"一词逐渐与企业的经营活动联系在一起，并首先出现在西方的企业管理理论体系之中，继而逐渐发展成为一门枝繁叶茂而且具有重要影响的管理类学科——企业战略管理学。

一、战略管理的概念

简而言之，企业"战略"（strategy）是决定企业整体利益和经营大方向的谋略及其策略体系。同样，"战略管理"（strategic management）不同于企业一般的日常管理活动，它是指决定企业长期业绩的管理决策和行动过程。对于企业战略和战略管理，国内外不同的学者有着不同的见解，他们从不同的角度出发给出了不同的定义。本书采用的是我国著名战略管理学家刘冀生教授的定义，他认为，"企业战略是企业根据其外部环境及企业内部资源和能力状况，为求得企业生存和长期稳定的发展，为不断地获得新的竞争优势，对企业发展目标、达成目标的途径和手段的总体谋划"[①]；"企业战略管理是指企业战略的分析与制定、评价与选择以及实施与控制，使企业能够达到其战略目标的动态管理过程"[②]。

从上述定义中，我们可以看出，与很多人的误解不同，企业战略不是企业仅仅贴在墙上、写在横幅上的几句标语和口号，它其实是指企业在对自己所处的经营环境以及对自身经营条件总体分析判断的基础上进行的系统谋划，是一套完整的决策体系，是企业日常经营活动的总纲领，是企业在竞争形势下的定位和再定位，是企业进行资源配置、有所为有所不为的主要依据，是号召企业全体员工朝着既定目标共同前进的精神支柱。从上述定义中，我们还可以看出，企业战略的要素包括企业内外部环境因素及其分析、企业战略目标及其确定、企业为达到战略目标而采取的发展途径、企业实施战略所形成的策略体系等多种要素。

另外，企业战略和战略管理的概念略有不同，不能混淆。企业战略强调的是总体谋划

---

① 刘冀生著：《企业战略管理》，清华大学出版社2003年版，第1页。
② 同上书，第8页。

和策略体系,而战略管理则强调的是行动和过程,它是由分析形势和环境、形成战略方案、执行战略方案、反馈和控制等几个相互承接及环环相扣的过程组成的。

二、战略管理的作用和特征

(一)战略管理的作用

犹如军事战略对军队的重要作用一样,企业的战略管理对企业发展也同样具有重要的作用。研究表明,那些开展战略管理的企业的业绩一般要强于没有进行战略管理的企业。一项对不同国家企业的调查表明,战略管理对于企业而言,最重要的作用表现在三个方面:第一,能帮助企业对战略远景有清晰的认识;第二,使企业能集中于战略上的重要方面;第三,能提高企业对迅速变化的环境的理解程度。[①] 国内外企业的实践证明,战略管理的重要作用主要体现在以下方面:

1. 战略管理是企业长期生存和获取竞争优势的保证。简言之,战略管理使得企业能够认清形势、扬长避短、把握机会、主动出击。战略管理的过程是企业对自身资源条件以及所处经营环境清醒认识的过程,它可以使企业更主动地适应和改变环境、把握自己的未来,而不是被动地对环境变化作出反应。随着经济全球化进程的进一步加快和信息技术革命的影响,商业竞争越来越激烈,只有那些有效地利用战略管理方法进行决策的企业才能确保长久的成功。很难想象,那些缺乏清晰方向、目标模糊、得过且过、战略混乱、缺乏有效战略执行的公司能够在复杂多变的竞争环境中走多远。现在,无论是小企业主,大型跨国公司的 CEO,还是众多的 NGO 组织的管理者都已经认识到了战略管理所起到的重要作用。

2. 战略管理能使企业加强内部沟通,提高组织的凝聚力和战斗力。战略管理的实践表明,战略管理本身不仅仅是系统的、合乎逻辑和理性的战略决策,更重要的是它是一个企业上下参与和沟通的过程。沟通是战略管理的关键。在战略管理过程中,有效的对话、沟通、理解和参与的重要性远远大于一份装帧精美的战略管理报告文本本身。战略管理过程中的有效沟通,可以使企业全体员工知道本企业当前所处的环境是什么,未来的战略是什么,为什么是这种战略。只有了解了这些,员工才会感觉到自己是企业的一部分,才知道自己应该怎样做才能符合企业的最大战略利益,也才能在战略执行过程中最大限度地发挥主动性和创造力。一个好的战略管理必须将企业的员工当作战略实施的主人。

案例 1-1

梦想助迪士尼走向世界

经验表明,一个公司在创建初期,如果其创始人拥有一个远大的"梦想",往往会对公司的发展起到长期的战略引导作用,它也成为公司发展的不竭动力。

[①] 托马斯·L·惠伦等著,王玉译:《战略管理与企业政策》,清华大学出版社 2005 年版,第 6 页。

迪士尼公司,全称为 The Walt Disney Company,是全世界家喻户晓的娱乐公司,其创始人为华特·迪士尼。他出生在一个生活条件并不好的家庭,他的父亲对孩子们管教极严,在他们很小的时候就经常让他们打工挣钱,如果表现不好还会遭到毒打。但是,严酷的成长环境并没有扼杀迪士尼对于梦想的勇敢追求,梦想加上卓越的洞察力帮助他为全世界打造了一个梦幻王国,他也因此成为 20 世纪美国最著名的商界领袖。

1923 年,年仅 22 岁的华特·迪士尼和他的哥哥罗伊·迪士尼创办了"迪士尼兄弟工作室",从此走上了娱乐创意创作之路。当时这个工作室创作了一部时长为 8 分钟的动画,他还别出心裁地为动画配上了声音,染上了色彩。其实,初期的事业发展并不是一帆风顺的,更严峻的是,20 世纪 20 年代末,美国正值大萧条时期,经济萎靡不振、大量失业人员涌现,他自己的生活处境也惨不忍睹。但是,迪士尼坚持认为"做不可能的事情是一种欢乐"。生活的困境并没有阻碍迪士尼创意火花的不断涌现,他不仅创作了世界上第一部有声动画《威利号汽船》,还使得米老鼠成为影响一代又一代年轻人的经典动画形象。

无止境的创意和梦想让迪士尼为人们营造了一个又一个奇妙的童话世界,迪士尼逐渐在娱乐界大获成功。近百年来,迪士尼还为人们构建了"媒体网络(Media Networks)"、"乐园及度假村(Parks & Resorts)"、"影视娱乐(Studio Entertainment)"、"消费品(Consumer Products)"、"互动娱乐(Interactive)"等五位一体的业务链,这些环环相扣的产业链使迪士尼成长为世界第二大跨国传媒娱乐集团,全球员工超过 18 万人,在福布斯企业 500 强中排第 232 位(2014 年)。

迪士尼乐园更是将人类的想象和创意发挥到了极限,被人们誉为"地球上最快乐的地方"。自 1955 年华特·迪士尼在美国加州建立了第一家迪士尼乐园至今,迪士尼在全球 6 个城市共建造了 15 个主题乐园(其中洛杉矶 2 个,奥兰多 7 个,巴黎 2 个,东京 2 个,香港 1 个,上海迪士尼乐园也已经于 2016 年建成开放)。迪士尼乐园将梦幻般的快乐从虚拟的动画作品转变成为现实的场景,让人们能够亲身经历迪士尼动画中的梦幻世界。

正如迪士尼所说的,"只要幻想存在于这个世界,迪士尼乐园就永远不会完工"。正是这种信念和梦想才是引领迪士尼持续成功的不竭的原动力。

图 1-1   迪士尼公司的经典动画明星米老鼠

（二）企业战略管理的特征

与人力资源管理、生产管理、财务管理等企业具体的管理职能相比较，企业战略管理一般具有以下几方面的显著特征：

1. 全局性和复杂性

"不谋全局者不足以谋一域"，企业的战略必须考虑事关企业发展全局的多种因素。这表现在：企业战略必须顺应整个世界以及有关区域、国家的政治、经济、技术、社会的发展趋势；企业战略必须顺应所处行业的技术、经济、业务模式的发展潮流和趋势；企业战略还要照顾企业发展的方方面面。因此，没有全局观念的战略不可能是一种有效的战略。

正是因为企业战略要考虑与企业有关联的方方面面的因素，因此，无论是企业战略分析、方案的制定与选择、方案的实施与控制等都是异常复杂的，往往是一种非程序性的决策。任何一项战略性的决策都是决策者们长时间的、复杂的，甚至是痛苦的脑力劳动和多方磋商的结果。

2. 超前性和风险性

"不谋万世者不足以谋一时"，企业战略是对企业未来发展的一种总体谋划，它决定了企业未来发展的方向和趋势。因此，战略管理必须具有一定的超前思维，必须洞悉未来数年，甚至一二十年内整个社会经济发展以及相关产业的变化趋势，并作好相应的充分准备。

而未来往往是难以预测的，因此，战略管理必须充分考虑环境以及企业内部各种因素在未来的各种不确定性，充分估计影响企业发展的各类风险因素，不仅要作最好的打算，更要有会出现最坏结局的心理准备，做到未雨绸缪、防患于未然。

3. 系统性和层次性

从企业战略的定义中我们可以看出，它是关乎企业未来发展的全局性的一系列谋划，因此，战略本身是各种因素组成的一个有机整体，具有系统性。系统的各个要素之间相互联系、相互支持，共同构成战略的系统整体。缺乏了系统性，战略就会变得支离破碎和相互矛盾，其有效性将大打折扣。

规模足够大的公司其战略一般分为几个层次，最高层次称之为公司战略，公司战略之下还有业务战略和职能战略等。公司级的战略代表了公司总战略，而业务部门的战略和职能部门的战略则是在总战略指导下的具体战略，有时候，人们称之为"策略"或者"战术"，以示与公司总战略的区别。应当指出，企业不同层次的战略必须保持高度的协调。公司总战略必须能够指导各个业务部门或者职能部门的战略；反过来说，各业务部门和职能部门的战略必须符合公司总战略，这也正是战略的系统性所在。

知识链接 ·· ●●●●

战略的层次

大型企业的战略一般包括三个层次，或者说三种类型：公司战略、业务战略、职能战略。

公司战略描述了公司的整体发展方向，它主要关注三个方面的问题：第一，决定公司发展的战略态势。公司级战略态势往往有发展型战略态势、稳定型战略态势和收缩撤退型战略态势三种。第二，决定公司发展什么业务以及各项业务及产品线的结构。第三,决定公司总部如何协调整合公司资源、形成合力,促使公司各业务单元相互协作,共同创造公司最大价值。公司级战略由公司 CEO 和董事会负责制定和实施。

业务战略是指业务单元或者产品事业部战略。它主要关注各项业务如何获得竞争优势的问题。业务战略由业务单元经理或者执行副总裁负责制定和实施。

职能战略,有时候也被称为职能策略,它是职能部门采取的使资源效用最大化,以实现公司和业务单位目标及战略的方法,是公司战略和业务战略在职能领域的体现。职能战略考虑的是开发和培育公司独特的专长,为公司和业务单位提供竞争优势。例如,公司的研发部门、营销部门、服务部门都可以为公司打造独特的竞争优势。职能战略由职能部门主管负责制定和实施。

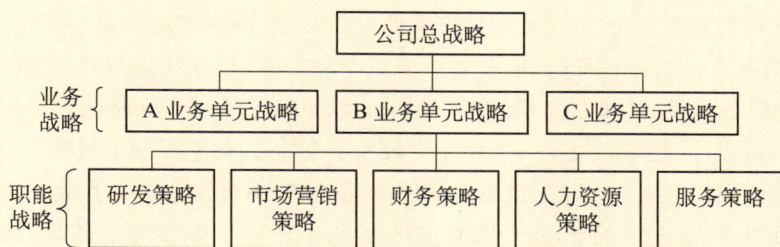

图 1-2　大公司战略的层次与体系

4. 竞争性和合作性

除非是行业的垄断者,一般的企业必须通过赢得市场的竞争才能生存和发展,制定战略的目的就是使企业赢得未来的竞争,竞争性是企业战略的本质特性之一。

但是,竞争只是手段,竞争不是绝对的,企业的最终目的是发展,发展过程中不排斥与竞争对手合作。因此,企业战略不能一味强调打败竞争对手,还要有合作共赢的理念。这一点,也许是企业战略与军事战略的不同之处,军事集团相互对立,各自的军事战略往往充满了对抗和敌意,以消灭对手为最终目标和根本原则。

5. 稳定性和动态性

企业战略是在充分考虑企业未来发展环境的种种不确定性因素以后制定的一种长远谋划,因此,它具有一定的稳定性。除非企业的战略环境发生了与预期不同的重大变化,不然企业的战略不应该随随便便地被修改,否则,战略就会失去其权威性、指导性和号召性。

但是,战略也不是一成不变的僵化教条,它必须具有能够适应动态环境的特点。也就是说,随着内外部环境因素的变化,战略的一些细节可以进行微调,如一些具体的战略指标等。另外,如果环境发生了超过战略初期预期的重大变化,战略必须进行修改和调整。尤其是随着全球经济一体化进程的加快和知识经济时代的到来,企业的环境变化越来越复杂,技术的更新换代越来越快,战略必须具有相当大的柔性和弹性,否则将不能适应时代的发展。

总之,企业战略管理具有全局性和复杂性、超前性和风险性、系统性和层次性、竞争性和合作性、稳定性和动态性等特点,正因为如此,它才事关企业的长远发展和兴衰成败,具有极其重要的意义,它不同于一般的职能管理和业务管理,它是企业高层重点关心的问题。资料表明,越是大的跨国公司,其CEO越是会将大部分时间用于考虑公司的战略问题,正所谓"运筹帷幄,决胜千里"。

第二节　战略管理的过程与步骤

一、企业战略管理过程

企业战略管理是一个动态的、连续不断的过程,一般包括战略分析与制定、战略评价与选择、战略实施与控制三个方面,三者形成一个完整的、相互联系的动态过程,如图1-3所示。在图1-3中,企业战略管理过程(strategic management process)没有被画成一个线性的串联过程,而是被画成了一个相互交融和重叠的过程,它反映了战略管理过程的复杂性、动态性和交互性。它表明,随着时代的变化,战略不再是一个先有战略蓝图再组织实施的线性过程,很多情况下,企业战略蓝图还没有制定出来,战略实施就已经开始了。图1-3中的交互和重叠也反映了企业战略管理过程的沟通和互动,反映了企业战略管理发展的新趋势。

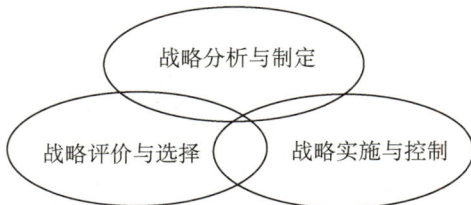

图1-3　企业战略管理过程中相互联系的三个方面

此外,企业战略管理的过程是一个不断循环往复、不断完善、不断优化、不断创新的过程,是一个永无止境的螺旋式上升过程。一个战略阶段的完成不是战略管理过程的结束,而是新一轮战略过程的开始,每一个循环代表了企业新的发展阶段。

二、企业战略管理的步骤

根据上述三个战略管理过程,我们可以进一步把这些过程分为若干具体步骤,如图1-4所示。

（一）环境扫描

对企业内、外部环境的分析和扫描是制定战略首要的一步。《孙子·谋攻》说"知彼知己,百战不殆",其实,战略管理的内、外部扫描不仅要分析对手和自己,规范的战略管理还包括很多因素,归结起来,主要包括以下两个方面:

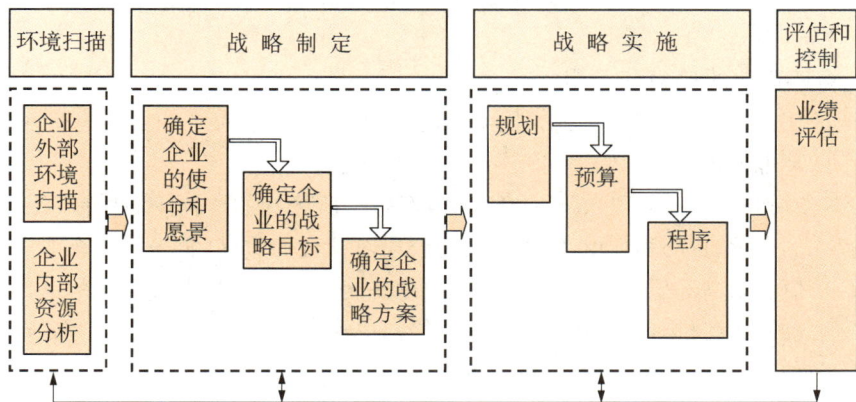

图1-4　企业战略管理的步骤

1. 企业外部环境扫描

简单地说，对企业外部环境扫描就是要回答"我在哪里"这个核心问题。企业的外部环境包括宏观的总体社会环境和具体的产业环境。宏观社会环境又包括宏观经济、政治、科技、社会文化、地理环境，甚至全球化趋势以及变化等；具体产业环境包括产业内的竞争状况、产业价值链的发展状况等，如供应商、替代产业、用户等因素的影响，尤其是要重点分析产业的关键成功要素。

对外部环境的分析就是要洞察外部环境因素及其变化趋势，企业要善于识别这些因素给企业带来的机会，洞悉变化带来的潜在威胁。如果不能发现机会、创造机会、抓住机会、规避风险，企业就只能是盲人摸象，不可能持续生存和发展。尤其是在新世纪，经济全球化、知识经济时代的到来以及新一代IT技术日新月异的发展，导致企业竞争环境突变，这些都要求企业对外部环境保持高度的警惕和敏锐的洞察力。

本书第二章将专门详细论述企业外部环境分析的方法和工具。

2. 企业内部资源分析

企业内部资源分析就是要回答"我是谁"这一基本问题。很多企业在经营过程中往往会迷失自我，尤其是改革开放过程中"速生"出来的若干中国民营企业。它们或许因为抓住了一次机会而得以诞生和发展，却不注重对企业内部资源的分析和利用，主观性较强，成功后往往忘乎所以，最终导致盲目多元化、发展不可持续、核心竞争力薄弱。

企业内部资源分析要从企业与环境的匹配性、企业的优势和劣势、企业的战略得失包括组织资源、文化资源、业务资源、知识资源等若干方面进行。因此，就要分析企业的组织管控架构，找出管理职能和流程的优劣势；就要分析企业的文化，理解企业经营之道；就要分析企业的产业价值链，检查企业的基本价值活动、辅助价值活动，以及各种活动之间的连接状况；就要辨明企业的核心专长、专用资产、运营技巧等关键资源等。只有这样，企业才能判明自己的基本素质和优劣势，才能做到自己的能力与战略机会相匹配，知道自己能干什么和不能干什么。

本书第三章将专门详细论述企业内部资源分析的理论和方法。

（二）战略制定

战略制定是指企业根据自己的优劣势制定有效利用环境机会、规避环境威胁的发展方略。战略制定阶段包括确定企业的使命和愿景、明确企业的战略目标、制定企业的战略方案等。

1. 确定企业的使命和愿景

企业的使命和愿景规定了企业的性质和任务,说明了企业存在和发展的理由,它既与企业当前的环境紧密相连,又具有一定的现实超脱性。

其实,使命和愿景的含义并不完全一致,而是有所区别的。企业的使命(mission)是指组织存在的宗旨、目的和理由,它告诉人们公司对社会的贡献,它表明了企业之所以存在的社会价值和崇高理想所在。愿景(vision)则是企业对于自身想要实现的目标的具体规划,是企业的长远目标,是企业员工共同描绘的一幅美好图景。由于二者都是对企业理想状态的一种描述,因此,很多企业将二者混为一体,不加以严格区分。

企业用清晰、精练的语言将企业的使命和愿景表达出来,有利于组织成员建立起可以共享的期望,也有利于企业在利益相关者中建立良好的公共形象。

2. 确定企业的战略目标

战略目标是企业对未来所要达到的目标和所需完成的任务的规定,是所有计划活动的最终结果,也就是对"我要到哪里去"这个问题的回答。

企业内、外部环境分析、使命和愿景的确定是企业战略目标确定的前提和基础。但是,与企业的使命和愿景不同,战略目标必须落脚到一系列具体的、操作性较强的量化指标体系上,这些指标体系就像罗盘一样,始终指引轮船沿着既定的航线到达目的地。企业的战略目标的内容包括产品结构、市场的竞争地位、企业的国际化开拓水平、收入规模、盈利能力、生产效率、财务状况、人力资源开发、社会责任目标等。

本书第四章将详细论述企业的使命、愿景及战略目标的主要内容。

3. 制定企业的战略方案

战略方案是企业实现战略目标的具体而详细的方法、手段和路径,包括战略方针、战略路径、战略重点、战略阶段、企业政策等方面。尤其是在面对不确定的未来环境时,企业可能要制定各种备选的战略方案,以提高战略的柔性和适应性。公司战略方案制定出来后,还要确定公司各个业务单元的策略,以及各个职能部门的策略,使之成为一个相互支持、相互依存的战略体系。

(三)战略实施

战略实施是将战略方案付诸实施的过程。战略方案再好,它终究代替不了实施,也就是说,战略方案最终要落实到具体的战略执行过程中,落实到一个个战略行动上,常言道,再好的设计方案不如一次出色的行动。高效的战略执行力可以弥补战略方案的部分缺陷,反之,没有很好的执行力,再好的方案也会成为空中楼阁。

战略的实施往往要涉及企业上下所有的部门和职能领域,涉及每一个员工,正因为如此,战略实施往往要比战略制定更加困难。尤其是在企业战略转型的关键时期,企业上下必须从观念、习惯等方面作出较大的调整,所以,企业上下必须反思、学习和改变,这往往要求每一个人付出较平常多得多的代价,因此阻力比较大。有时候,很多企业虽然投入了大量的时间、金钱和人力来制定战略方案,却由于种种原因,将其束之高阁。因此,成功的战略实施不仅需要正确的战略方案,更需要企业上下一致的决心、勇气和团结。

表 1-1　战略制定和战略实施之间的区别

战略制定的特点	战略实施的特点
Do right thing	Do thing right
在行动之前部署资源	在行动中管理和运用资源
注重效果	注重效率
主要是思维过程	主要是行动过程
靠直觉和分析能力	靠激励和组织领导才能
只需要对少数人进行协调	需要对众多人进行协调

战略实施需要对组织结构进行调整,需要为战略决策配置人力、物力和组织资源,需要加强领导,需要改变企业文化,需要流程再造,需要制定新的激励政策,需要制定中、短期的目标,需要克服变革的阻力等。我们可以将这些活动分成规划、预算和程序三种类型。规划是对战略执行过程中需要实施的任务、行动或者步骤所作的计划和说明。规划要对上述组织结构调整、资源配置、企业文化改变、流程再造等战略执行活动进行详尽明确的说明,以指导战略行动。预算是用财务数据表示的规划,用于对行动进行财务计划和控制,预算会对活动的成本进行具体规定,公司资源的调整和配置最终也要通过预算体现出来。预算不仅代表了战略实施计划,而且它还将通过评估财务报表来分析新战略对企业未来财务状况的影响。程序是指具体完成一项特定任务或者工作的先后顺序。程序颠倒往往会导致截然相反的结果,程序的错乱往往会导致战略混乱。

(四)战略评估和控制

战略评估和控制是战略管理步骤模型的最后一个环节,它是对公司活动和业绩结果进行监督的过程,通过战略评估和控制可以将实际的战略绩效和期望的绩效加以对比和分析,找出先前战略管理步骤的弱点所在。如果战略方案不符合实际,企业要及时对战略方案进行调整;如果问题不是出在战略方案上,而是出在战略执行上,企业要加强沟通,加大执行的力度。

最后需要强调的是,图 1-4 表示的战略管理的各个步骤是一个相互联系、相互反馈、相互学习的系统。它反映了战略管理过程的整体性、动态性和柔性,体现了时代变化特征对战略管理的要求。例如,通过战略评估可以对前期的战略方案和战略执行力进行反馈,同时,企业在制定新一轮战略方案时,可以参考和学习上一个战略周期的评估结果。

第三节　战略管理理论发展简史和发展趋势

一般认为,战略管理理论发源于 20 世纪 50 年代。经过几十年的发展,战略管理理论经历了几个发展阶段,已经发展成为一门枝繁叶茂的学科,是世界上所有商学院必修的重点课目之一。

一、战略管理理论发展的三个阶段

自 20 世纪 50 年代战略管理理论兴起以来,人们对它的认识逐步深化,迄今为止,战略管理理论的发展可以大致划分为三个阶段。

(一)理性主义占主导的阶段

二战以后,百废待兴,市场需求巨大。这时候,企业发展往往从自身出发,不太考虑市场情况。因此,这时候企业战略往往强调规划和长期计划,认为只要经过充分构思、设计和规划,战略就能获得成功。相应地,学术界对企业战略的认识也是以理性主义为主导,认为企业外部环境是可以预见的,战略由企业高层制定,然后通过正式计划来实施。这时候,人们往往将企业战略与战略规划、长期计划等概念混为一谈。人们更多地认为,战略就是设计,战略就是计划,战略就是定位。

理性主义的主要代表人物有安德鲁斯(K. R. Andrews)和安索夫(I. H. Ansoff)。哈佛大学波特(M. E. Porter)教授因为提出了企业的产业定位和产业结构分析等学说,也可以被归为理性主义学派。

(二)非理性主义占主导的阶段

20 世纪 70 年代以后,随着西方发达国家市场的饱和,企业以我为主、理性计划已经不再适用。人们发现,再好的战略规划也不会给企业带来更高的收益。因此,战略规划被束之高阁。学术界对战略管理的认识也从理性主义观念之中摆脱出来。人们普遍认为,企业战略比理性主义所认定的要复杂得多。企业战略往往是在不确定的环境中搜寻、试错、学习和抓住机遇等综合作用的结果,不可能表现为千篇一律的模式。企业战略往往是"摸着石头过河",是逻辑渐进主义的和自然形成的等。

(三)整合阶段

20 世纪 90 年代以后,人们对战略管理进行了重新思索和认识,认为理性主义和非理性主义都有片面性,理想的战略管理需要对两者加以整合。一个好的战略管理既需要有好的理性思维、缜密的规划,又需要有权变的思想,必须因时而动、因势而动,以保持战略柔性。加拿大著名的明兹博格教授[①]提出了战略的整合概念,即所谓的"5P"模式,认为,战略既是一种计划(plan)、定位(position)、模式(pattern),又是一种谋略(ploy)和观念(perspective)。我国著名的战略管理专家刘冀生教授也属于战略管理的整合学派。他认为,战略管理要有全面、动态、柔性的特点,强调要关注企业与环境的关系问题、企业战略空间的演变问题、企业的战略资源及其整合问题、企业战略主体生态化和网络化问题、企业战略柔性不断增强的问题。[②]

---

① Mintzberg H. , B. Ahlstrand & J. Lampel. *Strategy Safari*. The Free Press,1998.
② 刘冀生、彭锐编著:《创新时代的企业战略管理:理论·实务·案例》,企业管理出版社 2007 年版,第 18 页。

二、战略管理的十大学派（ten schools of strategic management）

战略管理发展的过程中形成了众多流派和学说,不同的流派按照不同的分类标准划分,例如,从战略管理内容来看,可以将战略管理理论分为结构学派和资源学派。从战略管理过程研究的角度看,明兹博格归纳总结出了十大战略学派①,在学术界产生了较大的影响。

（一）设计学派（the design school）

该学派认为,战略是一个主观的概念化过程。战略制定是企业高层在比较机会和威胁、优势和劣势的过程中形成的,企业通过战略设计以求得内部能力和外部环境的匹配。该学派认为,这种战略形成模式比较适用于外部环境稳定可预测的情况。

（二）计划学派（the planning school）

该学派认为,设计学派分析问题的方法过于主观,战略应该是一个规范的、经过深思熟虑的计划过程,战略应该注重步骤和命令式的控制,强调规划、预算、日程安排和远景方案。通过引入以决策科学为代表的理性的数量分析方法,该学派提出了很多战略制定的数量模型和定量分析方法。该学派认为,战略的制定主要应该靠计划人员,这种战略管理模式比较适用于简单、稳定而且可控环境下的企业经营。

知识链接

迈克尔·波特论中国企业的战略死穴②

2014 年,在一次公开演讲中,波特对中国企业的战略管理提出了尖锐批评:"很多经理不明白战略是什么,他们对战略的理解一塌糊涂。"波特认为:"中国公司最大的问题是,没有把利润率放在首位,这和日本类似,日本公司也是把时间花在市场份额上,此后,它们就开始了长时间的衰退。"

波特认为,中国企业管理者对战略概念的理解往往存在很多误区,有的企业认为战略就是做大,有的把战略看作行动、权力、愿景、实验等,这些都不准确。波特认为战略就是与众不同,战略的本质在于你必须有所不为,一个什么都想尝试的企业不能算作有战略。"价格战"是中国企业战略模糊的一个最直接表现,它导致模仿者众多,产品同质化,从而形成无奈的竞争格局。

波特认为好的战略必备五个条件:(1)创造一种独特、有利的定位;(2)应该有一个与众不同的、为客户经营设计的价值链;(3)需要作出清楚的选择;(4)在价值链上的各项活动必须相互促进,以建立一个环环相扣、紧密连接的价值链,将模仿者拒之门外;(5)好战略必须有持久性,如果每年都对战略进行改变,就不是战略,而是赶时髦。波特认为,如果用这五个条件来衡量的话,很多中国公司是没有战略的。

---

① Mintzberg H. , B. Ahlstrand & J. Lampel, *Strategy Safari*. The Free Press,1998.
② 改编自中国人民大学商学院网站文章,http://www. embaruc. org. cn/newsDetail. php@id＝847. html,原文标题是"迈克尔·波特:中国企业的战略死穴"。

(三)定位学派(the positioning school)

该学派的创始人是哈佛大学迈克尔·波特教授,他从产业经济学和产业组织理论出发,认为战略制定就是一个企业在产业中进行定位分析的过程,即首先选择产业,然后在产业中谋求有利的竞争地位。该学派认为,战略形成过程要靠系统分析和深思熟虑,企业内部的分析师和外部的咨询顾问是战略的主要制定者。这种战略制定模式适用于简单、稳定和成熟的环境。

(四)企业家学派(the entrepreneurial school)

该学派认为,企业战略依靠企业家个人素质来预见企业未来的发展,并通过他的价值观、权力和意志来约束企业的发展,战略是一个企业家对企业未来图景的洞察结果。企业家个人的独特远见对战略具有重要作用。战略形成过程主要靠企业家个人的能力和深思熟虑。

(五)认知学派(the cognitive school)

该学派从认知心理学的角度出发,认为战略制定不仅是一个理性思维的过程,而且也包括一定的非理性思维,并且非理性思维更加重要。因此,战略的形成过程是一个精神活动和心理活动过程,而且往往是自发产生的。该学派学者还认为,战略家的思想观念对战略具有重要的作用。他们要求战略家具有想象力、创造性和艺术家的气质,特别是要具有敏锐的洞察力。

(六)学习学派(the learning school)

该学派认为,环境是复杂不可预测的,通过学习,尤其是有组织的系统学习,企业才能应对环境的不确定性。该学派认为战略形成过程是应急的、非正式和混乱的。学习者或者是任何人都有可能是战略的制定者,战略可以在任何奇怪的地点以任何奇怪的方式出现。领导者不再是深思熟虑的战略家,而是管理战略学习过程的管理者。这种战略模式适用于复杂、动态的环境。

(七)权力学派(the power school)

该学派认为,企业内外部存在着各种正式和非正式的利益团体,他们会利用各自的权力对企业战略施加影响,战略的形成是一个权力谈判及利益平衡的过程。当权者和利益相关者是战略的主要制定者。在这种战略制定过程中产生的战略未必是最佳的战略,它们只是反映了组织中最有实力的集团的利益。

(八)文化学派(the culture school)

该学派认为,企业文化及其背后的价值观念对于战略的形成具有重要的作用,文化不仅影响组织所适用的分析方法,也影响组织中流行的思维模式,因而也就影响战略的形成过程。因此,该学派认为战略的形成是一个基于企业成员共同的理念和理解的社会交往、集体思维过程。战略是独特的集体观念。战略的形成过程是思想上的、集体的、经过深思熟虑的。集体成为了战略的制定者。这种战略管理模式往往适用于稳定的、可控的理想环境。

（九）环境学派（the environmental school）

该学派认为，环境对于企业战略具有重要的影响，企业应该积极地理解并适应环境，战略的形成是一个被动的反应过程。

（十）整合学派（the configuration school）

该学派认为，企业战略是一个复杂的管理范畴，不能按照常规的方法下一个简单的定义，应该从两个角度去认识战略：一方面，战略需要稳定，以形成某种需要从多个角度认识事物的架构；另一方面，战略变革又穿插于一系列相对稳定的战略状态之间，因而，战略架构也是变革的。因此，战略形成过程是系统的、综合的、经过深思熟虑的。这种战略模式适用的环境比较广。

三、战略管理面临的新挑战

（一）20世纪90年代以来企业战略环境的新变化及其挑战

1. IT技术的发展与电子商务

由于IT技术的发展，整个20世纪被称为信息技术的世纪，尤其是20世纪90年代以后，个人电子计算机、互联网、大数据、通信技术的迅猛发展以及普及大大影响了人类社会的生产和生活方式。过去，甚至直至20世纪90年代中期，企业大部分业务经由企业的销售队伍、分销商网络以及零售商店到达客户手中，只有极少数高级经理使用个人计算机，更不用说国际互联网了。但是，现在情况不同了，IT技术的发展对企业战略环境带来的重大变化和多方面的挑战，主要表现在以下几个方面：

一是沟通效率提高、沟通成本降低。IT技术的发展不仅提高了生产、办公自动化的水平，提高了生产服务的效率，而且大大提高了企业内部和企业之间管理和沟通的效率，使得ERP、JIT等生产管理方式便于实现，企业降低了库存，提高了响应速度和反应能力，缩短了周转和交货时间，提高了资源协调能力，增强了企业的战略柔性和竞争力。同时，技术的发展，尤其是互联网的普及，使得人们沟通、交易和管理的成本大大降低。例如，有人统计，通过网络电子支付的成本只是用一张纸质支票支付成本的二十分之一。

二是产品生命周期变短。互联网使得人们提高了搜集、处理、利用外界信息的能力，使人们能够更快感知环境的变化，从而促使企业不断推出适应消费者不断变化的需求的新产品。企业只有不断提高创新能力，不断推出符合市场需求的新产品和新服务才能在市场上立足。在IT时代，产品的生命周期很难以"年"为单位进行计量。从某种程度上说，企业的生命周期也因此变短。比尔·盖茨曾经感慨地说过，微软离破产永远只有18个月。以快制胜成为战略关键。

三是产业结构发生重大变化。IT技术的发展催生了若干软件、硬件产业和相关的服务业，而且规模相当大。新一代IT产业已成为全球第一大产业，其研发投入的资金也占全世界经济支出的三分之一以上。世界上第一台计算机发明出来后，人们普遍认为全世界对这种计算机的需求不过几台，但是，现在的 PC 几乎已经普及到了每个办公桌。不仅如此，IT 技术的发展也使得传统产业的生产方式发生了重大变化。依靠 IT 技术的帮助，传统的机械、化工制造业，服务业中的传媒产业、娱乐产业，甚至农业等产业都朝着自动化、智能化、网络化的方向发展，这提高了生产效率和水平，改变了产业的演化轨迹。近十年来，移动智能终端取代传统 PC 的趋势逐渐明朗，智能手机、智能随身穿戴设备发展方兴未艾。

四是彻底改变了传统商业业态。层出不穷的电子商务模式使消费者和生产服务提供商之间的距离更近了，企业不出国门就可以将市场扩大到全球范围。电子商务使得满足消费者个性化、多样化的需求成为可能，为每一个客户量身定制已经成为现实。例如，DELL 电脑公司已经在 PC 制造业实现了为顾客定制服务。现在越来越多的产业正通过电子商务拉近与客户的距离。产业边界模糊化，制造服务化，跨界竞争白热化，对战略管理提出了更高的要求。

五是竞争更加激烈。由于 IT 技术的发展和电子商务大行其道，传统产业和产业的传统经营模式随时都有被颠覆的可能，企业竞争不再仅仅看规模大小，更重要的是看其创新能力、灵活性和响应速度，"一招鲜，吃遍天"、"赢者通吃"的现象更加普遍。例如，通过电子商务和大数据分析，人们可以发现非常狭窄的市场空白点，创办高度专业化的公司，迅速发展壮大并获得成功，很多互联网的"新贵"都是通过这种方式迅速发展成为商业巨人的。而且在风险投资的助推下，新业态新技术公司的发展已呈星火燎原之势。

2. 经济全球化的加速

经济全球化是指经济要素跨国界流动、经济活动跨国界开展，以至于世界各国经济相互影响、相互依存，成为一个整体共同运作的现象。其实，严格意义上说，跨国界的经济活动和行为古已有之，古代中国的"丝绸之路"就是跨国经济贸易的一种典型形式。工业革命以后，随着人类对地球和地理的重新认识，跨国界的经济活动又逐渐普遍起来。20 世纪 60 年代以后，随着西方主要工业国家生产开始过剩、市场开始饱和，以西方国家为主导的跨国经济行为开始增多。

20 世纪 90 年代以后，随着冷战的结束，世界各国把发展经济作为国家战略的头等大事，加上互联网技术的迅猛发展，拉近了世界各国人们之间的距离，全球经济一体化开始加速。美国知名新闻工作者弗里德曼在其《世界是平的》一书中认为，哥伦布在几百年前发现地球是圆的，但是，现在世界变成"平"的了，世界各国之间经济交流的阻碍正变得越来越小，弗里德曼总结了十种"碾平世界的动力"。

知识链接

碾平世界的十大动力

在《世界是平的》一书中，弗里德曼认为，碾平世界的十大动力是：①

第 1 大动力：柏林墙的倒塌和 Windows 操作系统的建立，它们标志着创新时代的到来；

① 托马斯·弗里德曼著，何帆等译：《世界是平的(第二版)》，湖南科学技术出版社 2006 年版，第 42—154 页。

第 2 大动力：Web 的出现和网景上市，标志着互联时代的到来；

第 3 大动力：工作流软件，让你我的应用软件相互对话；

第 4 大动力：上传（uploading），驾驭社区的力量；

第 5 大动力：外包；

第 6 大动力：离岸经营；

第 7 大动力：沃尔玛与全球供应链；

第 8 大动力：UPS 与内包；

第 9 大动力：谷歌、雅虎和 MSN 搜索服务；

第 10 大动力：数字的、移动的、个人的和虚拟的类固醇（作者所说的类固醇指的是在计算机、移动通信、视频会议等新技术领域的突破——编者注）。

　　经济全球化程度的不断加深不仅表现为国际贸易自由化程度的提高、世界贸易总额的不断增加，而且还表现在：跨国公司全球制造的网络化和体系化、国际资本流动的规模越来越大，科技活动和创新资源全球化趋势越来越明显等方面。总之，世界各国经济相互依赖程度不断加深，任何国家不可能再独立于世界经济体系之外，一国的经济发展状况马上会影响和波及世界各国。例如，2007 年夏天，美国的"次贷危机"就引发了全球性的经融危机。

知识链接

空前规模的国际投资和资本流动
（改编自邹新[①]等人的文章）

（1）2007 年全球 FDI 创下历史新高。据联合国初步的统计数据显示，2007 年全球 FDI 猛增至创纪录的 1.5 万亿美元，比 2006 年的 1.3 万亿美元增长 15.4%。2007 年发达国家和发展中国家吸引的外国直接投资均出现了强劲增长，其中三分之二流向发达国家，剩余三分之一流向发展中国家。由于美元持续贬值，在一定程度上吸引了外国投资资金流入美国，且企业和其他持有不断升值货币的投资者纷纷抢购廉价美国资产，美国成为最大的 FDI 接收国，吸引 FDI 约 1930 亿美元。中国仍然是发展中国家中吸引 FDI 最多的国家，其金额从 2006 年的 690 亿美元，略微下滑至 670 亿美元。

（2）全球金融体系流动性过剩问题加剧。目前全球流动性富余资金超过 18 万亿美元，自 1996 年以来上升了 60%。2007 年，有多重因素加剧了全球流动性过剩问题：一是全球储备货币发行失去外部约束；二是各国货币政策创新增加了流动性创造途径；三是各国央行为缓解信贷紧缩而向市场注入的大量流动性货币缺乏及时有效的回收；四是金融创新产生杠杆效应，2006 年全球金融衍生品交易量达到 412 万亿美元，是全球 GDP 的 10 倍；五是新兴投资势力迅速崛起，其对外投资加剧了全球流动性过剩问题；六是美元资产减持趋势进一步确定，次贷危机之后美元资产遭到自 1998 年俄罗斯债务危机以来最大的抛售风潮，美元资产的减持波及大多数金融产品，

---

① 邹新等：《2007 年国际经济金融分析及 2008 年展望》，《中国经济时报》2008 年 1 月 28 日。

增加了全球流动性;七是国际套利活动频繁,进一步导致全球流动性过剩。流动性过剩致使全球资产价格出现空前大涨,全球通货膨胀压力加大,发达国家和新兴市场之间的资本双向流动日趋频繁,世界经济的持续增长和国际金融体系的稳定面临更大的不确定性,而全球经济不均衡也将进一步加剧。

由于中国经济的快速发展,中国成为二战后全球经济一体化极为重要影响的因素之一,当前中国经济总量位居全球第二,同时是全球最大的货物进出口国。当前,人民币被IMF批准加入SDR,成为了具有国际影响力的货币,随着"一带一路"战略的提出,中国在全球的影响力将会越来越大。

受经济全球化影响,全球竞争问题越来越成为企业发展的战略问题。在20世纪60年代,大部分美国公司还只在美国本土制造和销售自己的产品。但是,今天,不仅仅是美国企业,全世界的企业都必须在全球范围内考虑市场、人才、生产、研发以及服务的问题,一个企业的竞争优势和核心能力只有一个标准,那就是世界标准。例如,企业产品的市场占有率不能再局限于本国市场,国内市场占有率高低往往是暂时的,是经不起跨国公司竞争的。再如,企业的经营成本的标准也不能以本国标准为衡量准绳。由于"中国制造"在国际上有成本优势,因此,中国产品的成本逐渐成为一种国际标准,在国际竞争中,购买方往往将成本标准首先定在中国厂商提供的报价上,在这样的前提下,再讨论质量、技术和服务的问题。现在有竞争力的跨国公司总是将自己的研发基地建立在创新资源丰富的地方,将生产制造转移到劳动力成本较低的发展中国家。全球价值分工体系的竞争越来越激烈。

3. 知识经济的兴起

20世纪90年代,美国经济经历了长时间的高增长、低通胀的局面,这是在工业经济时代所没有的现象。人们研究发现,之所以出现这种可喜的现象,是因为人类已经进入了一种新的时代——知识经济时代。此后,知识经济和知识社会的概念逐渐为全世界大多数人所认可。简而言之,知识经济就是以知识为基础的经济,也就是知识在经济增长中起到主导作用。在知识经济时代,知识对于经济发展起到至关重要的作用,美国著名管理学家德鲁克甚至说:"知识是当今世界唯一有意义的资源。"[①]

与农业经济时代和工业经济时代不同,知识经济时代企业竞争的游戏规则变了,其基础越来越依赖于知识,最典型的表现就是专利竞争,而专利竞争的最高境界就是标准竞争。无论是专利还是标准,它们都是企业的核心知识,拥有了专利、控制了标准,企业就具备了核心竞争力的基础,就可以不战而屈人之兵;反之,自己不掌握专利、在标准方面没有话语权,而是一味强调规模和市场占有率,这种企业发展的层次是低下的,其发展往往是脆弱和不可持续的。最近几年,我国很多产业规模很大,甚至高居世界第一,但是往往受到国外专利的限制而步履维艰、经营困难,IT产业尤其如此,例如手机、彩电,甚至电脑整机生产及其配件业。当前,专利和标准成为中国企业国际化进程中最高的一道门槛,无论是计算机、手机、电视,还是其他高技术产品,在国外厂商专利战略的限制下,中国企业低

---

① Drucker, P.: *Post-capitalist Society*, Harper Collins(New York), 1993.

成本的优势荡然无存。从更广泛的意义上来讲,在知识经济时代,专利和标准成为发达国家套在广大发展中国家脖子上的一条致命的绞索,靠这种知识优势,发达国家和发展中国家的差距有被拉大的危险。

因此,对处于知识经济时代的企业而言,其核心竞争力的来源越来越依赖于知识,能否有效地搜寻和获取自身所需要的知识、充分利用已经掌握的知识资源,并在此基础上进行知识创新成为企业发展的关键因素,未来有竞争力的企业必然来自于那些在获取、利用和创新知识方面做得出色的企业。因此,越来越多的人已经认识到,知识管理成为企业战略管理的核心命题,而对知识的管理是个新生事物,它完全不同于对有形物质的管理。上百年来,管理学研究的对象主要围绕着人、财、物的管理而展开,而且对人的管理的研究也往往侧重于如何调动和发挥人的积极性方面,是为组织目标而服务的。在知识经济时代,"生产制造"变得相对不那么重要了,微软的软件产品的"制造"过程可以在瞬间完成,关键不在于那张"光盘"的"生产",而在于蕴含在光盘之中的"知识"。而对知识进行管理的原理、方法和理论完全不同于对人、财、物的管理,如果说,泰勒的科学管理大大提高了工业经济时代的生产效率的话,那么,如何提高知识经济时代的"生产"效率将是摆在所有学者和实践者面前的重大挑战,企业的战略管理者必须及时应对这个重大的挑战。

(二)面向未来的战略观

如上所述,随着高新技术日新月异的变化、经济全球化的加速和知识经济的崛起,企业生存环境变得越来越复杂多变;新的竞争对手此起彼伏,竞争格局急剧演化;新技术、新产品、新服务的出现在不断催生出新的产业的同时改变了传统产业运行的规则;地球正在变小,"赢者通吃"的现象越来越普遍,全球化和地方特色之间的斗争越来越激烈;消费者的需求更加多样化,想要准确预测市场变得越来越困难;人才和知识资源的全球争夺更加白热化。面对未来,传统战略管理的范式正在发生重要而深刻的变化,新的面对未来的战略观正在酝酿和形成,主要表现在以下几个方面:

1. 强调能力和核心竞争力

在战略管理理论的发展中,对什么决定了企业的绩效问题是有着不同的观点和流派的。20世纪90年代以前,以波特为代表的行业结构范式和定位学派认为,产业的结构和企业的定位决定了企业的战略和行为,由此决定了企业的盈利和绩效。因此,在这种理论指导下,企业需要对企业的外部环境进行充分的了解和分析,然后选择适当的行业并进行恰当的定位,如果在这些方面做好了,企业就能获得好的发展。波特的定位理论在历史上曾经产生过非常大的影响,有实力的大企业认为,只要行业选择正确、定位得当,就会无所不能。

但是,随着企业竞争环境的变化,上述观点受到了挑战,一种新的战略管理范式逐渐引起了人们的重视,这就是以哈默、巴尼等人为代表的战略资源观和能力范式。这种范式强调,企业内部的资源尤其是其独特的资源,而不是什么产业定位,构成了企业的竞争能力,从而形成竞争优势,促使企业获得超额利润。

当然,前面提到的行业结构范式并不是完全错误的,但是,应当承认,由于环境的变化,企业对环境变化的预测变得越来越困难,计划越来越不可靠,定位越来越难以把握,企业需要根据环境变化和自身能力的演变进行不断的定位和再定位,而最终决定企业成功与否的因素主要还是企业的资源和能力。普拉哈拉德和哈默于 1990 年在《哈佛商业评论》上发表的《公司核心竞争力》①一文在战略管理理论界产生了深远的影响。随着环境的变化、时间的推移,企业竞争优势来源于核心竞争力的观点得到越来越多的人的认同,人们认为,核心竞争力的观点更符合变化的环境,更能解释企业战略管理的最新实践。相应地,受到核心能力理论的影响,自 20 世纪 90 年代以来,在国际上,企业界开始了大规模回归核心(简称"归核化")的运动,着力打造企业的核心竞争力成为国内外企业孜孜以求的战略重点。

2. 强调动态能力和战略柔性

在核心能力、核心竞争力的基础上,人们进一步认识到,动态能力(dynamic capability)也许更加重要,企业不能将核心竞争力看作一成不变的东西,否则就会变成"核心刚性"。例如,对于日本战后的成功企业代表索尼公司,人们普遍认为,"机械电子微小化技术"是索尼公司的核心能力,正是由于其出色的微型化技术能力,使得索尼在 20 世纪七八十年代在消费类电子领域纵横天下,无出其右,其精美绝伦的随身听系列产品几乎处处领先对手,引领消费潮流。索尼公司的这种核心竞争力在模拟电子时代还可以称得上是核心能力,但是在数字音乐、数字生活时代,其微型化技术能力受到了数字技术前所未有的挑战,MP3、MP4 及其衍生系列的技术使得索尼所谓的"核心能力"变得优势不再,这是导致索尼最终破产的重要原因。

所以说,为了应对环境的变化,企业需要的是快速应变能力,再强大的核心竞争力也需要不断"与时俱进"。因此,能力的动态性和战略的灵活性更加重要,也就是说,企业需要的不仅仅是一种静态的现成的能力,它需要能够随时形成若干种能力的基础,需要能够形成应对不同挑战的能力集合。这些能力集合是企业长期资源积累的结果,有了这些能力集合,企业才能具有战略柔性,才能游刃有余、左右逢源,在迅速变化的环境中处变不惊。正如《孙子兵法》上讲的:"兵无常势,水无常形,能因敌变化而取胜者,谓之神。"②美国战略管理学家 D. J. Teece 就认为,动态能力是指组织对环境的感知能力,对机会的捕捉能力,以及管理威胁的能力。

除此之外,动态能力的观点强调企业不仅仅要适应环境变化,更重要的是,它要求企业能够主动迎接这种变化,甚至是主动影响环境、制造变化,从变化中发现机会获得成功。总之,动态能力的观点强调的是战略的柔性、战略的主动性、战略的博弈性和创新性,它的背后是一种全新的战略观点,它需要企业在生产制造、企业文化、组织领导等方面作出深刻的变化。

3. 强调组织学习和知识创新

强调资源、能力的战略观点促使人们不断探索企业能力以及核心能力的本质到底是什么。尽管到目前为止,对于什么是企业的核心能力,仍然众说纷纭,但是,越来越多的人已经发现,在知识经济时代,企业的知识资源是企业核心能力最重要的源泉。事实上,企业核心能力理论天然就具备一种知识性。③ 在普拉哈拉德和哈默的经典论述中,他们认

---

① Prahalad, C. K. & G. Hamel. *The Core Competence of the Corporation*,HBR May-June, 1990.

② 孙武著,孙晓玲编:《孙子兵法》,武汉出版社 1994 年版。

③ 吴金希著:《用知识赢得优势》,知识产权出版社 2005 年版,第 63 页。

为："核心竞争力是指组织中的积累性学识,特别是关于如何协调不同的生产技能和有机结合多种技术流的学识。"[①]无论是"积累性学识",还是"生产技能",或者"多种技术流的学识",都属于知识的范畴。因此,加强知识管理、实现持续创新、形成核心竞争力,继而获得竞争优势的观点已经得到越来越多人的认同。人们认识到,在一个组织中,如何从组织整体的角度有成效地管理利用知识,实现知识创新和商业化应用,从而获得竞争优势成为企业战略管理的根本任务。

事实上,学习和创新并不是最近才出现的新名词,一部人类文明史就是一部人类不断学习、积累知识和创新的历史。但是,与以前的学习和创新概念不同,当今战略管理理论关注的不仅仅是个体的学习和社会文明的进步,它关注的核心在于企业作为一级组织,如何通过组织学习和知识创新获得核心竞争力。与个体学习相比,组织学习、团队学习更加重要。在工业经济时代,创新可以是组织中少数工程师抑或知识精英的事情,但是在知识经济时代,学习和创新是组织内所有成员的事情。只有实行全员学习才能实现全员创新,只有全员创新,组织才能更有效地进行知识积累、知识集成、知识利用,并相应提高组织的竞争力和应变能力。

现实中的案例反复证明,一个组织之所以比其他组织更优秀,是因为它能够集既有知识之精华,充分调动蕴藏在其成员内心深处的个人知识,从而获得新知,提前获得综合的组织能力。尽管企业千差万别,但是企业核心能力的不可复制性就在于此。换言之,知识管理就是每个组织都梦寐以求的核心能力的真正源泉。

人们还认识到,对于整个社会或者国家而言,知识的传播、共享、创新以及将知识迅速有效地体现在产品、服务以及社会各个系统中的能力决定了未来国家竞争的命运。

从目前的认识来看,除了从知识拥有者主体角度将知识分为个体知识、团队知识和组织的知识以外,人们还从知识的成熟角度将知识分为数据、信息、知识和智慧,从知识的显性化程度还可以将知识分为显性知识和隐性知识。西方人比较重视数据、信息以及显性知识,而在知识的创新过程中,隐性知识可能更重要。组织的知识管理的主要任务是如何将个人的、零散的、成熟度不同的知识转化为组织的、系统的、结构化的知识体系,这个知识体系包括组织的显性知识和隐性知识等。

就知识创新来讲,它是一个微妙的、脆弱的、复杂的过程,伴随着必然性,又有很多偶然性,既需要知识应用,也需要集体共享、交流和努力,因此需要组织营运和谐、愉快的创新环境,打造适意的创新文化。在一个压抑、痛苦、负面因素占主导的环境里,人们不可能有心情创新知识。只有将创新变成习惯,成为"惯例",唯有组织的知识创造活动变成一种组织的惯例或所谓的企业文化的时候,组织才能获得独特的创新基因。

总之,十余年来,通过对组织中知识的研究,管理学者们发现,知识作为一种无形资源有着与有形资源完全不同的特性,对知识的管理也与传统的管理截然不同。尽管知识管理已经成为一个热门的管理学科,但是,学术界仍在不断探索如何建立系统的、权威的、影响深远的知识管理理论。因此,面向未来的战略知识观要求企业无论从管理方式、组织文化、组织形式,还是从领导体制和激励措施等各个方面,都要作出彻底的改变。

---

① Prahalad, C. K. & G. Hamel. *The Core Competence of the Corporation*, HBR May-June, 1990.

4. 强调控制产业标准

在知识经济的大趋势下,很多战略理念是不同于工业经济时代的,其中标准之争就是一个较为突出的现象和问题。在传统的工业经济时代,竞争的关键可能仅限于产品质量、价格、服务和交货期等等,只要在这几个方面做得好,企业就能胜出。但是,在知识经济时代,竞争的制高点已经不再是这些传统方面,知识产权和标准之争成为竞争的关键,谁控制了标准谁就控制了产业的制高点,谁就决定了产业竞争规则。

这一趋势已经变得越来越明显,如果说十年以前这个问题尚处于学术探讨的范畴,那么,现在它已经变成了活生生的严峻现实。对于企业而言,不管你产品的质量如何过得硬,不管你产品如何便宜,也不管你服务有多殷勤,只要标准不控制在你手上,那么企业发展得越好,可能离失败的距离越近,这是在工业经济时代不曾出现过的现象。最让中国人刻骨铭心的就是几年以前发生的 DVD 专利事件,中国制造质优价廉的 DVD 出口到欧盟,但是被欧盟海关强制查扣,理由是没有交专利使用费。一时间,国内 100 多家 DVD 厂家收到了来自日立、松下、三菱电机、时代华纳、东芝、JVC 等厂家的最后通牒,必须限期达成上交专利费的协议。一台总价仅仅几十美元的 DVD 要交纳 20 美元的专利费,中国 DVD 产业遭受了空前严峻的挑战和打击,最后导致这一产业迅速消亡。

事实上,DVD 专利费问题只是冰山之一角。很多中国企业在国内市场看起来很红火,但不敢跨出国门半步,专利和知识产权方面的不自信是重要原因。最近十年来,发达国家利用其技术专利优势,正在勒紧发展中国家的脖子,使得发展中国家劳动力成本优势在国际贸易中变得毫无意义,也对那些想通过比较优势实现产业积累,进而实现产业跃迁和赶超的经济发展战略提出了严峻的挑战。现在,发达国家有过度利用知识产权的倾向,不仅想方设法延长专利的寿命,甚至把很多基础科学领域的成果也拿来申请专利。这种趋势使得科技发达国家与落后国家的知识差距和数字鸿沟变得越来越大。

另外,专利和标准还有黏滞和惯性作用。由于较高的转换成本的存在,使得采用某些标准的企业对这些标准产生了严重的依赖而不能自拔。例如,微软的操作系统软件,尽管在技术上问题百出,不见得是最好的软件,但是,它已经成为一种事实标准,垄断了整个行业。很多应用型软件,例如管理软件、财务软件等都是基于微软操作系统开发出来的,微软每升级一个版本,这些相应的软件企业必须被动适应。离开微软,这些企业将成为无源之水、无本之木。手机的安卓系统、苹果的 iOS 系统也一样,标准和技术平台将下游企业牢牢锁定。这就是标准的威力所在。

很多跨国公司已经主动退出了有形产品竞争,将很大一部分研发资源投入到专利之争中。它们处心积虑地跑在产业发展的前沿,想尽一切办法将一些新的创意制作成专利并申请保护,使得它们的权益合法化、长期化,甚至布下专利陷阱,专等那些冒冒失失的企业来闯。它们甚至有意扶持一些采用本专利的企业,等专利成为行业标准的时候,再来谈专利收费问题,整个产业就被控制在这些跨国公司手中了。

当前,很多关键的高技术产业标准之争正趋向白热化,像无线网络标准之争、新一代互联网标准 IPV6 之争、数字通信领域的 3G、4G、5G 标准之争、数字电视标准之争等,这些标准之争不仅关系到一个企业的生死存亡,还关乎整个产业乃至一国的经济兴衰。

东芝放弃 HD-DVD 业务,蓝光技术将成唯一标准①

2008 年 2 月 19 日,东芝公司宣布停止开发生产新一代高清光盘 HD-DVD 业务,并随后停产 HD-DVD 相关产品,至 2008 年 6 月彻底结束相关业务。至此,一场发生在东芝与索尼分别主导的两个联盟之间,延续若干年的下一代 DVD 格式之争终于以索尼的胜出落下了帷幕,索尼主导的蓝光(Blu-ray)光盘技术成为下一代 DVD 光盘的唯一标准几乎已成定局。

受此影响,沃尔玛已经宣布,将不再销售东芝 HD-DVD 产品,仅支持索尼的蓝光产品。一直以来,沃尔玛都是 DVD 碟机的最大销售商,沃尔玛表示,这个决定是对消费者意愿的忠实反映。另外,北美几大零售连锁商 Target,Best Buy,Netflix 与 Blockbuster 也有意作出类似决定。

中国有着巨大的盘片消费群体和播放机制造产能,但可惜的是,中国并不是 HD-DVD 和蓝光两个联盟中任何一方的成员,因此"中国标准"很难起到制衡和平等竞争的作用。目前最成熟的中国二代技术标准 CH-DVD 是 TCL、海尔、步步高、清华同方等"中国高清光盘产业联盟"与东芝的合作项目。这些标准是基于 HD-DVD 技术开发的,只是加入了中国自主的版权保护系统,相比蓝光设备具有较大的价格优势,相应的技术使用费也较之大大降低。有关人士认为,东芝放弃 HD-DVD 标准对中国国标在短期内的前景没有影响,但从长远来看蓝光将成为国际标准,CH-DVD 的最好结局只可能是国家标准,缺乏国际内容商的支持,前景堪忧。至于另一个热门的中国本土技术标准 EVD,乃基于更老的传统红光 DVD 技术改良,虽然实现了更好的清晰度,制造要求也更低,但是注定是没有前途的过渡产品。另据有关媒体报道,受到标准转换的影响,目前,本土高清晰 EVD 已经全线败走国内家电卖场,在京城卖场中已经基本绝迹。

5. 强调资源的跨边界集成和产业生态体系的建设

任何企业的资源都是有限的,这是战略管理的限制因素和前提条件。因此,企业若想生存和获得竞争优势,首先必须着眼于提高利用自身资源的效率和效能。但是,在知识经济和全球化的大潮下,仅仅强调利用自身资源是不够的,企业在利用好自身拥有的资源的同时,还必须学会利用企业外部一切可利用的资源,并能够有效地将企业内外部资源加以集成,简单讲,就是要强调资源的跨边界集成。

企业善于利用外部资源,可以做到"不求所有,但求所用"。这样,就克服了企业内部资源的局限性,提高了为顾客服务的能力,加快了对外界环境的适应速度,降低了盲目扩大规模导致的成本上升的可能性,还降低了企业核心能力僵化的风险。因此,从本质上说,资源的跨边界集成能力是企业动态能力的重要体现。

---

① 《京华时报》2008 年 2 月 27 日。

从企业组织形式来看，跨边界资源集成强调的是整合企业内外部资源，企业之间往往结成一种联盟或者网络关系，这使得企业边界变得模糊，可以说，这是介于企业科层组织形式和市场交换形式之间的一种中间形式。资源集成网络内的节点往往包括高校、科研院所、供应商网络、客户，甚至竞争对手等。节点之间不单要维持一种物质交换和供销关系，更重要的是要共同学习、共同创新、共同演进，共同组成一个产业生态体系。这样的生态体系不仅仅表现在地理上的相近性，例如产业聚集现象，而且，随着信息技术的进步以及全球化的加速，这种体系往往表现为全球产业网络体系。

网络中的角色不同，地位和作用也不同。但是，整个产业的竞争力提升需要各个节点的配合与相互协作，共同演奏一曲商业协奏曲。例如，在网络中具有较大影响力的旗舰企业关注更多的可能是产业体系的标准、规则和系统集成，这些往往决定了它所在产业网络的发展方向。而网络中大部分企业可能只是网络中的普通节点，它们更多地强调模块化竞争。这类企业专注于自己的产业模块，重点在较小的模块上提高竞争力，并与整个网络共同演进。

事实上，每一个世界500强企业都代表了不同的产业生态网络体系，最典型的莫过于汽车产业的丰田体系。日本丰田公司之所以能通过JIT等生产方式打败欧美汽车产业，成为全球最有竞争力的汽车公司，关键在于丰田所打造的日本汽车产业网络。在日本，有成千上万家模块式配套企业围绕在丰田汽车公司周围，它们和丰田公司构成了紧密的网络关系，成为一种"王国式"产业网络，成为共同创新、共同演进的命运共同体。这是丰田公司核心竞争力的最重要的源泉，是最难以复制和模仿的。在IT领域，20世纪90年代以来，IBM之所以敢于打出"为客户提供解决方案"这样的口号，就是因为，在它的背后有着成千上万的IT企业在为之服务，其中，硅谷很多中小企业就专门为IBM服务。它们相互协作构成产业网络。微软公司、Intel公司也是一样，每个大企业背后都有着数千家企业在相互协作、共同创新。智能手机安卓体系和苹果的iOS体系之争也一样。这样，大企业之间的竞争就演变为企业网络体系之争。

总之，跨边界集成和生态体系的观点是战略管理领域面向未来的重要观点。它提倡经营者要跳出企业固有边界，更加关注产业体系，更加关注网络资源，以提高自身的核心能力。

6. 强调企业的社会责任和绿色竞争力

传统上，盈利、为股东创造价值是企业经营的唯一目标。过去十几年来，人们逐渐认识到，企业不仅要为股东服务，还要兼顾员工、客户、供应商、社区等利益相关者的利益。现在，人们越来越认识到企业社会责任的重要性。

人类发展到今天，有很多问题是全人类共同面对的问题，例如全球变暖问题、贫富差距问题、环保问题等等。企业的经营活动包括了正反两个方面，一方面是在创造财富，另一方面是以各种方式对社会的发展产生阻碍作用，包括排放污染物，向自然无止境地索取等。因此，企业的社会责任重大，应当要求企业在索取的同时回报社会。

实际上，企业承担一定的社会责任不仅仅意味着增加成本，它还会提升企业在顾客心目中的形象，增强企业的美誉度，从某种程度上说，企业承担一定的社会责任是一种"绿色"竞争力。最近几年，国际上每年都要评选最佳绿色企业，获奖企业往往受到消费者的追捧。相反，沃尔玛因为购买"血汗工厂"的产品而广受批评。在很多国家，顾客宁可多花一倍的钱也要购买具有社会责任感的企业的产品。而且,在很多发达国家,对于产品的可回收利用率以及铅、汞等有毒物质的含量有着越来越严格的标准。在中国,节能减排问题已经上升到国家战略高度,中国国家环保总局等有关部门已经规定,企业节能减排不达标,就不能上市融资、不能获得银行贷款。

面向未来,随着社会文明程度的提高和顾客环保意识的增强,要求企业增强社会责任感的呼声会越来越高。绿色消费主义正冲击着整个企业界,绿色消费者正在叩响每一家企业的大门。社会效益、环境效益和经济效益的共赢是非常具有挑战性的战略问题。可以肯定地说,哪家企业最具有社会责任心,哪家企业最先采取了适当的绿色战略,哪家企业就掌握了 21 世纪竞争的主动权。

知识链接

企业社会责任(CSR,corporate social responsibility)

关于企业社会责任目前没有统一的定义。一般认为,企业社会责任就是企业在创造利润、对股东利益负责的同时,还要承担对员工、对消费者、对社区和环境的社会责任,包括遵守商业道德、保证生产安全、保障劳动者职业健康、保护劳动者的合法权益、保护环境、支持慈善事业、捐助社会公益、保护弱势群体等等。企业社会责任最基本的是企业的法律责任,包括遵守国家的各项法律,不违背商业道德。在高层次上是企业对社区和环境保护、对社会公益事业的支持和捐助。企业社会责任的本质是在经济全球化背景下企业对其自身经济行为的道德约束,它既是企业的宗旨和经营理念,又是企业用来约束企业内部包括供应商生产经营行为的一套管理和评估体系。

据有关报道称①,自 1994 年起,全球企业社会责任报告就由商业战略智库公司 Sustain Ability、联合国环境规划署(UNEP),以及标准普尔公司(S&P)联合发布。该报告从企业可持续发展战略的清晰度、企业对社会责任的承诺,以及实践中的透明度等方面,对全球近 100 家候选企业进行严格的评估,最终选出 50 强企业,这个结果对入选企业上市表现产生了重要的积极影响。这说明,企业的社会责任已经不是一个空谈的话题,而是关系到企业兴衰存亡的重要因素。

本章小结

战略的思想古已有之,企业战略是指企业根据其外部环境及企业内部资源和能力状况,为求得企业生存和长期稳定的发展,为不断地获得新的竞争优势,对企业发展目标、达成目标的途径和手段的总体谋划。企业战略管理能帮助企业对战略远景有清晰的认识,使企业能集中于战略上的重要方面,能提高企业对迅速变化的环境的理解程度。战略具有全局性和复杂性、超前性和风险性、系统性和层次性、竞争性和合作性、稳定性和动态性等特征。

---

① 李之澜:《2006 年十大管理理念》,《中外管理》2007 年第 2 期,第 46—48 页。

　　战略管理是一个动态的、连续不断的过程,一般包括战略分析与制定、战略评价与选择、战略实施与控制三个方面,三者形成一个完整的、相互联系的动态过程,而每一个过程又包括许多具体步骤。

　　战略管理发展至今经历了理性主义占主导阶段、非理性主义占主导阶段和整合阶段,共形成了设计学派、计划学派、定位学派等十大学派。

　　展望未来,企业战略环境出现了许多新变化,包括 IT 技术与电子商务的发展、经济全球化加速、知识经济的兴起等问题,这些都带来了很多挑战。这需要企业具备面向未来的战略观,要强调能力和核心竞争力,强调动态能力和战略柔性,强调组织学习和知识创新,强调控制产业标准和影响竞争规则,强调资源的跨边界集成和产业生态体系的建设,强调企业的社会责任和绿色竞争力等。

思考题

1. 请简要介绍战略管理的概念。
2. 面对复杂多变的世界,战略管理的重要性何在?
3. 战略管理的过程和步骤是什么?
4. 请简述战略管理的十大学派。
5. 如何理解面向未来的战略观?

案例应用

中集集团的成功之路

　　中集集团成立于 1980 年,是我国深圳经济特区第一家中外合资企业。自 1996 年以来,中集集团的集装箱产销量连续十余年一直保持世界第一,且在国际市场上的份额超过 50%。除了集装箱制造之外,该集团的业务范围还涉及专用车辆、罐式储运设备、机场设备制造,以及能源、化工装备和服务业等。2013 年,中集集团的销售收入达到 578 亿元,十余种产品的市场占有率多年保持世界第一。

　　20 多年前,中集还是一家默默无闻的小企业。从最简单的干货集装箱起步,该企业一步步夺取了干货、冷藏、罐式等集装箱领域的世界头号生产商交椅。其集装箱产销量比紧随其后的四家企业的总和还要大,其产品遍及世界各地,甚至在要求苛刻的日本市场也畅销无阻。企业长期保持了超强的国际竞争力,是制造业领域名副其实的全球化企业。人们不禁要问,中集成功的秘诀何在?

　　事实上,在创建初期,作为中国最早建立的四家集装箱生产厂家之一,中集的发展道路并不是一帆风顺的。由于主营业务不突出,企业存在严重的机会主义导向,"打一枪换一个地方",导致连年亏损,一度面临清盘的危险。

　　1991 年,一个在集装箱行业摸爬滚打了近 10 年的"少帅"麦伯良成为中集集团的新总裁。上任伊始,麦伯良就扬言要做世界第一,事后看来,提出这样的口号绝对不是不自量力，而是基于他对本行业发展趋势的透彻理解和准确判断。当时，日本是国际集装箱产业的研发和技术中心，韩国和中国台湾属于世界的制造中心，而且，这样的格局已经持续了一二十年。尽管如此，经验丰富、善于思考和学习的麦伯良已经敏锐地意识到，国际集装箱制造业向中国大陆转移已是大势所趋、不可阻挡。

更值得称道的是，当时，这位视野开阔的中集"少帅"就意识到了中国企业在集装箱制造领域内存在着两条可能的发展途径：一是像很多制造业行业的中国企业一样，成为外资企业的"中国工厂"，专事加工装配，获取加工费和低廉的利润；另一条则是通过企业的独立发展，提高创新能力，提升品牌价值，争夺未来世界市场的行业主导权。与赚取稳定利润的第一条道路相比，第二条路不仅面临着诸多创业初期共同的难题，而且必须面对当时已经在中国国内"攻城略地"的韩国企业的直接挑战。对于当时尚显弱小的中集集团而言，能否跟已经久踞世界集装箱制造业霸主之位的韩国企业对决，连公司内部的员工也心存疑虑。此外，日本企业虽然已经逐渐退出集装箱的生产制造领域，但其强大的技术力量和资本规模依然是一支不可忽略的竞争力量。

考虑到这些因素，当时还处于风雨飘摇之中的中集决定抓住机遇、加快发展。首先，他们选择了与日本企业合作，一是希望在合作中学习、提高产品质量，靠日本技术展开与韩国企业的对决；二是希望通过合作将产品成功打入日本市场，因为日本市场以要求严而被国际市场称为质量"标杆"，进入日本市场就是树立集装箱企业品牌最好的机会。由于中集集团领导对行业发展变化趋势有着超前的准确判断和透彻分析，因此，这些策略很快奏效，企业前进的方向明确、发展迅速。五年过后，中集就在干货集装箱产量上第一次超过韩国企业，以 20 万标准箱、20％的全球市场份额登上了干货集装箱行业"世界第一"的宝座。

之后，中集人并没有陶醉于暂时的、低层次的成功的喜悦之上，而是将目标定在更高的水平上——努力提升产品技术含量和档次。这时，全球集装箱产业向中国大陆转移的趋势已经明朗化，国内集装箱生产线出现了"一哄而上"的热闹现象，在短短几年的时间里，中国企业之间同质化的竞争导致国内集装箱产品的价格一路下滑，达到最低点，价格下调幅度已达 50％，单箱利润率也从 30％跌至不到 3％。中集也面临严峻的挑战。

在这种情况下，中集没有热衷于打价格战，而是利用已有的技术积累，另辟蹊径、加快创新，选择在产品品种、档次和技术含量上下功夫。实际上，从 1996 年开始，中集已经在两个方面迈出了重要步伐：一是进入冷藏箱业务，这标志着中集已经成功从"成本领先"战略阶段跨入到"技术和管理领先"的战略阶段；二是继续优化在中国沿海地区的生产布局，相继收购了一系列工厂，初步形成拥有国内黄金海岸的战略布局雏形。中集又大大领先业内一步。

在意识到技术和研发能力对于产品档次的重要性后，中集集团加大了研发投入和研发体系的建设，这一点使得中集与国内企业的差距越来越大。而且，中集的创新不是一味关起门来创新，而是从一开始就特别注重与国际一流企业在技术创新领域展开合作。但是，在合作的过程中，中集不迷信、不依赖，而是采用拿来主义的思想方法，坚持自主创新。公司先后与日本住友商社、德国 Graaff 公司、英国 UBHI 公司、美国 GE 公司在不同技术领域开展合作,并在合作中学习,在学习的基础上超越,最终打破了国外技术壁垒,形成了自己的核心技术体系和标准体系。不仅靠市场占有率的优势,更重要的是通过掌握核心技术和标准,中集成功地对已经相对定型的世界集装箱市场进行了"重新洗牌"。至 2004 年,中集已经成为全球唯一一家全系列集装箱的制造商和供应商,不仅占有世界集装箱市场超过 50% 的市场份额,而且在全球集装箱行业的核心专利技术方面拥有 600 多项自主专利。在麦伯良看来,产品市场份额第一不算真正的第一,中集要的是行业地位的第一,它包括:质量最优、品种最全、研发能力最强,更重要的是参与制定行业标准。这些,中集都做到了。

在集装箱领域成为当之无愧的世界第一以后,2000 年,中集又重新规划了公司的远景战略,开始了多元化发展的道路。为了避免盲目多元化的陷阱,中集集团制定了多元化发展的原则。例如,在战略规划上,公司选择进入的产业必须有足够大的市场规模,而且各产业之间必须有相互关联的地方,如最好都以钢铁为主要原材料、焊接为主要工艺之一,目的是充分利用公司的管理优势和已有的技术优势。这样的一系列原则使中集集团能够有效地抵御各种市场热潮和机会的诱惑,避免盲目多元化。

在这些原则的指导下,公司审时度势,制定了"为现代化交通运输提升装备和服务"的发展战略。2002 年,公司正式进入道路运输车辆业务领域,拓展了业务发展空间,同时也延伸了中集的核心能力。2003 年,中集三次成功完成了对半挂车制造商的收购,一举成为国内最大的半挂车制造商,尤其是收购美国排名第五的半挂车制造商 HPA Monon,使得中集的该项业务一举进入美国市场。目前,除了道路运输车辆等第二个层面的业务以外,中集还在积极拓展面向未来的第三个层面的业务。

作为行业龙头企业,中集除了向国内外市场提供一流的产品和服务外,还自觉履行企业的社会责任。例如,因为集装箱使用的木地板要求很高,必须使用热带雨林的木材,所以,过去中集集装箱产品使用的木材 90% 来自国外。但是,中集集团意识到,随着全球热带雨林的迅速减少,企业必须有环保和可持续发展的理念。为此,集团专门投资设立了地板研究室,争取未来几年内能够彻底改变直接大量使用原木的状况,用环保材料代替原木来使用。中集集团希望在该项技术领域能够引领整个行业的发展。

"中集已经成为中国企业冲击世界级目标第一方阵的一员,中华民族的伟大复兴一定是以有一批世界级企业为重要标志的。"面向未来,麦伯良雄心勃勃地说。

【案例讨论】

1. 通过分析本案例,请说明战略管理对中集集团的成功起到了什么作用?
2. 在不同发展阶段,中集集团的战略有什么不同?
3. 中集的成功之路对中国制造业全球化有何启示?

第二章
企业外部环境扫描

学 习 目 标 ···

- 了解企业外部环境扫描和分析的意义
- 掌握宏观环境分析、产业环境分析、竞争对手分析的含义和一般方法
- 理解当前影响企业外部环境的诸多热点问题的特点和发展趋势

从海龙大厦到电子商城

"京东商城"是过去十几年中国成长最快的电子、电器类产品的网上购物平台,在成立不到 20 年的时间里,该公司的销售额已经达到惊人的 2602 亿元人民币(2014 年)。纵观京东商城迅速崛起的历史,我们可以发现,对企业外部经营环境的敏锐感知和准确预判,并因此坚决地把握住战略性的发展机会对一个公司的发展而言是多么重要。

1998 年,从中国人民大学社会学系毕业的刘强东放弃了原本安稳的工作,创办了一个小公司,他们在中关村的海龙大厦租了一个柜台,代理销售光驱等电子产品。当时的刘强东与其女友取各自名字中的第三个字组成了公司的名字:"京东"。京东公司在成立的三年里成功赚到了第一桶金,并迅速成为海龙大厦众多商户中小有名气的企业,业务范围从光驱逐渐扩展到声卡、键盘、鼠标等电脑配件。

然而,公司良好的增长势头被 2003 年北京的"非典"疫情无情打断,当时全北京都处于一种疫情传播的恐慌情绪之中。为防止疫情传播,很多公共场所不得不关门谢客,海龙大厦也只能暂停营业,这一状态持续了半年。为了减少损失,京东公司开始尝试电话推销,送货上门的经营方式,最后逐渐发展到通过网络销售,送货上门。因祸得福,通过这些业务的开展,刘强东逐渐发现了一个巨大的蓝海市场,亦即电子产品的互联网销售市场。当时,电子产品的买卖双方仍热衷于在海龙大厦等电子商场讨价还价,中关村的几个电子商场车水马龙,人山人海。但是,刘强东的过人之处就在于看到了别人看不到的产业发展环境的演变趋势,他认为,通过网络直销,可以大大节省中间环节,为客户创造更多的价值。

虽然当时京东公司 95% 的利润仍然来源于实体零售店,但是,在认清了产业环境的演变趋势以后,刘强东还是力排众议,否决了合作伙伴关于实体店、网店两条腿走路的建议,在"非典"之后彻底关掉了所有的实体店,专注于电子商务。当时,电子、电器产品的线下连锁模式正处于行业发展的高峰期,在供应商、物流、信息、资金等方面都有压倒性优势的国美、苏宁等行业巨头都没有给予电子商务足够的重视,只是将其当作线下销售的一个补充。而同为电子商务起家的马云的发展重心则是 B2B 的阿里巴巴和 C2C 的淘宝,独缺 B2C。这个巨大的市场空白被刘强东准确把握,网络直销减少了大量的中间环节成本,京东商城因此能够轻而易举地实施低价竞争策略,与苏宁、国美等传统销售商相比,京东商城取得了明显的竞争优势。

后来,京东商城得到了风险投资的大力支持,利用这笔资金,刘强东开始了具有更深远意义的战略部署。刘强东敏锐地发现物流将会是电子商务战场上关键的决胜因素,可作为京东决胜商场的杀手锏。于是他作出一个战略决策,决定建立和运营自己的全国性物流业务,而且在全国率先承诺消费者下单后 24 小时之内货物送达,极大提升了消费者的认同度,京东的发展很快进入快车道。2014 年京东商城成功在美国上市,成为仅次于 BAT 的中国第四大、全球第十大互联网公司,市值达 395 亿美元(截至 2014 年 9 月 15 日)。顺便说一句,离京东商城关掉线下实体店不到十年时间,海龙大厦、中关村电子一条街几乎所有的电子产品商铺都关门大吉,作为曾经的电子电器商业巨头,国美和苏宁的市场地位也岌岌可危。

　　企业战略的有效性在很大程度上取决于企业的决策者对企业外部环境的评价是否准确、完整和透彻。这是因为企业战略必须与企业所处的外部环境相协调,特别是企业要能利用环境中已经存在或可预见的机会,并尽量降低或消除环境对企业构成的威胁或潜在的威胁。这里所谓的外部环境,是指存在于企业周围、影响企业生存和发展的各种客观因素与力量的总和。企业外部环境包括宏观环境、中观环境和微观环境三个层次。

第一节　宏观环境分析

　　企业的宏观环境包括政治和法律环境(political and law)、经济环境(economic)、社会文化环境(social and cultural)、技术环境(technological)和自然环境(natural)。自然环境是指一个企业所在地区或市场的地理位置、气候、资源分布、生态等环境因素,它在企业生命周期中变化较小或较慢。而政治和法律环境、经济环境、社会文化环境和技术环境的变动相对较大,对于企业战略的影响比较显著。取其英文首字母,四种环境因素分别为P、E、S、T,因此我们把这种进行企业宏观环境分析的方法称为PEST分析法,其分析框架如图2-1所示。

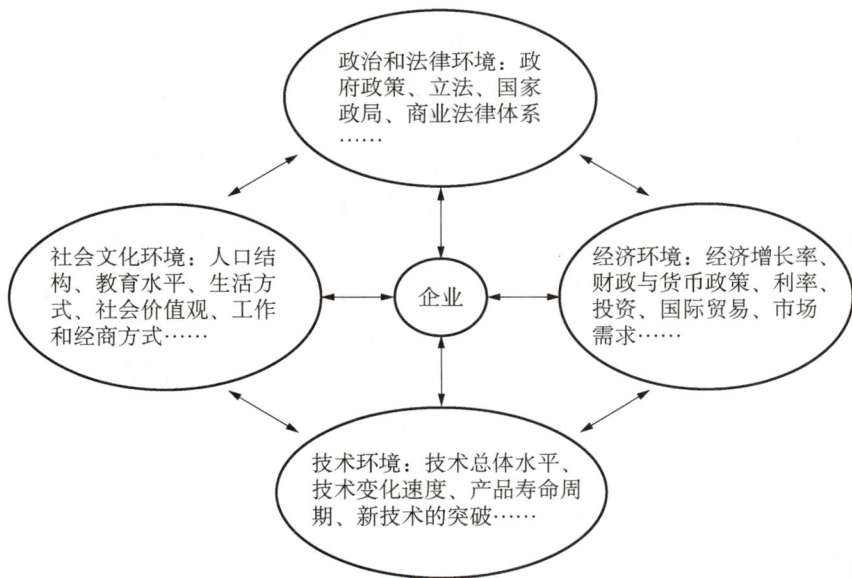

图2-1　企业宏观环境分析框架

一、政治和法律环境分析

　　伊拉克战争、阿富汗战争等对美英企业和对伊斯兰国家企业的不同影响,是政治对企业影响的典型例子;新的会计准则、新的劳动法律法规的实施,是法律对企业影响的现实例子。显然,政治和法律环境的变化极大地影响着企业的经营行为、现实利益和长远发展。

政治和法律环境主要指政府的行政性行为、有关法律法规、政治形势及它们的稳定性和变化趋势。例如,各国政府制定的反托拉斯法、反不正当竞争法、专利法、环境保护法等都为企业规定了行为规范。在我国,诸如价格控制、各种经济规划和宏观调控措施等行政干预市场的行为还在继续并将长期存在。当然,政府的很多干预更多的是间接措施,如以税率和利率为杠杆,运用财政政策和货币政策来调控宏观经济,以及通过干预外汇汇率来调整本国和相关国家的经济关系,进而影响国际金融与贸易秩序。因此,企业在制定战略时,对政府政策是保持相对稳定还是发生较大变动的判断非常重要。此外,如果企业准备进入海外市场,一定要对东道国的政治体制、法律体系和具体法律进行研究,还要对国际法进行一些研究作好充足准备。在很多时候,中国企业国际化经营往往绩效不高与这些方面的知识储备缺乏有很大关系。

■ 二、经济环境分析

经济环境是指企业在经营过程中所面临的各种经济条件、经济特征和经济联系等客观因素,例如经济增长速度、区域消费水平和变化趋势、所在国家金融状况、当时经济运行的平稳性和周期性等。与其他环境因素相比,经济环境对企业的经营活动有更广泛而直接的影响。企业进行经济环境分析时,首先要考虑目前国家经济处于哪个发展阶段、宏观经济的周期性表现如何等。对企业影响较大、反映经济环境特征的经济指标有经济景气指数、消费水平指数、证券市场指数、物价指数、货币流动性、利率、汇率、经济增长率和通货膨胀率等等。社会总体收入水平、物价水平和资金的供应程度等影响着机构和个人的购买力,从而影响着企业的战略选择。

此外,对于经济基础设施条件的考虑也是重要一环,它在一定程度上决定着企业运营的成本与效率。基础设施条件包括一个国家或地区的运输条件、能源供应、通信设施及各种商业基础设施(如各种金融机构、广告代理商、分销渠道、市场调查组织等)的可靠性及其效率。这些在对制定跨国跨地区的经营战略作经济环境分析时显得尤为重要。

经济环境的变化还表现在全球不同经济区域和各种贸易组织的形成上,例如欧洲共同体、北美自由贸易区和东南亚联盟等,这些经济贸易区内的经济环境又有其特殊性。在经济全球化的今天,企业在考虑经济因素时,不但要考虑本国经济环境,还要考虑区域经济环境乃至全球经济环境。

案例 2-1

"一带一路"倡议对中国经济的影响

"一带一路"是"丝绸之路经济带"和"21 世纪海上丝绸之路"的简称。丝绸之路自古以来就是连接中国与中亚乃至欧洲的重要陆上经济走廊,现在中国政府提倡的"丝绸之路经济带"就是要重点打造中国与中亚、俄罗斯、欧洲(波罗的海)、西亚(至波斯湾)、地中海的国际经济合作走廊,计划以沿线中心城市为支撑,以重点经贸产业园区为合作平台,加强亚欧大陆桥、中蒙俄、中国—中亚—西亚、中国—中南半岛等线路上的经济联系。而"21世纪海上丝绸之路"则以重点港口为节点,连接中国沿海、南海、印度洋,乃至欧洲,共同建设通畅安全高效的海上运输大通道。

据不完全统计,"一路一带"共连接了六十多个国家和地区,沿线总人口约44亿,经济总量约21万亿美元,分别约占全球的63%和29%。这些国家和地区东起发展强劲的东亚,西至经济、科技强大的欧洲,沿途是中东等资源富集区以及西亚等有巨大经济发展潜质的地区,幅员辽阔,经济发展不平衡,互补性极强,发展潜力巨大。这不仅为中国产业提供了发展机遇,也为沿线国家和区域带来了巨大的发展机会。

对于中国企业而言,"一带一路"倡议将为中国的过剩产能、过剩外汇资产找到出路。西亚、中东等国家与地区的公路、铁路、通信、电力等基础设施建设存在巨大的缺口,这些正是中国产业的强项,中国企业可以借建设"一带一路"的机会释放产能。另外,中国拥有巨额的外汇储备,这些资本可以通过"亚投行"以及区域性金融市场进入到实体经济当中,支持当地基础设施建设。同时,中国油气资源、矿产资源对外依存度颇高,"一带一路"倡议可以降低中国资源进口的国际风险。

"一带一路"倡议涵盖中国中西部和沿海省区市,紧扣中国的区域发展战略、新型城镇化战略和对外开放战略,将助推中国形成全方位开放新格局。"一带一路"倡议顺应了世界多元化、经济全球化、文化多样化、社会信息化的大潮流,秉承了开放包容的新理念,赋予古丝绸之路以全新的时代内涵,通过打造一个开放、包容、共享的合作平台,把各方力量汇聚起来,开辟增长新动力,探索发展新路径,彰显了以合作共赢打造人类命运共同体的思想,旨在同参与各国分享中国发展机遇,促进参与各国经济繁荣与区域经济合作,也使中国从参与各国的共同发展中获得裨益和助力,加强不同文明交流互鉴,促进世界和平发展,实现世界共同繁荣。

三、社会文化环境分析

社会文化环境是指一个国家或地区的文化传统、价值观、宗教信仰、教育水平、社会结构及风俗习惯等客观因素,包括社会文化和整体价值观的变化及由此引起的社会成员行为态度的变化。例如,各个国家或地区的人们对婚姻、生活方式、工作方式、性别、种族、教育、污染等方面的不同看法,对企业不同的战略选择可能造成相当的影响。人口数量及结构的变化、不同的宗教信仰、社会价值观的变化等都对企业的活动空间和方式有着较大的影响。例如,目前我国在人口数量与结构方面的变化主要是老龄化速度较快,这就需要政府和企业对这一社会文化环境的重要变化进行分析并制定相宜的战略。

老龄化社会

经过了 30 多年严格的人口生育控制，中国现在正迅速进入老龄化社会，人口结构存在的问题不容小视。2010 年开始的第六次人口普查结果显示，中国现在总人口为 1 370 536 875 人，其中大陆地区 1 339 724 852 人。从年龄构成来看，大陆地区 0—14 岁人口为 222 459 737 人，占总人口的 16.60％；15—59 岁人口为 939 616 410 人，占总人口的 70.14％；60 岁及以上人口为 177 648 705 人，占总人口的 13.26％。三个年龄段的人数与 2000 年第五次人口普查得到的数据相比分别下降 6.29％，上升 3.36％，上升 2.93％。按照国际标准，中国已经进入老龄化社会，而且老龄化增速远快于世界水平。预计到 2020 年，中国 60 岁以上老人占比将超过 15％，2030 年形势更加严峻。

与发达国家不同的是，他们是"先富后老"，有足够的经济实力解决老龄化问题。例如，日本在 20 世纪 70 年代人均 GDP 已经达到世界一流水平，90 年代以后日本的老龄化问题才显现出来。而中国是"未富先老"，中国现在仍是一个发展中大国，经济仍然处在艰难的爬坡和追赶阶段，老龄化问题对中国经济和社会将带来前所未有的挑战。尽管在 2015 年，中国政府放松计划生育管制，实行全面二孩政策，但是，人口形势依然严峻。

从产业发展来看，老龄化不仅仅是挑战，也是新的机遇。老龄化将促进家政服务、医疗服务、保险服务、旅游娱乐产业的加快发展，同时人口红利的枯竭将促进我国企业提升自动化生产和管理水平，加快机器人、智能管理、智慧服务等产业的发展。

各国对人类生存环境的重视也是引起社会环境变化的一个重要因素。保护环境的意识一方面使得发达国家的重污染行业纷纷向第三世界国家转移，另一方面在发达国家也创造出了新的生产方式甚至生产体系，例如美国三大汽车公司共同创立的汽车回收开发中心，就反映了这个趋势。我国是环境污染较严重的国家之一，目前工业污染的状况非常严重，废水、废气、废渣，以及温室气体排放、能源利用效率低、资源的过度开采等问题严重影响了我国可持续发展的前景。环境污染问题一方面促使政府对环境保护立法，迫使污染企业进行技术改造，否则关停并转；另一方面又带来了极大的市场空间，为从事污染检测及控制技术开发和服务的企业提供了新的生存空间和发展方向。

我国作为世界上发展最快的发展中国家，其社会文化环境因素还有一个重要的特点，那就是随着人们消费水平的提高和对生活质量追求的提升，人们的休闲意识越来越强，休闲活动越来越普及。5 天工作制和带薪休假制度的颁布更使工薪阶层对安排多样化休假的想法成为现实。于是，一些专门与休闲和旅游等相关的服务性行业应运而生。

总之，在我们这个相互影响、相互依赖程度日益提高的世界中，社会环境的变化较之半个世纪以前大大加快，企业要生存、要发展，就必须认识到社会环境变化的特点，并对其作出迅速和正确的反应。

四、技术环境分析

技术环境是指一个国家或地区的科技水平、科技政策、新产品开发能力以及技术发展的动向等。对于一个企业来讲，当然要关注所在行业的技术发展动态、竞争对手的技术动向等。

世界经济面临越来越严重的能源短缺和资源稀缺的问题，科学技术往往成为决定人类命运和社会进步的关键所在。同时，科学技术水平及其产业化程度也是衡量一个国家或地区综合实力和发展水平的重要标志。

技术环境具有双重性的特点，也就是说当一种新技术给某一行业或某些企业带来增长机会的同时，可能会对另一行业或另一些企业构成巨大威胁。技术环境所包括的主要因素有：当前社会技术总水平及变化趋势，新技术带来的新产品和新服务，技术的突破对企业活动方式的影响，技术与社会、经济、政治环境之间的相互作用等。新技术可能引发一场社会性技术革命，创造出一批新产业，如 3G、4G、5G 技术的发展就会催生一批新产业，同时迫使一些现有产业遭到淘汰。再如，日本电子手表工业曾经严重威胁了瑞士的手表王国地位；化工行业中新型化纤织品的出现，夺取了传统毛织品行业的很大一块市场。所以，当今企业在选择战略方向时必须考虑技术因素，否则企业不但无法发展，甚至还会面临生存问题。

对中国企业而言，在技术的开发利用方面存在两个不足：一是总体上投入不足，研发投入强度超过 1% 的企业仍不多；二是技术转化为生产力的效率还比较低。科技投入和研究开发是一个战略问题，是企业最主要的职能之一，它在一定程度上决定着企业的战略方向与盈利能力。面对新技术和新发明的不断涌现，特别是在信息技术、生物技术、材料技术、空间技术等领域更加迅速的发展，企业要想获得成功，就必须对新技术的采用予以极大的重视。

第二节　产业环境分析

产业环境属于企业外部环境中的中观环境。产业环境分析就是分析本行业的企业竞争格局以及本行业与其他行业的关系。与宏观环境相比，产业环境对企业有更直接的影响，同时也是企业在一定程度上可以影响的环境。

目前常用的产业环境分析模型是哈佛大学商学院迈克尔·波特教授提出的"五力模型"。在其 1980 年出版的《竞争战略——分析行业和竞争者的技术》一书中，波特教授将产业分析中的三个关键区域——行业结构分析、竞争者分析和行业演化分析整合为一个新的分析行业竞争的模型，这个模型就是后来广为人知的"五力模型"。

一、波特的"五力模型"（five forces model）概述

根据迈克尔·波特的观点，在一个行业中，存在着五种基本的竞争力量：现有竞争对

手间的抗衡、潜在进入者的威胁、替代品的竞争、购买者和供应商的讨价还价能力等,这五种力量之间相互影响,相互制约,形成了行业中的竞争结构,如图2-2所示。

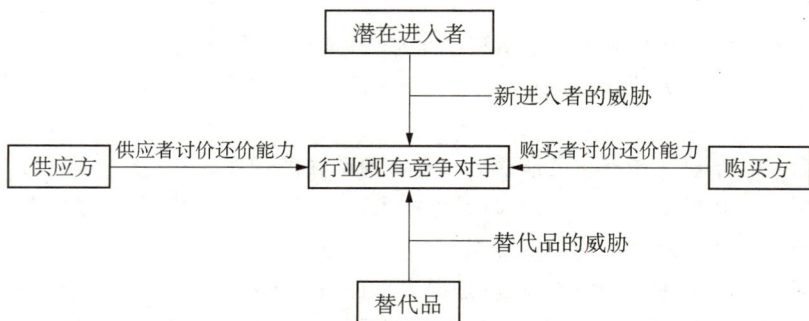

图2-2 波特的"五力模型"

正是这五种基本竞争力量作用的程度和强度,决定了行业的竞争激烈程度,从而决定了该行业中企业的盈利能力。在竞争激烈的行业里,如纺织、家电等传统产业,任何一家企业都难以获得远超出行业一般水平的利润;而在竞争相对缓和的行业里,如化妆品、保健品等,获取高额利润的企业却不胜枚举,所以,行业的盈利能力不是由单个企业的产品来决定,而是由产业竞争结构所决定的。一个企业的竞争战略目的在于运用竞争规律,调整各种因素使其对本企业有利,使企业在产业内部处于最佳位置,不断做大做强。

如上所述,五种竞争力量共同决定了一个行业的竞争程度和企业的盈利能力。但对不同的行业或某一行业的不同时期,五种力量的作用是不同的,常常是某一种或某几种力量起支配作用,其他竞争力量处于较次要的地位。应该强调的是,尽管行业结构对行业的竞争程度和企业的盈利能力影响较大,但企业也可以通过制定适当的战略谋求相对优势的地位,从而获得更高的盈利。处于行业龙头地位的企业还可以通过战略调整来改变行业的竞争结构,这也正是战略管理发挥作用的关键所在。

二、潜在进入者分析

在市场经济条件下,当某一行业获得高额利润时,不但会促使行业内原有的企业增加投资,而且会引起行业外的企业积极进入该行业。所谓潜在进入者,可能是一个新办的企业,也可能是采用多角化经营战略的原来从事其他行业的企业。潜在进入者会带来新的生产能力,与行业内现有企业争夺市场份额和利润。潜在进入者对本行业威胁的大小,取决于本行业的进入壁垒以及进入本行业后现有企业反应的激烈程度。当进入壁垒很高且新进入者遇到行业内现有企业的坚决反击时,该行业面临潜在进入者的威胁就较小。

(一)进入壁垒

可能构成行业进入壁垒的主要因素有以下几个方面:

1. 规模经济。规模经济是指在一定时期内,随着企业所生产的产品或提供的服务增加时,其单位成本不断下降的现象。由于规模经济的存在,新进入者以大规模的方式进入时要冒现有企业强烈抵制的风险;而以小规模方式进入时,成本上的障碍又不可避免,这样就构成了有效的行业壁垒。

规模的经济性可能存在于企业的每个职能活动中,包括采购、研究、开发、制造、营销、服务网络等等。比如钢铁、汽车、船舶制造等行业,规模经济就是难以逾越的进入壁垒。规模经济既可能存在于企业的各个职能,也可能只存在于企业的部分经营活动中。如在彩色电视机的生产中,彩色显像管的生产有明显的规模经济性,而在机壳制造和整机组装中,规模效益就不那么明显。所以行业内原有企业要具体找出成本和批量间的对应关系,将成本分解,构筑有效的进入壁垒。而新进入者反过来要识别有效的或无效的规模经济壁垒,突破无效的壁垒,才可能成功进入目标行业。

2. **产品差异化程度。** 在任何商品领域,不同生产厂家的产品总会有或多或少的差异,完全同质化的商品是很少见的。因此,不同品牌之间产品的差异程度会影响消费者的选择。由于行业内原有企业拥有了受到消费者认可的品牌和一定的客户忠诚度,这样,就在客观上为潜在的进入者造成了进入壁垒。

消费者对品牌的认同和忠诚度是由企业产品的差异,以及企业投入的广告宣传、客户服务等各种因素长期积累形成的。新进入者为了征服现有产品的忠诚客户,不得不耗费巨资去做更好的产品、提供更好的服务、做更多的广告宣传,由此构成了新进入者的进入障碍。攻克这种障碍的努力通常意味着新进入阶段的巨额亏损。一旦失败,这种投资就会血本无归,因此这种投资风险比较大。比如在儿童保健用品、化妆品等方面,形成一个知名品牌需要长期的投入和足够的耐心,所以,这类产品的差异化往往是后来者最重要的进入障碍。

3. **资金需求。** 资金需求是企业进入某行业所需的资金总量。行业内原有企业在研发、生产和营销等方面的巨额投资会构成某种进入障碍,尤其是有风险的投资或未能回收的投资,比如预付的广告宣传费用或先期投入的研发费用等。事实上,企业经营活动不但在投入研发、购买生产设备和营销活动等方面需要资金,而且在客户信用欠款、库存或计提坏账准备金等方面也都需要占用资金。新进入者只有在备有足够资金,并愿意承受较大风险的情况下才可能进入一个新行业,特别是那些资金密集型行业,像制药、飞机制造、芯片制造等产业的资金门槛就很高。

4. **转换成本。** 生产者的转换成本主要是指企业从一个行业转向另一个行业开展生产经营活动时,或从生产一种产品转向生产另一种产品时,需要支付的成本。转换成本包括企业购置新生产设备的成本、产品设计的成本、职工再培训的成本等等。如果转换成本过大,企业又不能在内部消化掉,就会面临一种新的进入壁垒。

消费者转换成本也是一个不容忽视的进入壁垒。假如消费者已经习惯了使用市场上已有的某种产品,迫使他们转向使用新的产品需要付出很大代价。因为消费者使用新的产品需要付出时间来学习,需要克服自身的习惯等各种困难。典型的如软件业,尽管微软的操作系统和办公软件不见得是最完美的产品,但是它已经成为一种事实标准,如果让消费者转而使用别的办公软件,需要付出很大的学习成本。也就是说,企业要从微软手中夺走现有的客户是非常困难的,这就无形中形成了产业的强大进入壁垒,使得潜在进入者望而却步。乔布斯在过去十几年间带领苹果东山再起,确实是一个奇才。

5. **销售渠道。** 为了销售产品,新进入者要争夺分销渠道,这也构成了一种进入壁垒。由于有利的销售渠道已被行业内原有企业占据,所以新进入的企业为了使现有销售渠道接受自己的产品,有可能需要付出较高代价。比如压低价格、共同分担广告费用等,这些无疑会降低利润。以食品业为例,某种新型食品制造商必须说服零售商在竞争激烈的超市中为其商品留一席之地,为此制造商必须让出部分利润,按零售商的建议发布广告或使用其他一些手段来争取这条渠道。

6. 与规模经济无关的成本优势。这是指那些不管潜在进入者的规模如何以及是否达到规模经济的程度,他们都无法达到已立足企业拥有的那种成本优势。与规模经济无关的成本优势包括专有的产品工艺、取得原材料的有利途径、政府所给予的优惠补贴、学习曲线(或经验曲线)效应等等。

知识链接

学习曲线效应

在许多行业,生产某种产品时,随着人们经验的增多,单位产品的成本将会下降。这是因为随着经验的增加,工人们被更有效地组织起来,同时一些个人和小组也学会了生产窍门,从而使产品随着产量的增加,单位成本呈现下降的趋势,这就是学习曲线效应。在生产的初期,该效应不会很明显;在生产的中期,随着产量增加,单位成本迅速下降;而后期单位成本下降的趋势变得平缓。这种长期积累的优势相应地也构筑了行业进入壁垒。

规模经济效应与学习曲线效应之间存在着重要的关联性,实际上,有时我们很难区分两者之间的区别。如果企业一直在成长,那么累计产量随着时间的延续而增加,同时也随现有规模的扩大而增加,与此同时,单位成本随之下降。这种下降既是因为产量增加使得企业采用了新的方法,同时也是因为企业已经取得了更多的经验,生产效率得到提高。由不断学习、改进工艺和组织形式促成的学习曲线优势是资金实力雄厚的新进入者所不能获得的,很多情况下,领先一步的优势来源于学习曲线而不是纯粹的规模效应。

典型的学习曲线如图2-3所示。

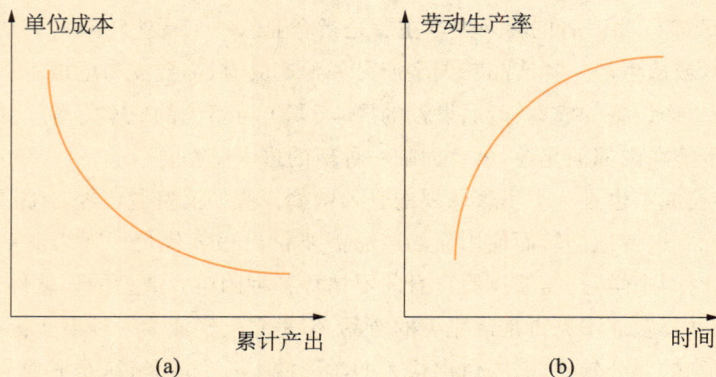

图 2-3 学习曲线

7. 政府政策。通过许可证制度、销售限制或原材料限制等,政府能够限制甚至阻止新企业进入某些行业。医疗卫生、汽车运输、铁路、酒类零售和货运等行业受到的限制比较明显。政府关于空气污染排放标准、水污染排放标准、产品安全和质量的控制等政策，形成了很不易被人察觉的进入壁垒。例如，污染的防治会迫使新进入的企业追加资金、提高技术、扩大规模等；在食品和其他保健产品业，产品检验的标准会延长研制周期。

（二）现有企业的反击程度

行业内现有企业对进入者的态度和反应，直接影响到新进入企业的成功与否。潜在进入者对行业内现有企业反击程度的估量也会影响进入者的行动。如果预计行业内现有企业会作出强有力的反应，那么潜在进入者完全有可能中止进入该行业。

如果有下面几种情形，现有企业可能会对进入者进行反击并阻止其进入：(1)行业内现有企业有对进入者作出强烈反击的历史记录。(2)行业内龙头企业带头进行反击，其中主要是财力雄厚的龙头企业，这些企业往往有大量闲置现金或设备、较强的融资能力或借贷能力、过剩的生产能力以及对销售渠道和客户的巨大影响力等等。(3)行业增长缓慢。该行业吸收新厂商的能力有限，则现有企业可能会对试图进入该行业分一杯羹的企业进行反击。

三、替代品的竞争

替代品是指那些与本行业的产品具有相同功能或类似功能，但是材质、技术路线、工艺方法完全不同的产品，比如说数字手机可以替代模拟手机，晶体管可以替代电子管，打火机替代火柴，火车替代汽车，超市替代百货商店，高铁替代飞机，网店替代实体店等。从广义上说，某个行业内的所有厂商都在与生产替代产品的企业进行竞争，因为替代产品的存在限制了价格水平，从而限制了该行业的收益。替代产品的价格愈低，则本行业的利润愈有限。比如乙炔和人造纤维制造商都在其各自的应用领域内遭遇过来自低价原料的激烈竞争。替代产品不仅在行业平稳发展时期限制了该行业的利润水平，而且还在行业繁荣时期降低了该行业获取超额利润的可能性。例如，21世纪第一个十年间，传统能源价格飞涨，石油价格一度涨到150美元一桶，但是页岩气、页岩油等非常规油气资源的出现抑制了传统油气资源的过度泡沫化，煤化工也成为石油化工的一种替代。现实中，为了满足市场短暂的看似蓬勃的需求，现有的工厂往往一窝蜂式地进行扩建，提高生产能力，但是，替代品往往会更强有力地限制整个行业的获利能力。

（一）识别替代品

识别替代产品就是要寻找与该行业产品有相同或相似功能的其他行业的产品，有时这么做可能是一项微妙的工作。对于一种给定的产品或服务，怎样识别其可能的替代产品或服务呢？其中哪些替代品限制了现有产品或服务的价格提升呢？辨识替代品的本质在于寻找与该产品实现相同总体功能的产品或服务，而不仅仅是那些具有相同形式的产品。比如汽车、火车、飞机等看起来并不相同，但它们都提供了一定程度上可以相互替代的运输服务。

产品替代形式

最简单的替代形式,是一种能够为买方实现相同功能的产品或服务替代了另一种产品或服务。在识别这种简单的替代中,最重要的是确定产品在活动中所实现的功能,而不是深入探究它如何实现其功能,因为过于关注后者经常会漏掉一些重要的替代品。例如,电子邮件传递信息的方式与普通邮政信函完全不同,但实现了相同的功能,而且随着信息技术的发展,电子邮件几乎完全取代了普通邮政信函。实际上,普通信函实现的一般性功能是信息传递,在电子邮件出现之前,电话、电报、传真、电子寻呼等已经都是它的替代品了。

较为复杂的替代形式是替代品实现的功能与现有产品不尽相同,有的替代品实现的功能更多一些,有的更少一些。比如带有拍照功能的手机既是传统手机的替代品也是照相机的替代品。在价格对买方更有吸引力的情况下,也就是当替代品功能更多一些但价格并没有高太多,或者功能更少但价格大幅度下降时,这两类替代品比单纯实现相同功能的替代品更隐蔽、更有威胁。

从更广泛的意义上来说,还有其他一些替代形式,比如香烟的替代品有戒烟用品,或者"买方不购买"也是一种替代。还有回收品的替代,比如回收铝是初级铝的最有威胁的替代品等。

(二)替代的经济性

前面我们分析了一个给定产品被替代的可能性,但替代是否发生取决于对顾客来说是否经济。也就是说,如果一种产品带给顾客的转换诱惑超过顾客的转换成本,那么它就可以替代另一产品。转换诱惑的大小取决于替代品与当前使用产品的相对价值/价格比(relative value/price,RVP)。所谓相对价值/价格比,是指替代品价值/价格比与现有产品价值/价格比的比值,而一个产品的价值/价格比是指提供给用户的价值与用户为它支付的价格之比。

一般来说,替代品及现有产品的价格是比较容易确定的,而估算替代品及现有产品的价值是比较困难的。替代品与现有产品的相对价值取决于这样几个方面:替代品能向用户提供的价值差异性的大小,用户能否感知替代品的价值差异,替代品使用频率是否比现有产品使用频率低等。

如上所述,替代是否发生还与顾客的转换成本有关系,顾客转换成本越高,替代发生的可能性就越小。转换成本包括:顾客需要搜集替代品的信息、检验替代品是否达到使用者所要求的功能性能及外观等标准、使用替代品的培训和学习成本、使用替代品的失败风险、购买替代品配套的软件和零部件等成本。

用户使用替代品的欲望也是替代能否实现的关键之一。顾客的替代欲望在不同环境和不同行业中有所不同,相同环境和行业中,对于不同年龄、背景、文化的顾客,替代欲望也有很大差异。

（三）替代和防替代战略

分析替代的可能性和经济性,目的在于寻找可能的替代途径或者帮助行业内现有企业制定反替代战略。很显然,针对替代品的威胁,行业内现有企业最好采取集体反击行为,通过降低成本或改进产品等措施来降低RVP,同时通过各种办法来提高顾客的转换成本。

为反击新进入企业的替代产品,行业内原有企业可以为自身的产品寻找替代品不具有的新用途,特别是在替代品实现的功能比较单一的情况下。行业内企业还可以将目标转向少受替代威胁的细分市场,或者直接进入替代品的行业,进入替代品行业也是一种积极的防御策略。

当整个行业面临技术进步等带来的替代威胁时,选择与替代品共存或联合有时候可能是更明智的策略。例如,在安全防卫行业中,电子警报系统就是一种强有力的替代产品,而且随着劳动力成本越来越高,它们会变得越来越重要。电子报警系统有可能不断增强其性能,同时降低其成本。在这种情况下,该行业内的企业能够采取的最佳策略就是把人工警卫与电子警卫相结合,使其共存,协同发挥作用。

四、买方的讨价还价能力

买方是企业服务的对象。买方可以是个人或家庭,也可以是企业或政府部门。分析买方的购买行为及特点、限制买方的讨价还价能力是企业成功经营的基础。

买方通常通过迫使卖方产品价格下跌,加剧行业竞争,从而获得更高的产品质量或更多的服务。每个行业主要买方(或买方集团)的这种讨价还价能力取决于市场的一些特征,比如:(1)相对于卖方的销售额来说买方的进货额比较大,则买方的讨价还价能力就比较强。如果某个特定买方的进货额占销售额的比例很大,自然会提高该买方的重要性。如果行业的固定成本较高,那么大批量进货的买方就特别具有讨价还价的能力。(2)买方购买某种产品是其采购活动的一个重要部分,在这种情况下,买方会花费精力精挑细选并讨价还价。当该产品只占买方采购的一小部分时,买方通常对价格就不那么敏感。(3)买方从行业购买的产品是标准的或无差异的。如果买方确信始终能找到可供选择的供应方,那么它们会摆布某家公司去与另一家公司作对,这加剧了行业的竞争。(4)买方几乎不需要付出什么转换成本。如前所述,转换成本会把买方与特定的卖方紧密连接在一起,使该买方不太可能选择其他替代品。相反,如果卖方面临转换成本,就会提高买方的讨价还价能力。(5)买方的行业利润较低的话,会使买方不得不一再讨价还价,甚至价格因素会形成其采购的刚性约束。反之,获利能力高的买方一般对价格的敏感度较小(当然该项采购不占其采购的很大部分),并且长远来看,这样会有助于其供应方的长期繁荣。(6)当某行业的产品对买方产品的质量有很大的影响时,买方一般对价格的敏感度较小。如油田设备行业,一旦某个产品发生故障会导致很大的损失,因此,买方更关注的是产品的可靠性而非价格。(7)如果买方获得并拥有了关于需求、市场实际价格,甚至是供应厂商成本等全面信息,通常会拥有更大的讨价还价能力。

五、供应商的讨价还价能力

供应商是指企业从事生产经营活动所需要的各种资源、原材料、零配件等的供应单位。供应方可以通过提价或降低所供产品和服务的质量等向下游行业内的企业施加压力。由此,实力强大的供应方能够从下游行业中榨取利润。典型的例如当前 PC 制造行业,其主要利润都被上游的微软公司和英特尔公司拿走了,这影响了该行业的盈利水平。

使买方变得强势的条件与使供应方变得强势的条件很类似。在下述几种情况下,某个供应商或供应商集团可能有较强的讨价还价能力:(1)供应方是由几家公司控制并且比其销售对象的行业更为集中。向更为分散的买方进行销售的供应方,通常能够对产品价格、产品质量和贸易条件等方面施加相当大的影响。(2)供应方不必与其他替代产品竞争。如果供应方同替代产品竞争的话,即使再大、再强有力的供应方,其讨价还价能力也会受到牵制。例如,煤炭企业是生产聚氯乙烯(PVC)的重要供应商(煤化工工艺生产PVC),在初级资源稀缺、煤炭价格一路走高的时候,其讨价还价能力是很强的,但它们还是要与石油企业竞争(石油化工工艺也可以生产 PVC),所以其讨价还价能力会受到限制。再比如,尽管 IT 领域的英特尔实力非常强大,但是,面对 AMD 的竞争和袭扰,英特尔的讨价还价能力也受到一定的影响。(3)该行业并不是供应商或供应商集团的重要客户。当供应厂商向诸多行业提供产品或服务,而某行业并不是其重要客户时,供应方更倾向于运用讨价还价能力来获得更高的利润。如果该行业是一个重要客户,那么供应方的命运将与该行业紧密地联系在一起,此时这些供应方将会通过合理定价来实现共赢。(4)供应方的产品是对买方业务的一种重要投入。这种投入对于买方在制造工艺或产品质量方面取得成功具有重要意义。这种情况会提高供应厂商的讨价还价能力。(5)供应厂商集团的产品有差异或已建立了转换成本壁垒。产品差异或转换成本可以阻止买方随意摆布某家供应厂商。

我们通常把供应方看作是一些厂商,此外劳动力也可以被看作是一个供应方,并且是在许多行业内能发挥极大讨价还价能力的供应方。当把劳动力作为一个供应方时,确定其潜在的讨价还价能力的原则类似于前述的一些原则。评估劳动力的讨价还价能力,所需补充的一些重要原则包括劳动力的组织程度以及所需要的各种劳动力的供给程度等。显然,在劳动力已被紧密组织起来或者所需要的劳动力的供给不足时,劳动力的讨价还价能力就会高一些。

第三节   竞争对手分析

前一节我们分析了波特五力模型中的潜在进入者、替代品、购买方和供应方等四个方面,这里我们再对竞争对手进行专门分析。竞争对手是企业经营行为最直接的影响者,这种关系决定了竞争对手分析在企业外部环境分析中的重要性。前面对潜在进入者、替代品、购买方和供应方等四个方面的分析都是从行业角度进行的分析,而竞争对手分析则是从企业的角度,对竞争对手的产品、技术、经营状况、核心能力、发展战略等进行分析。企业总是处在竞争的环境中,对竞争环境和对手的分析,是企业制定战略、走向成功的必备武器,正所谓知己知彼,百战不殆。

一、竞争对手分析的一般方法

一般地讲,企业进行竞争对手分析大体包括以下几个方面:

(1)确定谁是企业的主要竞争对手。为了不遗漏每一个可能对自己构成威胁的对手,该企业可将制造相同产品或同类产品的企业都视为竞争对手。但是,竞争对手也有区别,实力相当、产品线类似、战略目标趋同的竞争对手往往是威胁最大的对手。

(2)探究竞争对手的目标。比如,竞争对手的细分市场在哪里? 竞争对手的经营目标是什么? 此外还必须考虑竞争对手在利润目标以外的目标,以及竞争对手的目标组合,并注意竞争对手针对不同产品/市场细分区域的目标。

(3)分析竞争对手的战略动向。一个企业的战略与其他企业的战略越相似,它们之间的竞争就越激烈。在多数行业里,竞争对手可以分成几个追求不同战略的群组(group)。战略性群组即在某一行业里采取相同或类似战略的一类企业。确认竞争对手所属的战略群组将影响企业的某些重要认识和决策。

(4)确认竞争对手的优势和劣势。尤其是要认清其核心能力。

(5)分析竞争对手可能的反应模式。了解竞争对手的目标、战略和优劣势,都是为了解释其可能的竞争行动,及其对产品营销、市场定位及兼并收购等战略的反应,也就是预判竞争对手的反应模式。此外,竞争对手特殊的经营哲学、内部文化和领导人的信念也会影响其反应模式。

二、竞争对手分析的主要内容

一般地,我们需要对竞争对手的市场状况、财务状况、产能状况、创新能力和企业决策者等相关内容进行分析。

(一)竞争对手的市场状况分析

市场状况分析主要是找到本企业和竞争对手在市场上的不同地位,其中,市场占有率是一个重要的指标。市场占有率通常用企业的销售量与市场的总体容量的比例来表示。分析竞争对手的市场占有率不但要分析在行业中竞争对手及本企业总体的市场占有率的状况,还要分析细分市场竞争对手的占有率的状况。分析总体的市场占有率是为了明确在行业中本企业和竞争对手相比所处的位置是什么,是市场的领导者、跟随者还是参与者。分析细分市场的占有率是为了明确企业在哪个市场区域或是企业的哪种产品最具有竞争力,而哪些又在市场竞争中处于劣势地位,从而为企业制定具体的竞争战略提供依据。

案例2-2

可口可乐图谋中国果汁业霸主地位①

多元化扩张！显然这是可口可乐在中国市场的未来战略。

这一全球饮料业的大佬似乎并不满足于在碳酸饮料业的王者地位,绿茶、牛奶果粒、果汁、乳品饮料等不含气的饮料如今已成为可口可乐进攻的新领域。

其实在可口可乐介入之前,中国的果汁行业已经品牌林立,竞争激烈。早在2001年,随着统一鲜橙多PET装饮料入市,各种果汁饮料品牌层出不穷,统一凭借"鲜橙多"连续多年占据低浓度果汁饮料中国市场第一位。2004年,可口可乐的美汁源果粒橙产品首度在中国市场推出后,上市第一年便取得了令人瞩目的成绩,以后,其产品销量每年都实现双位数增长。已有数据显示,美汁源果粒橙从2007年开始跃居中国低浓度果汁市场占有率的首位,并在2008年成为中国果汁市场排名第一的品牌。2008年,美汁源果粒橙的销量超过10亿瓶。

据有关市场调查数据显示,2007年12月到2009年3月,统一在低浓度果汁市场的份额从22.9%降到18.4%。同期,"美汁源"的市场份额却一路上升,从24.5%上升到29.4%。

可口可乐公司原本希望通过收购中国果汁业的老大——汇源,在短时间内成为中国果汁市场的老大。但最后商务部的一纸拒文,使可口可乐的梦想破碎。

虽然收购失败,但中国庞大的果汁市场似乎是可口可乐难以拒绝的。自可口可乐在中国营运以来,一直以可口可乐、雪碧及芬达等碳酸饮料(含气饮料)品牌而知名。过去几年,可口可乐推出了一系列非碳酸饮料,可口可乐已陆续在"美汁源"的平台下推出了C粒柠檬、爽粒葡萄等产品,这似乎指明了这家饮料业巨头的战略扩张方向。

(二)竞争对手的财务状况分析

竞争对手财务状况的分析主要包括盈利能力分析、成长性分析、负债情况分析以及成本分析等。我们可以比较竞争对手与本企业的利润率指标,并与行业的平均利润率比较,从而判断本企业的盈利水平处在什么样的地位。同时要对利润率的构成进行深入分析。主要分析主营业务成本结构、营业费用率、管理费用率以及财务费用率。比较哪个指标是优于竞争对手的,哪个指标比竞争对手差,进一步有针对性地采取相应的措施来提高本企业的盈利水平。比如,本企业的营业费用率远高于竞争对手的营业费用率,这就要对营业费用率高的具体原因作出详细的分析。营业费用包括销售人员工资、物流费用、广告费用、促销费用以及其他费用(差旅费、办公费等)。通过对这些具体项目的分析找出差距,并且采取相应的措施以降低营业费用。

---

① 《中国新时代》2010年1月16日。

对竞争对手的成长性分析主要考察其产销量增长率和利润增长率,分析两者增长的关系,是利润的增长率快于产销量的增长率,还是产销量的增长率快于利润的增长率。一般来说,如果利润的增长率快于产销量增长率,说明企业有较好的成长性。但如果企业的产销量增长并不是来自企业内生的增长而主要是通过收购兼并的方式实现的,那么就会出现产销量的增长率远大于利润增长率的情况。所以在进行企业成长性分析的时候,要作具体分析,正确界定收购兼并因素的影响。

(三)竞争对手的产能利用率分析

产能利用率是指企业发挥生产能力的程度。很显然,企业的产能利用率高,则单位产品的固定成本就相对低。产能利用率是一个很重要的指标,特别是对制造企业来说,它直接关系到企业生产成本的高低。对竞争对手的产能利用率情况进行分析是为了找出与竞争对手在产能利用率方面的差距,并分析造成这种差距的原因,进而有针对性地改进本企业的生产流程,提高本企业的产能利用率,降低企业的生产成本。

(四)竞争对手的创新能力分析

目前企业所处的市场环境是一个超竞争的环境,企业的生存环境在不断地发生变化,而这种变化比历史上任何一个时期都更快、更剧烈。所以学习和创新成了企业竞争力的主要来源。

分析竞争对手的学习和创新能力,可以按照以下几个指标来进行:

(1)推出新产品的速度。这是检验企业研发能力的一个重要的指标。

(2)研发经费占销售收入的百分比。这体现出企业对技术创新的重视程度。

(3)管理创新。包括生产流程管理、质量管理、文化管理、组织管理等各方面的创新,每一个方面的管理创新都有利于提高企业的创新能力和竞争力。

(4)销售渠道的创新。主要看竞争对手对销售渠道的整合程度。销售渠道是企业盈利的要点之一,加强对销售渠道的管理和创新,更好地管控销售渠道,企业才可能在整个价值链中(包括供应商和经销商)分得更多的利润。

通过对竞争对手学习与创新能力的分析,找出本企业在学习和创新方面存在的差距,从而有针对性地采取措施以提高本企业的学习和创新能力。只有通过不断学习和创新,才能提高企业的竞争能力,以获取高于行业平均利润的超额利润。

(五)对竞争对手决策者行为特点进行分析

企业决策者的风格往往决定了一个企业的文化和价值观,是企业成功的关键因素之一。一般来说,敢于冒险、勇于创新的决策者,会对企业进行大刀阔斧的改革,会不断为企业寻求新的增长机会;而性格稳重的决策者,会注重企业的内涵增长,注重挖掘企业的内部潜力。所以研究竞争对手决策者的行为特点,对于掌握竞争对手的战略动向和工作重点有很大的帮助。

对竞争对手决策者的分析包括基本情况如姓名、年龄、性别、教育背景、主要的经历、培训的经历等,以及性格特点、过去的业绩、重大事件等。通过这些方面的分析,全面了解竞争对手决策者的个人素质和特点,并分析他的这种素质和特点会给他所领导的企业带来什么样的变化。此外还要分析竞争对手主要决策者的变更情况,以及决策者的更换给企业的发展所带来的影响。对于倾向于集体决策的竞争对手,要对其管理团队的成员进行具体分析。

三、进行竞争对手分析应该注意的问题

企业要作好竞争对手分析除了掌握以上常用的分析方法以外,还要注意以下几个方面的问题:

(一)建立竞争情报系统,做好数据的搜集工作

要对竞争对手进行分析,必须以竞争情报系统和竞争对手数据库为基础。竞争情报系统包括竞争情报工作的组织保障、人员配备以及相应的应用软件系统等。只有建立了竞争情报系统,才会将竞争对手的监测和分析变成一项日常的工作,才可能及时掌握竞争对手的动态,为企业决策及时提供足够的信息。同时,竞争对手数据库的建设也非常重要。现代企业决策都强调科学性,更强调基于事实和数据的决策。只有建立了完善的竞争对手数据库,才可以更好地对竞争对手进行分类分析,更好地完成竞争对手定量分析,才可能更好地提供现状数据和预测数据以辅助决策。一般而言,我们可以将竞争对手的竞争类型归类,如表2-1所示。

表2-1 竞争对手类型表

竞争类型	常用的竞争方式
价格竞争型	主要以低价和高价两种形式竞争。前者目的是以低价吸引更多的客户,通过逐步渗透抢占市场;后者是希望以高的价格和差异化产品,提高产品的奢侈品特性,迅速赚取垄断利润。
技术领先型	通过改善产品质量和提高产品性能,以技术领先达到优化产品的目的,形成产品的差异,造成买方的偏好转移,进而提高获利能力。
规模效益型	通过大规模生产从而降低产品成本,大规模覆盖市场,以规模效益取胜。
生产要素型	通过生产要素市场的垄断购买或竞争购买进行对抗。要素的垄断购买是为了降低成本,制造进入壁垒;要素的竞争购买是为了抬高对手的成本。例如,在资金筹措渠道与对手争夺资金来源,并且通过良好的资本运营增强企业活力。
管理优化型	通过改善管理模式,优化生产经营,提高企业整体实力。
品牌形象型	以良好的企业形象、信誉与对手相区别,树立品牌,吸引客户,包括以广告等方式进行形象塑造,通过优质的售前、售中和售后服务吸引买方,进而抢夺市场。

(二)建立符合行业特点的竞争对手分析模型

不同的行业有不同的特点,比如有的行业关注投资回报率,有的行业更关注市场占有率。同时行业所处的发展阶段不同,关注的焦点也会不一样。新兴产业往往关注产业的成长性,而成熟产业则关注市场占有率和利润率。所以,企业有必要建立符合自身行业特点的竞争对手分析模型。

（三）加强竞争对手分析的针对性

竞争对手分析，每一项都应该有其针对性。有的企业在对竞争对手进行分析的时候，往往缺乏解决问题的针对性。所以要明确竞争对手分析的主要目的是什么。按照战略管理的观点，对竞争对手进行分析是为了找出本企业与竞争对手相比存在的优势和劣势，以及竞争对手给本企业带来的机遇和威胁，从而为企业制定战略提供依据。所以对于竞争对手的分析也要有一个遴选的过程，要善于剔除无用的信息，避免工作的盲目性和低效率。

第四节　企业外部环境分析中的热点问题

如前所述，企业的外部环境是企业自身难以把握和控制的变化因素，它是一个复杂的、多层次的、多主体的立体结构系统。成功的公司往往能够正确地分析外部环境，准确地把握变化趋势，不断地评估行业机会，并根据自身状况，对外部环境作出正确且及时的反应。当今，人类社会正在发生巨大而深刻的变化，经济全球化浪潮一浪高过一浪，知识经济越来越成为现实的经济形态，互联网深入到了人类生产和生活的各个方面……现代企业的生产经营活动越来越受到这些新的外部环境变化的影响。企业要进行战略管理，必须全面客观地分析和掌握企业外部环境变化的热点问题，并以此为基础来制定企业的战略。下面我们对这几个热点问题进行一些简要分析和讨论。

一、全球化对企业外部环境的影响

如第一章所述，全球化趋势从 20 世纪 60 年代以来在世界范围日益加剧，它是当今时代的基本经济特征。全球化最初从货物的跨境流动开始，后来又出现生产体系、金融、科技以及风险的国际化，其中跨国公司在经济全球化中扮演了主角。经济全球化还伴随着文化、价值观念、生活方式等意识形态和社会生活方面的跨国交流、碰撞、冲突与融合。

（一）经济全球化的主要表现及其影响

（1）贸易全球化。经济全球化首先是从各国商品和服务的贸易往来开始的。多年来，国际贸易已经有力地推动了经济全球化和地区经济一体化的发展，成为世界经济发展的火车头。而且，随着贸易全球化的加速发展，世界多边贸易体制也正在加速形成，这反过来加快了国际贸易的增长速度，促进了全球贸易自由化的发展，也使得加入 WTO 的成员以统一的国际准则来规范自己的行为。

（2）生产国际化与跨国公司。相对于国际贸易而言，生产国际化是经济全球化的较高阶段，跨国投资和跨国生产可以绕过各国的贸易壁垒，促进经济要素的跨国流动。跨国生产的主体是跨国公司，跨国公司通过兴建跨国工厂和跨国兼并收购实现跨国生产、构建自己的全球生产网络。到 20 世纪 90 年代初，全球拥有 37000 家跨国公司，以及它们的 17

万家子公司。全世界100个最大的经济实体中,排在前21位的是国家,后79位中有51个是大型跨国公司。它们控制了三分之二的世界贸易额、90％的国际直接投资、40％的世界生产和90％的跨国技术开发与转让。可见跨国公司在一定程度上主导了国际生产体系,加速了生产与资本的国际化。从某种程度上说,跨国公司主导了经济全球化的进程。另外,20世纪90年代以来,外包成为跨国公司国际分工的一种新形式。跨国公司将劳动密集、技术含量相对较低的生产制造环节转移到广大发展中国家,而总部则专注于研发、设计和渠道、品牌建设,例如耐克、苹果电脑等,大部分的产品和配件由中国企业负责生产。

图2-4　海尔在突尼斯的工厂

（3）金融全球化。贸易和生产的全球化必然要求金融服务的全球化,金融全球化是经济全球化的更高级形式。现在,大量的金融业务跨飞在国界开展,跨国贷款、跨国证券发行和跨国并购体系已经形成。截至2015年,中国已有200家公司在美国上市。世界各主要金融市场在时间上相互接续、价格上相互联动,几秒钟内就能实现上千万亿美元的交易。当前,跨国资本流动已经成为经济全球化中最引人瞩目的现象。

图2-5　美国纽约证券交易市场

（4）科技全球化。科技全球化的现象是随着知识经济现象的出现才引起人们关注的,它是指各国科技资源在全球范围内优化配置、先进技术和研发能力大规模跨国界转移、跨国界联合研发日趋增多等现象。在知识经济时代,跨国公司总是在全球范围内寻找和配置研发能力及知识资源,以提升全球竞争力。各国研发机构合作也越来越频繁。随着科技全球化进程的加快,各国的技术标准越来越趋向一致,跨国公司巨头通过垄断技术标准的使用,控制了行业的发展。

（5）经济区域一体化。经济全球化除了表现为跨国公司外,还表现在地区经济集团和国际经济组织的出现。伴随着经济全球化,区域经济一体化趋势也愈演愈烈,区域内各国之间通过建立比较稳定和牢固的协调和合作关系,建立起超国家的机构,共同协调政策并承担义务。典型的莫过于成立于1958年的欧洲经济共同体,以及后来的欧盟,通过在区域内建立关税同盟,统一货币体系,欧盟成为当前世界上最大的自由贸易集团。另外,还有"北美自由贸易区"、"东盟"、"独立国家联合体"等,它们都在区域经济一体化中发挥了重要作用。当前的"一带一路"战略必将长远地影响亚欧大陆的发展,美国牵头的TPP也将对世界贸易体系产生较大影响。

（6）经济风险的全球化。经济全球化是一把双刃剑,经济全球化使世界各国在经济上日益相互依赖、相互渗透的同时,也使得经济风险更容易波及全球。现在,一个国家或地区的经济震荡可能会迅速影响全球的经济趋势,亦即所谓的"蝴蝶效应"。如2007年下半年美国发生的"次级贷"金融风波很快就波及了世界主要国家的金融市场。而且,随着国际互联网络的发展,这种经济风险的传播速度也大大加快了。这就要求世界各国加强国际合作,共同防范各种可能的风险,缩小其对全球经济的破坏程度。

另外,经济霸权主义有可能使一部分经济落后的发展中国家在经济全球化进程中被"边缘化",这是经济全球化面临的另一个主要风险。防止这种风险的唯一正确途径是实现国际经济交往的民主化和国际经济结构的多极化。

（二）企业应该怎样应对经济全球化的浪潮

对企业而言,经济全球化意味着竞争的全球化,因此,是否具有国际竞争力成为衡量企业生存发展能力的最重要的标准。为此,企业必须在经营思想、经营机制、管理手段等方面作出适应国际市场运作、符合国际惯例的调整。

（1）在经营思想上,企业要把在一国或一地经营的意识转变为全球化经营意识,因此要强化全球市场观念和全球竞争观念。对中国企业而言,自从中国加入WTO成为正式成员国后,中国市场已经全面融入全球经济一体化进程,国际竞争国内化、国内竞争国际化已经是一个再明显不过的趋势,因此,企业必须从思想上高度重视全球化带来的各种竞争问题。

（2）在经营机制上,要从适应国内市场的经营机制转变为适应国际竞争的、符合国际惯例的经营机制。为此,企业不仅要熟悉国际通行的经营规则和机制,还要熟悉所在国特殊的法律法规体系。

改革开放30多年来,很多中国企业的成功靠的更多的是政策转型和机会导向,而不是什么核心竞争力。面对未来,无论是国际市场体制,还是国内市场体制,都将逐渐完善,政策空白点越来越少,企业必须在经营机制上适应规范的市场经济体制,改变原来的机会主义行为倾向。

（3）在人力资源管理和开发上，要从以管理和使用国内人才为主的体系转向国际人才开发和管理体系；要善于从全球范围内搜罗优秀人才，而且要从组织和文化方面作出相应改善，企业要有更加开放的心态；要下决心学习和适应跨文化的人力资源管理方式和方法，最大限度地发挥人力资源和组织的效能。现在，像华为、联想等很多国际化比较成功的企业已经在国际人力资源管理方面作出了成功的尝试，但是，对大多数只是习惯于管理本国员工的中国企业而言，人力资源国际化管理水平仍需要提高。

（4）要强化风险意识。无疑，企业国际化经营的复杂程度和风险要远远高于国内生产和经营，很多企业希望凭借在国内经营的那一套去开展国际化业务，往往遭遇失败，甚至血本无归。例如，TCL草率并购法国汤姆逊导致连年巨额亏损一案就为所有中国企业敲响了警钟。因此，企业一定要强化国际化经营的风险意识，企业国际化步伐也应该循序渐进、量力而行。

二、互联网的影响

互联网的出现可以与产业革命时代的蒸汽机相媲美，它对人类社会已经产生并将继续产生重大而深远的影响。同样，互联网也对企业经营产生了重要的影响。近年来的"互联网＋"和"工业4.0"等都是基于互联网技术的新动向和新趋势，对企业未来发展提出了挑战。

互联网对企业自身管理变革的影响主要体现在以下方面：

（1）组织结构的变革。传统上，随着企业规模的不断扩大，企业管理层次越来越多，组织结构越来越臃肿，结果往往造成管理流程复杂，管理效率低下，并且增大了管理成本，减弱了企业的竞争优势。以互联网为代表的信息技术在企业中的应用使得企业很方便地由传统的科层管理模式向扁平化管理模式发生转变——管理幅度可以冲破传统管理模式的限制，垂直的层级组织中大量的中间层已经没有必要，企业内部上下级之间的距离大为缩短，组织结构向扁平化方向发展。

（2）促进企业人力资源管理水平的提升和企业文化的改善。互联网加快了信息传递的速度，极大地减少了人们接受信息的障碍，促进了人们观念的转变。在这个日新月异的时代，人才的流动速度也相应加快，高级人才的跳槽率可能会因此增加。另外，互联网大大降低了个人创业的门槛，使得人们低成本创业成为一种可能。当年的大众创业，万众创新都离不开互联网。人们的创业冲动增强，这也增加了大企业人力资源管理的难度。因此，互联网时代，企业需要大力提升自身人力资源管理的水平，大力改善企业文化，只有这样，才能吸引人才、用好人才。

（3）营销方式的扩展。互联网已经成为现代企业重要的营销工具，网络营销是企业整体营销战略中一个有机的组成部分，其重点在于以互联网为基本手段营造网上经营环境，而不仅仅是通过互联网来销售产品，网络营销的基本功能还包括提升品牌形象、增进顾客关系、改善顾客服务、网上市场调研等方面。

（4）顾客服务方式的演进。由于获得新顾客比留住老顾客的成本要高得多，顾客服务对企业经营成败至关重要。传统的顾客服务方式主要为电话咨询、上门服务、开设服务网点等，但毕竟受到服务时间和地理位置等因素的限制，顾客服务难以做到十分完美，或者要花很大代价。互联网为企业提供了更加快捷、更加方便的顾客服务手段，比如视频交互、电子邮件咨询、自助式在线服务（在网页上提供常见问题解答等）、即时聊天工具咨询和服务等。大数据时代的到来使精准服务成为可能。

三、知识经济的影响

如第一章所述，自 20 世纪 90 年代末以来，知识经济已经渗透到人类社会经济活动的各个领域。简言之，知识经济是以知识为基础的经济，也就是说知识成为经济发展的主要推动力，知识经济对现有的生产方式、生活方式以及思维方式已经并将继续产生广泛的影响。面临知识经济的挑战，现代企业也必须作出一系列深刻的转变。

（一）企业生存基础的转变

知识经济时代，企业生产经营的工具和对象将主要由以有形的原材料、物资设备为基础转变为以知识为基础。传统企业以直接拥有、控制、管理企业的特质要素——厂房、机器、设备、原材料、劳动者等为最基本要求，各种生产要素必须在一定时间集中于某一处，由企业直接使用和配置。而知识经济则是建立在知识获取、知识生产、知识转移、知识应用等并辅以现代信息网络技术之上的经济，以计算机、通信和信息技术为基础的网络成为了联结知识社会的纽带。信息网络使企业不再局限于某一地，它大大消除了企业生产场所的固定性，打破了企业生产的地理界限，改变了企业的组织结构与合作方式。

随着信息网络的延伸，企业之间可以实现远程管理和远程资源共享。为了生产新的产品和开展新的项目，若干企业或企业的一部分可以通过资源整合而形成虚拟企业。虚拟企业的产生打破了企业活动的空间界限，而且突破了传统的长期、固定、集团式合作关系，取而代之的是灵活的动态伙伴式合作关系。

（二）企业组织结构的转变

知识经济时代，知识的管理和创新成为组织存在的第一要义，因此，如何有利于知识管理和知识创新成为组织模式变革所追求的主要目标。在工业经济时代，企业的组织形式以直线职能制和事业部制最为常见，但是，知识经济时代，这种强调控制和纪律的科层组织模式可能要让位于矩阵式、网络式组织模式，甚至是虚拟创新社区。

事实上，从知识管理的角度，无论是直线职能制，还是事业部制，组织都容易形成孤立的知识岛，员工之间的横向沟通受到限制。而网络式、矩阵式组织形式使得组织管理更加扁平化，员工能获得最大的创新空间和自由度，员工之间的知识共享和交流更加方便，而且这一组织形式也促进了知识型员工的自我管理和自我激励。

（三）企业管理方式的转变

知识经济时代，企业的管理方式将由以实物管理为核心的管理方式转变为以知识管理为核心的管理方式。传统经济中，企业管理以设备、原材料、体力劳动者、技术工人等为主要管理对象，这种管理模式强调生产管理、质量管理、流程管理、成本管理，强调服从和纪律。这种管理的出发点和落脚点均在于投入物资的节约和产出的增加，注意力主要集中于生产以及流通环节,采取的是职能管理方式,而且普遍采用的是"胡萝卜＋大棒"式的奖惩措施。

知识经济时代,智力和知识拥有量的多少及对其开发利用程度的高低决定着企业面向未来的竞争是否具有优势。其中,最关键的是高素质人才。在知识经济时代,人才被看作是一种"资本"、一种最有开发价值和潜力的资本,而非成本或负担。

因此,对高素质的知识型员工的管理成为企业管理方式变革的根本原因。因为人的智力活动是不同于手工劳动的,知识的生产和创造不同于工业经济时代生产流水线旁边机械式的手工操作,它不仅需要人脑的艰苦思考,还需要灵光一现的火花。因此,如何创造适宜的环境来促进学习、交流和创新就变得非常重要。

所以,知识经济时代的企业管理方式更强调精神激励和文化的软约束,企业要努力营造一种使员工精神愉快、关系和谐的组织文化和工作氛围,培养富有参与意识和责任感的员工队伍,从而使广大员工努力为组织的目标而工作,最大限度地发挥人的能动性和创造性。

本章小结

确定公司的发展战略,首先要对企业的外部环境进行扫描分析。任何企业都是在一定的环境下生存和发展的,环境的变化既有可能给企业的生存和发展带来机遇,也有可能带来威胁。因此战略管理的基础是要对企业宏观环境、产业环境和竞争对手进行分析。

宏观环境是指对企业的生存和发展具有战略性影响的环境因素。企业的宏观环境要素包括政治和法律环境、经济环境、社会文化环境、技术环境等,对以上要素的分析方法我们简称为 PEST 分析法。

产业环境属于企业外部环境的中观环境,产业环境分析的内容主要是分析本行业的企业竞争格局以及本行业和其他行业的关系。行业的结构及其竞争性决定了行业的竞争态势和企业可能的战略。产业环境分析的经典工具是波特的"五力模型",即对潜在进入者、替代品、供应方、购买方及竞争对手进行分析,简称"五力模型"分析法。

竞争对手是企业经营最直接的影响因素,所以要从个别企业的角度,对竞争对手的市场状况、财务状况、产能状况、创新能力和企业决策者等相关内容进行分析。

全球化、互联网、知识经济是我们所处时代的最重要的特征,所以本章也对相关热点问题及其对企业外部环境乃至内部组织、结构、能力的影响进行了介绍。

思考题

1. 请举例说明外部环境变化对企业战略的重大影响。
2. 请在煤炭、电力、医药、化工、电子信息等五个行业中选取一个行业,运用 PEST 分析法找出四类环境因素中当前最主要的一个因素。
3. 请在上述五个行业中选择一家中国 A 股上市公司,通过公开资料运用波特的"五力模型"分析其产业环境。
4. 请举例说明全球化、互联网、知识经济等热点问题对企业的影响。

如家：缝隙市场的发现者和领跑者

如家成立之初，国内酒店业已经基本处于饱和状态，酒店客房平均入住率不到一半，大量的客房被闲置。如家是如何发现缝隙市场的呢？2001年，如家的创始人在创立和运营携程网时发现，锦江之星等上海经济型酒店的入住率高达90％以上，远高于普通星级酒店的入住率。他进一步研究发现，国际上70％以上的酒店是经济型酒店，而当时我国大部分酒店却在追逐星级，似乎星级越高越好，导致酒店业投资越来越多，成本高企，入住率却不高，效益低下。在认真分析了中国酒店产业发展格局以后，如家的创始人认为，在中国，经济型酒店处于星级酒店与单位的招待所之间，属于无人关注的市场空白，而且市场空间巨大。创始人于是欣喜若狂，很快在2002年投资成立了如家酒店公司。

为了迅速占领经济型酒店这个巨大的市场缝隙，如家公司在成立之初，就努力在"住宿"和"连锁"两大特征上做文章。如家发现，很多出差公干的商务人士业务繁忙，传统星级酒店提供的许多空间和服务他们无暇享受，对他们而言最重要的东西只有两个：床和卫生间。于是，如家剔除了传统星级酒店追求的豪华装饰、奢侈服务和娱乐设施。例如，如家旗下酒店一律舍弃豪华气派的大堂，舍弃投资巨大、利用率低的康乐中心，取消桑拿、KTV、酒吧等娱乐设施，而是把更多的空间变成客房。为了增添房间的温馨感，如家打破星级酒店床单、枕套都用白色的传统，改用碎花床单；淋浴隔间用的是推拉门而不同于单位招待所的简陋塑料布；毛巾则有两种不同颜色，便于顾客区别；桌子上常常为客户摆放几本书、一盏家用台灯，并提供免费上网服务等。

更重要的是，为了迅速占领这个缝隙市场，不给模仿者以追赶的空间，如家把特许连锁经营作为商业模式的核心。于是，如家选择在经济发达城市交通便利、生活设施齐全的地段迅速布点。同时，如家建立起连锁经营的标准化运营体系，这既大大降低了经营成本，又保证了酒店的服务水准。通过特许连锁标准化经营，如家在保证安全、卫生、住得舒适的前提下，成功地将平均房价控制在200元以内。

由于定位准确，加上有效的连锁经营模式，如家在国内强手如林的酒店业迅速建立起了差异化的品牌优势，成为国内酒店第一个真正意义的特许经营品牌。2006年，如家成功在纳斯达克上市，成为中国酒店业在海外上市的第一股。

如今，如家酒店已经成功地发展为中国最大、效益最好的酒店连锁企业。截至2014年底，如家集团共有2609家酒店正式投入运营，另外有401家酒店在筹备之中。也是在这一年，如家酒店以4.2亿美元的品牌价值入选中国品牌100强，居中国酒店行业之首。

【案例讨论】

　　1. 如家酒店的经营环境有哪些特征？

　　2. 试用波特的"五力模型"分析如家酒店面临的外部环境，并简要提出你的发展对策。

第三章
企业内部资源分析

学习目标

- 了解企业内部资源与能力分析的意义
- 理解资源、能力与竞争优势的关系
- 掌握价值链、SWOT 分析方法
- 了解产品、人力资源和组织效能分析的方法

受到资金、技术、人才以及市场条件等因素的限制,发展中国家企业的国际化进程往往步履维艰,其中,高技术企业的国际化更是难于上青天。但是中国有家高技术公司却是一个例外,这家公司用了不到 30 年的时间就依靠自主创新成功实现了国际化。

它成立于 1988 年,成立之初不过是注册资本 2.4 万元,员工只有 14 人的小企业。但是,正是这些多少有一点通信技术知识的半路出家的中年人,在一个叫任正非的退役技术军官的带领下,从通信设备代理入手进入了通信设备生产制造领域。他们从一开始就树立了远大的目标,立志产业报国,20 多年过去了,他们实现了诺言。截至目前,该公司的产品和服务已经遍及包括北美地区在内的主要发达国家市场和广大发展中国家市场。2015 年,该公司实现 2880 亿元的销售收入,位列世界 500 强的第 228 名,已经名正言顺成为全球最主流的电信解决方案供应商。它就是总部设在中国深圳的华为公司。

华为的成功其实很简单,就是在伟大目标的指引下,持续地以世界一流跨国公司的标准来夜以继日地苦练内功、优化内部资源、提高效率、提升企业的核心能力。

华为核心能力的打造和提升体现在战略目标、组织学习、企业文化、研发体系建设、人力资源建设、国际化开拓、公司治理等各个方面。在创业之初,华为就不为浮躁的环境所动,而是对自身的战略目标和经营业务范围作了严格设定和明确划分,对公司能做什么、不能做什么有着清醒的认识。公司在早期制定的《华为基本法》中明确规定:要使华为成为世界一流的设备供应商,永不进入信息服务业。技术创新是高技术公司的根本,在创立之初,华为就硬性规定每年拿出销售收入的 10% 以上投入到研发中去,到目前为止这种投入比例在中国企业中仍属罕见。这种高投入的结果是华为不仅在中国首屈一指,而且也成为全球申请专利最多的公司之一。从创业一直到现在,公司从领导层做起,形成了团结、谨慎、奉献、学习、创新和追求卓越的企业文化。为了提高研发效率和服务的效率,华为斥巨资从 IBM 引进集成产品开发体系,并持之以恒地加以贯彻,使得研发和服务的效率达到甚至超过了国际一流公司的水平。在国际化方面,华为公司没有走捷径,而是通过综合技术优势和完善的服务体系战胜竞争对手,以像对待上帝一样的虔诚态度打动客户,一步一个脚印地开拓国际市场,最终靠实力赢得市场。在公司治理和内部管理上,华为一直奉行全员持股,不让雷锋吃亏,艰苦奋斗,以奋斗者为本的原则。公司坚持不上市,让员工和客户分享成功果实,这的确是华为公司攻无不克,战无不胜的内部原因。

在企业的战略分析中,如果说对外部环境因素的分析和判断属于"知彼",那么企业对自己内部条件的分析和认识则属于"知己",二者同样重要。孙子说:"知彼知己,百战不殆;不知彼而知己,一胜一负;不知彼,不知己,每战必殆。"因为,只有"知己",才能"知可以战与不可以战",才能"识众寡之用",才能"上下同欲",才能"以虞待不虞"。因此,"知己"的确是制胜关键。

企业的内部条件分析涉及因素比较多,除了考虑战略层面的问题,也要考虑战术层面的问题;除了考虑公司各个业务单元的共同问题,也要分析公司战略业务单元的具体问题,等等。具体而言,为了准确确定企业当前面临的战略问题,企业的战略决策者必须时时刻刻考虑和回答企业战略与环境的匹配性、企业的优势和劣势、企业战略得失等几方面的问题。要回答上述一系列问题,需要对企业进行系统而全面的深入分析。战略管理理论发展几十年来,为人们提供了企业内部条件分析的若干工具和方法。

第一节　价值链分析

价值链分析法是由美国哈佛商学院教授迈克尔·波特总结提炼出来的,是一种寻求确定企业竞争优势的有效工具。他认为,可以将把各种原始资源增值转化为最终产品,并使顾客认知其价值的企业活动视为价值活动,其中包括了研发、采购、生产以及售后服务等所有能实现资源价值增值的业务过程。企业各种价值活动的有机聚合便构成了企业价值链,如图3-1所示。企业有许多资源、能力和竞争优势,如果把企业作为一个整体来考虑很难识别这些竞争优势,因此把企业活动进行分解,通过考虑这些单个活动本身及其相互之间的关系,可以分析和确定企业的竞争优势。

一、价值链分析的特点

(1)价值链分析的基础是价值,各种价值活动构成价值链。价值是买方愿意购买卖方企业的产品所包含的社会平均劳动的总和,也代表着顾客需求满足的实现。价值活动是企业制造对买方有价值的产品的基石。

(2)价值活动可分为两种:基本活动和辅助活动。基本活动涉及产品的制造、销售和售后服务等。辅助活动则通过采购、投入、技术、人力资源以及各种公司内部职能支持基本活动。

(3)价值链列示了总价值。价值链除包括企业价值活动外还包括企业利润,利润是总价值与从事各种价值活动的总成本之差。

(4)价值链的整体性。企业的价值链体现在更广泛的价值系统中。供应商、中间商、用户的价值链都和本企业的价值链有着紧密的联系,都时时刻刻地在影响本企业的价值链。因此,获取并保持竞争优势不仅要理解企业自身的价值链,还要理解企业价值链所处的价值系统。

(5)价值链的异质性。不同的产业具有不同的价值链。在同一产业中不同企业的价值链也不同,这反映了它们各自的历史、战略以及战略实施等方面的不同,同时也暗示了企业的竞争优势所在。

二、价值链分析内容

(一)识别价值活动

在价值链模型中,波特将企业所有的经营活动分为基本活动和辅助活动,基本活动分为产前物流(inbound logistics)、生产运作(operations)、产后物流(outbound logistics)[①]、市场销售(marketing and sales)、售后服务(service)等五种;辅助活动分为企业基础职能(corporate infrastructure)、人力资源管理(human resources management)、技术开发(technology development)、采购活动(procurement)等四种。九种活动的目的是为企业创造利润,如价值链箭头所指,如图3-1所示。我们将波特对这些活动的定义总结如表3-1所示。

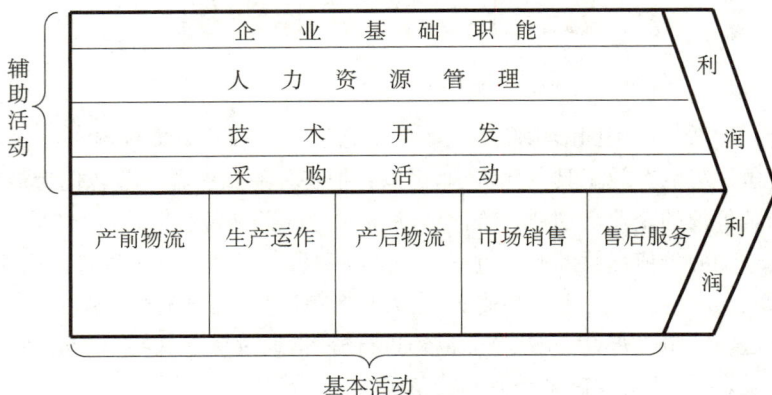

图3-1　企业价值链(M. E. Portor,1985)

表3-1　价值链九种活动的定义归类

	活 动 名 称	定 义
基本活动	1. 产前物流 2. 生产运作 3. 产后物流 4. 市场销售 5. 售后服务	为生产制造而进行原材料的接收、贮藏和分发 将投入转化成产品 成品的储存、配送 促销和销售工作 通过售后服务保持和增加产品的价值
辅助活动	1. 企业基础职能 2. 人力资源管理 3. 技术开发 4. 采购活动	整个价值链的基础,包括一般的管理活动、计划、财务、会计、法律服务、领导、质量管理 人员的招聘、雇佣、培训、开发 提高产品和制造过程水平 采购原材料

① 有人把"inbound logistics"翻译成"内部后勤",把"outbound logistics"翻译成"外部物流"。从表中对它们的定义看,波特主要从制造流程出发,将生产加工制造以前的准备活动称为"inbound logistics",把制成后的仓储、保管等称为"outbound logistics"。因此,把它们翻译为"产前物流"和"产后物流"似乎更贴切一些。

从这个价值链中可以看出,波特所指出的基本活动主要是指企业围绕产品的生产和销售而展开的活动,着重于有形产品的生产流程,例如原材料的处理、生产产品、销售、售后服务等活动。辅助活动是辅助基本活动的活动,它通过提供外购投入、技术、人力资源以及各种公司范围内的职能的服务对基本活动提供支持。在这里,波特将计划、财务、会计、法律、与政府协调关系、质量管理统统划分为一种辅助活动——企业基础职能活动,而特别强调了技术开发、人力资源管理和采购活动的重要作用,将它们列为与企业基础职能并列的辅助管理活动。波特认为,企业通过这些在物质上和技术上界限分明的价值活动为用户提供有价值的产品,同时也为企业创造利润。他还认为,利润是总价值和总成本之差。

(二)确立活动类型

每类基本活动和辅助活动都有三种不同类型:

(1)直接活动,涉及直接为买方创造价值的各种活动,如零部件加工、安装、产品设计、销售、人员招聘等。

(2)间接活动,是指那些使直接活动持续进行成为可能的各种活动,如设备维修与管理、工具制造、原材料供应与储存、新产品开发等。

(3)质量保证,是指确证其他活动质量的各种活动,例如监督、视察、检测、核对、调整和返工等。

这些活动有着完全不同的经济效果,对竞争优势的确立起着不同的作用,应该加以区分并权衡取舍,以确定核心和非核心活动。

(三)分析企业的竞争优势

用价值链工具进行分析,企业竞争优势有三个主要来源:

(1)价值活动本身。它是构筑竞争优势的基石。企业从事的各种不同的价值活动,虽然对企业的成功都是必须的,但是确认哪些活动支持企业的竞争地位仍然很重要。对一个企业而言,在关键价值活动的基础上建立和强化这种优势可以帮助企业获得成功。此外,由于价值活动已列在企业的价值链中,只要同其他企业对比,就不难发现自身竞争优势之所在。

(2)价值链的内部联系。价值链并不是一些独立活动的综合,而是相互依存的活动构成的一个系统。价值活动是由价值链的内部联系联结起来的,基本活动之间、不同辅助活动之间、基本活动与辅助活动之间都存在着联系,竞争优势往往来源于这些联系。如成本高昂的产品设计、严格的材料规格或严密的工艺检查会大大减少服务成本的支出,而使总成本下降。

(3)价值链的外部联系。联系不仅存在于企业价值链内部,还存在于企业价值链与供应商、渠道价值链和买方价值链之间。供应商、渠道和买方的各种活动进行的方式会影响企业活动的成本或收益,反之亦然。供应商为企业提供某种产品或服务,销售渠道具有企业产品流通的价值链,企业生产的产品就是买方价值链的外购投入,因此,企业的各项价值活动和它们与企业的价值链间的各种联系都会影响企业的竞争优势。

企业应对价值链的内部联系和外部联系给予高度的关注。对这些联系进行规划,既可以帮助企业提供独特的成本优势,又可以基于这些联系将企业的产品或服务与其他企业区分开来,即可以实现差异化。竞争者常常会仿效企业的某项活动或某个行为,但却很难抄袭到价值链之间的这些联系。

第二节   SWOT 分析

SWOT 分析法又称战略态势分析法,是企业内部情况分析最常用的一种方法,它是对企业的优势(strengths)、劣势(weaknesses)、机会(opportunities)、威胁(threats)进行综合分析的一种方法。这种二维框架打破了传统的线性思维模式,使人们能够避实就虚知彼知己。

一、公司的优势和劣势分析

当两个企业处在同一市场或者说它们都有能力向同一顾客群体提供产品或服务时,如果其中一个企业有更高的盈利能力,那么,我们就认为这个企业比另外一个企业更具有竞争优势。换句话说,所谓竞争优势是指一个企业超越其竞争对手的能力,这种能力有助于实现企业的主要目标——盈利。但值得注意的是:竞争优势并不一定完全体现在较高的盈利能力上,比如有时企业更希望增加市场份额,有时则更希望与管理人员或雇员分享利润以利于企业长远发展,这些也是企业的竞争优势。

竞争优势可以指一个企业或它的产品优于其竞争对手的任何方面,它可以是产品的质量、可靠性、适用性、风格、形象、服务及时以及态度热情等。虽然竞争优势实际上指的是一个企业比其竞争对手有较强的综合优势,但是明确企业究竟在哪一个方面具有优势更有意义。因为只有这样,企业才可以在竞争中扬长避短,或者以实击虚。

由于企业是一个整体,并且由于竞争优势的广泛性,所以在进行优劣势分析时必须从整个价值链的每个环节上,将自身与竞争对手作详细的对比。如产品是否新颖、制造工艺是否科学、销售渠道是否畅通,以及价格是否具有竞争力等。如果一个企业在某一方面或几个方面的优势正是该行业企业应具备的关键成功要素,那么该企业的综合竞争优势自然会比较强。需要指出的是,衡量一个企业及其产品是否具有竞争优势,只能站在现有用户或潜在用户的角度,而不是站在企业的角度去进行分析。

企业在建立和维持竞争优势的过程中,必须深刻认识自身的资源和能力,采取适当的措施,因为一个企业一旦在某一方面具有了竞争优势,势必会吸引竞争对手的注意。一般来说,企业经过一段时期的努力,建立起某种竞争优势,然后会处于维持这种竞争优势的态势,而竞争对手则开始逐渐对其作出反应。如果竞争对手直接进攻企业的优势所在,或采取其他更为有力的策略,企业的这种优势就可能受到削弱。

影响企业竞争优势持续时间的因素有:(1)建立这种优势要多长时间;(2)企业能够获得的优势有多大;(3)竞争对手作出有力反应需要多长时间。如果企业分析清楚了这三个因素,就会明确自己的竞争优势持续时间的长短了,进而也就能明确自己在建立和维持竞争优势中的地位。

二、机会与威胁分析

随着经济、社会和科技等诸多方面的迅速发展,特别是全球化和经济一体化进程的加快,ICT技术的发展和消费需求的多样化,企业所处的环境更为开放和动荡。这种变化几乎对所有企业都产生了深刻的影响,正因为如此,环境分析对企业来说日益重要、不可或缺。

环境发展趋势分为两大类:一类表示环境威胁,另一类表示环境机会。环境威胁指的是环境中对企业不利的发展趋势,如果不采取果断的战略行为,这种不利趋势将导致公司的竞争地位受到削弱。环境机会就是对公司行为富有吸引力的领域,在这一领域中,该公司将可能获得竞争优势。

企业所面临的机会往往取决于企业所处的行业环境,在评价企业所面临的机会时,企业管理者必须防止将每一个行业机会当成是企业的机会,并不是行业中的任何一个企业都有足够的资源追逐行业中存在的每一个机会的。企业需要对行业机会加以具体的甄别,也许企业的资源优势和劣势使企业更适合追逐某个具体的机会,也许出现的机会同企业现有的资源并不是很相称。企业需要采取积极的措施设法获得企业现在没有的资源和能力,使这些机会能真正为企业创造利润并帮助企业成长。

一般来说,在企业外部环境中总存在一些对企业盈利能力和市场地位构成威胁的因素。例如出现了更廉价的新技术;竞争对手推出了广受欢迎的新产品;政府出台了限制性产业政策等等。外部威胁所产生的负面效应可能不大,撼动不了企业发展的良好根基,不少成功的企业都是伴随着各种威胁成长壮大的;外部威胁所产生的负面效应也可能非常显著,不少很有潜质的公司因为没有正确应对外部哪怕看起来很小的威胁而功败垂成,也有不少成功的企业因不能恰当估量所面临的外部威胁而功亏一篑。企业战略管理的任务就是确认危及企业未来利益的威胁并对其作出正确评价,进而决定采取什么样的战略行动来抵消或减轻它们所产生的影响。

三、SWOT分析的主要内容

(一)分析内外环境因素

运用各种调查研究方法能分析出企业所处的各种环境因素,包括外部环境因素和内部环境因素。其中外部环境因素包括机会因素和威胁因素,它们属于客观因素;内部环境因素包括优势因素和劣势因素,它们属于主观因素。在调查分析这些因素时,不仅要考虑到历史与现状,更要考虑未来与长远发展。

优势是组织的内部因素,具体包括有利的竞争态势、充足的资金来源、良好的企业形象、技术力量、规模经济、产品质量、市场份额和广告攻势等。

劣势也是组织的内部因素,比如设备老化、管理混乱、缺少关键技术、研究开发落后、资金短缺、经营不善和产品积压等。

机会是组织的外部因素,例如出现了新市场、用户提出新需求、外国市场壁垒解除或竞争对手失误等。

威胁也是组织的外部因素,比如出现新的竞争对手、替代产品增多、市场紧缩、行业政策不利的变化、经济衰退、客户偏好改变和不利的突发事件等。

SWOT分析方法的优点在于考虑问题全面,是一种系统思维,而且可以把对问题的"诊断"和"开处方"紧密结合在一起,条理清楚,知行一体。

(二)构造 SWOT 矩阵

我们可以将调查得出的各种因素根据轻重缓急或影响程度等进行排序,构造 SWOT 矩阵,如图 3-2 所示。在此过程中,可以将那些对公司发展有直接的、重要的、大量的、迫切的或久远的影响因素优先排列出来,而将那些间接的、次要的、少许的、不紧急的或短暂的影响因素排列在后面。

		企业内部条件	
		优势 (Strengths)	劣势 (Weaknesses)
环境 因素	机会 (Opportunities)	SO 战略	WO 战略
	威胁 (Threats)	ST 战略	WT 战略

图 3-2　SWOT 矩阵

(三)制定行动计划

在完成环境因素分析和 SWOT 矩阵的构造后,便可以制定出相应的行动计划。制定计划的基本思路是:发挥优势因素,克服劣势因素,利用机会因素,化解威胁因素;考虑过去,立足当前,着眼未来。运用系统的综合分析方法,将排列与考虑的各种环境因素相互匹配起来加以组合,得出一系列公司未来发展的可选择对策。

SWOT 分析法简单实用,通过 SWOT 分析可以较为准确地确定企业面临的主要外部机遇和威胁、企业内部主要优势和劣势等战略决策的关键因素,从而为制定企业战略提供系统的科学依据。当然,SWOT 分析的正确使用依赖于渊博的知识、丰富的经验、充分的信息、战略思维和商业直觉,是一个非常综合性的系统思维过程。

第三节　资源及核心能力分析

企业自身的资源和能力对企业采取什么样的战略起决定作用,因此,除了 SWOT 模型以外,人们不断尝试开发新的模型与方法,对企业自身条件和内部资源进行分析和诊断。

一、企业资源分析

企业资源的现状和变化趋势是制定总体战略和选择经营领域最基本的依据。企业资源分析是从企业全局来把握企业资源在数量、质量、结构、分配和组合等方面的情况。显然,企业能投入到经营活动中的资源(比如资金、人员、物资、渠道等各种要素)总是有限的。所以在企业战略管理中,一要对企业现有资源的状况和变化趋势进行分析,二要对未来的资源需求进行预测。人们常把企业资源分为有形资产、无形资产、人力资源三大类。

（一）有形资产

包括可以反映在企业财务报表上的财务资源,如未分配利润、股票、贷款、租赁、调整应收和应付、出售资产等,以及物质资源,如企业所拥有的土地、厂房、机器设备、运输工具、办公设施、原材料、产品、库存商品等。

（二）无形资产

这是企业不能从市场上直接获得,不能用货币直接度量,也不能直接转化为货币的经营资产,包括技术(如联合开发、委托开发、引进技术或购买专利等)、商誉和企业文化等三类资源。商誉是指一家企业由于产品优良、服务一流、管理出色、生产效率高等良好的企业形象而带来的顾客信任和美誉,它能够给企业带来超过正常收益率水平的获利能力。商誉具有长期性、依附性、经济性和积累性等特点。企业文化是在指基于共同价值观的基础上,企业全体员工共同遵循的目标、行为规范和思维方式的总称。企业文化的力量既可能支持企业的战略,也可能抵制企业战略,影响企业战略的执行。因为企业文化是企业长期以来独特的传统、习惯和价值观的沉淀,在企业面临战略转型的情况下经常发挥着亦能载舟、亦能覆舟的作用。

案例 3－1

全球品牌价值排行榜

据福布斯中文网(www.forbeschina.com)报道,2015 年,美国苹果电脑公司品牌价值达到 1453 亿美元,比 2014 年增长了 17%,连续第 5 年登顶福布斯全球最有价值品牌排行榜。位列排行榜第二的微软公司,其品牌价值为 693 亿美元,比 2014 年增长了 10%。进入排行榜前 5 位的另外 3 家公司依次是谷歌公司(656 亿美元)、可口可乐公司(560 亿美元)和 IBM 公司(498 亿美元)。在前排名 100 的品牌中,品牌价值增长最快的是 Facebook 公司,它以 365 亿美元的品牌价值首次闯进前 10 位。另外,亚马逊公司品牌价值较 2014 年增长了 32%。

(三) 人力资源

人力资源是推动企业发展的能动性因素,企业管理的重点在于调动员工的生产经营积极性,改进工作效率,进而实现预期目标。人力资源的质量及管理水平是衡量一个企业战略资源是否具有竞争力的最主要指标。

二、企业核心能力分析

企业核心能力理论是由著名管理学者——英国教授哈默和美国教授普拉哈拉德在1990年发表于《哈佛商业评论》上的一篇著名的论文中提出来的。此后,核心能力理论受到了越来越多的学者和企业家的重视,它也成为了分析企业内部资源的关键理论工具之一。

(一) 核心能力概念

哈默和普拉哈拉德认为,核心能力是"组织中的积累性学识,特别是关于如何协调不同的生产技能和有机结合多种技术流派的学识"。除此之外,美国麦肯锡咨询公司对核心能力的定义为:企业核心能力是某一组织内部一系列互补的技能和知识的组合,它具有使一项或者多项关键业务达到行业一流水平的能力。

简单地说,核心能力就是企业的看家本领。如沃尔玛的物流管理、丰田的精益生产体系、索尼的小型化设计与制造等。哈默教授等人也给出了一个形象的比喻,如图3-3。如果把企业比作一棵大树,那么,企业核心能力就如同企业的树根,决定了企业这棵大树的生死存亡,而核心产品则相当于树干,最终产品仅仅相当于树叶或者树上结出的果实。虽然,一棵树是否漂亮,是否招人喜爱,可能往往是由其树冠上的树叶、花朵或者果实决定的,但是,一棵树可以没有树叶,却不能没有树根,没有了树叶甚至树干,只要根存在,这棵树就可以继续发芽、生长,最终仍有可能成长为一棵参天大树。但是,如果一棵树没有了树根,那就意味着这棵树会很快死亡。只有根深才能叶茂,这是大自然的铁律。

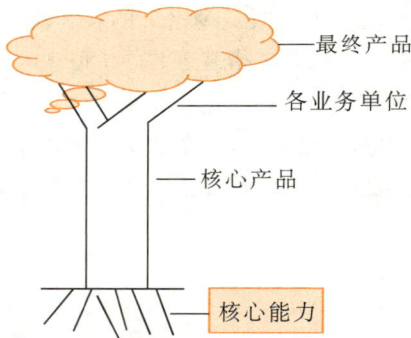

图3-3 核心能力、核心产品与最终产品的关系

企业如同一棵树,企业最终产品的竞争力往往是暂时的,一个有竞争力的产品不能保证企业的可持续经营。但是,企业是否有核心能力则是至关重要的。如果没有了核心能力,对企业而言,则意味着水无源、木无本。

核心能力理论在我国若干"昙花一现"的企业现象上最有说服力,如沈阳飞龙、广东的太阳神、山东的三株口服液,辉煌时万众瞩目,但几乎都是一夜垮台,成为典型的"流星"企业。尽管这些企业曾经拥有看似辉煌的产品,但是由于缺乏核心能力,无一不是昙花一现。反观一些长寿企业,无不是在核心能力方面下足了功夫,如山东的东阿阿胶、北京的同仁堂制药等。

美国可口可乐公司曾经宣称,即使可口可乐公司发生火灾,被一把火烧光了,仍能保证第二天就可以东山再起,继续经营,靠什么? 就是靠可口可乐的品牌形象、消费者的忠诚度及其配方。如果说消费者从超市里购买的可乐产品属于可口可乐公司的最终产品的话，那么，可口可乐所谓的神秘"配方"就是其核心产品，而可口可乐公司在消费者心目中树立的品牌形象才是可口可乐真正的核心能力。通过几十年的经营，可口可乐已经给人们带来了方便、快捷、轻松、醒脑、卫生等概念。与其说可口可乐是一种产品，不如说可口可乐已经变成人们尤其是年轻人的一种生活方式。而一旦这样的生活方式和生活习惯得以形成，人们就很难改变对可口可乐的依赖。这才是可口可乐不怕火烧的根本原因。表3-2列举的是国际知名公司的核心能力。

表3-2　公司核心能力举例

公司名称	核心能力	最终产品
丰田	精益生产，TPS	汽车
Canon	光学和图像技术	复印机、照相机
IBM	计算机领域核心技术人才，知识创新	计算机、IT用户最终解决方案、软件
青岛海尔	生产质量控制水平、真诚服务能力	家电、数字设备
华为科技	创新体系、企业文化	数字通信关键设备
清华同方	资本、知识、产业嫁接能力	电脑、民用核技术、新能源、新材料

（二）核心能力的判断标准

判别一个企业是否有核心能力，有以下四项基本标准：

（1）增值性和效益性。企业核心能力要在为客户创造价值的过程中作出显著贡献，不能产生效益、不能为客户创造价值的能力不算核心能力。

（2）领先性和独特性。企业核心能力要在企业的某种技术或者管理方面处于领先地位，不能领先，或者说不具备优势的就不是企业的核心能力。同时，企业核心能力是很独特的，应该是难以被竞争对手模仿的，凡是能够被竞争对手很容易模仿的就不能称之为核心能力。

（3）延展性及多样性。企业核心能力是根本，不是局限于企业某一产品和服务的，而是能够普惠于企业的若干领域的，是能够最大限度实现范围经济效应的，如果企业的这项能力不能使得企业衍生出若干新产品和新服务，则不能称之为核心能力。

（4）协调性和整合性。企业核心能力是协调不同生产技能领域和有机结合多种技术的积累性学识，它更多地表现为企业的整体素质，而不仅仅是指企业的某一两项诀窍或者生产技能。

凡是达到以上四种标准者，就说明该企业具有核心能力；凡是不能达到上述四项标准者，就说明企业缺乏核心能力，或者说企业核心能力不完整，还需要不断加以培育。

除此之外，企业核心能力还具有相对性、动态性和不可交易性。所谓相对性，是指核心能力是相对于竞争对手而言的，具有地区相对性的核心能力也可以称之为核心能力。所谓动态性，是指核心能力也有生命周期，随着时间和环境条件的改变，核心能力也要不断推陈出新，一劳永逸的核心能力是不存在的，要防止核心能力刚性。所谓不可交易性，是指核心能力只能通过企业自身长时间的培育来获得，不可能轻易从市场上买来，轻易通过市场交易方式获得的能力不能称之为核心能力。

企业内部条件分析的重要任务之一就是要辨识和评价企业的核心能力,了解企业在核心能力产生、培育、应用方面还存在哪些缺陷,应当如何加以改进。

知识链接

核心能力与其他概念的关系

核心能力已成为企业战略制定的一个重要术语,对核心能力的认识需要与其他几个观念进行一些对比:

(1) 竞争力≠核心能力

某国内领先的大型 IT 产品制造商声称其核心能力是技术加市场加管理,这样的界定太宽泛。一个公司要在市场中领先,当然在市场、财务、技术开发等各功能领域都要有一定的竞争力,但这并不等于核心能力。核心能力必须有独特性,要让其他竞争对手难以复制。

(2) 核心业务≠核心能力

回归核心业务并不等于企业自然就拥有了核心能力。公司集中资源从事某一领域的专业化经营,在此过程中会逐步形成自身与同行之间在管理、技术、产品、销售和服务等多方面的差异。在发展这些差异时,企业能逐步形成自己独特的技术,这些技术有可能构成今后公司核心能力的要素。

(3) 核心技术≠核心能力

核心技术可以成为核心能力,但没有核心技术并不一定没有核心能力。如戴尔公司没有 PC 的核心技术,但这并不妨碍它成为所在行业的翘楚,因为戴尔的核心能力在于高效的供应链管理。

三、企业资源与竞争优势的关系

前面我们讨论了企业资源和核心能力的类型及其评价方法,下面我们来分析企业的资源怎样才能转化为竞争优势。换句话说,企业必须明确在哪些条件下它所具有的资源可以超过竞争对手,从而提高其盈利能力。

迈克尔·波特教授在其《竞争优势》一书中认为:竞争优势来源于企业在设计、生产、营销诸环节中若干相分离的活动,企业正是通过比其竞争对手更出色地开展这些重要的战略活动来赢得竞争优势的。而基于企业资源的理论认为,企业是一组资源和能力的集合,任何企业都拥有区别于其他企业的独特资源或能力,无论它是有形资产、无形资产还是企业的组织能力。企业的竞争优势就构建在这些异质的、难以被模仿和替代的资源组合上。

企业要获得并保持竞争优势,一是要谋求关键资源和核心能力,并使其尽可能长时间地在市场上发挥作用;二是要不断地探寻新的关键资源,使企业获得持续竞争优势。成功的企业多种多样,例如苹果公司以智能手机颠覆了功能手机产业;英特尔公司依靠芯片技术研发占领了大部分个人电脑中央处理器市场;戴尔公司则提出全球第一个直销供应链体系,使得它的产品从成本到资金流都领先于对手;而丰田公司的准时生产(just in time)及敏捷供应链系统大大降低了其汽车生产成本,引得竞争对手争相效仿与学习,却鲜有人能够达到它所实现的境界。不同的企业成功之路各异,因为所处环境与资源的不同,我们的企业不应直接模仿它们的体制,但隐藏在这些运营机制背后的逻辑是非常值得去借鉴的。

案例 3－2

苹果公司的不断创新

　　苹果公司(Apple)是最早涉足个人电脑领域的厂商之一,它所生产的苹果Ⅰ、Ⅱ代电脑曾经流行于诸多国家的大中学校园。它是第一个开发出图形界面操作系统的公司。公司的创始人乔布斯及其团队有着超群的创造及研发能力,这正是它们曾经辉煌的原因。

　　然而由于内部纷争,公司经营曾经陷入低谷,计算机市场占有量大幅下滑到5%,而苹果操作系统也远离了大众的视野。20世纪90年代中后期,乔布斯重返公司,苹果开始重振雄风。先是打出口号"Think differently"以吸引那些喜欢标新立异的顾客,紧接着以令人炫目的速度推出设计新颖的个人电脑。现在最让人欣赏的苹果产品莫过于它的 iPod 音乐播放机、iPhone 手机和 iPad 平板电脑。苹果公司以

图 3－4　iPhone 和 iPad

独树一帜的创新设计和全新的商业模式征服了无数客户的心,全球销量以千万计。但是,苹果并没有停止创新,新产品层出不穷。可以说,它已经把创新当作公司必不可少的运营实践融入了企业的基因之中。

　　建立自己的核心能力需要企业不懈的努力与尝试,需要练就只属于自己的"绝活"。只有这样,企业才能够在激烈的市场竞争中拥有一席之地。

案例 3－3

劳斯莱斯的核心能力

　　劳斯莱斯(Rolls-Royce)的名字一直是与世界上最高贵的汽车联系在一起的。公司在20世纪初起步于英国之时确实以其汽车生产闻名于世,同时它也利用这种对交

通工具的深刻理解向当时刚刚诞生的飞机工业领域发展。到二战结束时，劳斯莱斯已经可以为商用、民用以及军用飞机提供高性能的引擎，并得到了广泛应用。这时的公司将高贵的豪华轿车以及高性能的引擎视作自身发展的两把利器。劳斯莱斯的汽车一直秉承手工生产，每年的生产量只限千辆，价格昂贵却是世界富豪和政客的首选。随着英国劳动力价格的不断增长，其生产成本也不断上涨，公司最终决定将汽车部门出售，而专注发展高性能发动机。劳斯莱斯的产品转移使得公司能够将精力集中在引擎制造上，其提供产品和服务的领域包括民用飞机、军用飞机以及大型轮船。公司在提供引擎的同时还给各大航空公司提供终身服务。劳斯莱斯先进的引擎技术与整套的产品及服务包构成了它的核心能力，并以此占领了全球民用飞机引擎将近50％的市场份额。有人把飞机产业称作现代工业之花，而飞机发动机则是工业之花的花蕊，劳斯莱斯公司靠长期的知识积累和出色的核心能力，牢牢占据了全球高端制造之巅。

第四节　产品、人力资源与组织效能分析

如前所述，企业自身的资源和能力对企业采取什么样的战略起决定作用。也就是说，企业究竟采取怎样的战略，不仅取决于外部环境和所在的行业结构，而且还与企业的内部环境——资源、能力等有非常密切的关系。对产品、人力资源和组织效能的分析可以帮助企业正确理解自己，作出正确的战略抉择。

一、产品竞争力和产品结构分析

所谓产品竞争力是指企业以产品为中心与竞争对手展开对抗性较量的能力。产品结构则是指某一企业的产品品种数量（同一行业内）的多少和产品多元化（跨行业多种经营）程度。企业多元化经营程度越高，同一类产品的数量规格越多，企业的产品结构就越复杂。

（一）产品竞争力评估

我们可以通过对产品市场地位、收益性、成长性和竞争性等方面的分析，来判断产品所具有的市场竞争力。

（1）分析产品的市场地位。不仅要定性分析该产品的知名度，更要定量评价其市场占有率和市场覆盖率。计算市场占有率和市场覆盖率的公式如下：

市场占有率＝本企业产品销售量/市场上同类产品销售量×100％
市场覆盖率＝本企业产品的投放地区数/全市场应销售地区数×100％

（2）分析产品的收益性。主要是对各种产品的销售收入、利润贡献和成本进行分析

比较,从而发现高收益产品,调整或淘汰问题产品。

(3)分析产品的成长性。要把产品近几年的销售指标进行纵向比较,着重分析其销售增长率和市场扩大率。计算年度销售增长率和市场扩大率的公式如下:

销售增长率＝(某年度销售量－上年度销售量)/上年度销售量

市场扩大率＝(某年度市场占有率－上年度市场占有率)/上年度市场占有率

(4)分析产品的竞争性。就是分析和评价相对于其他产品来说该企业的产品在质量、外观、包装、商标、价格及服务等方面所具有的优越性。通常采用的方法是加权评分法。其分析评价步骤是:选择对象产品,组成有一定代表性的评比人员,确定评比项目,规定各项目的评分标准,绘制评比表,评比人员独立公正地逐项打分并填入表格,最后根据评分结果研究本企业产品的竞争性。

(二)产品结构分析

如前所述,企业向市场提供的全部产品在类别、品种、规格、型号、版本等方面的形态称为产品组合,也称之为产品结构,它表明了企业产品线的宽度与深度。宽度结构指的是产品的系列结构,深度结构指的是同一系列的规格结构。企业现有产品的结构状况一般可用波士顿矩阵进行分析。一般来说,合理的产品结构是一个动态优化的过程,只能通过不断开发新产品及剔除衰退产品来实现。判断产品结构是否合理的原则有以下四个:

(1)符合国家宏观经济政策。不符合产业政策的产品、产业会受到限制。因此,企业产品结构与国家宏观经济政策的吻合程度对企业的影响很大。

(2)适应市场及用户的要求。只有了解市场需求,才能为企业产品结构调整制定出正确的方向与策略。要分析产品结构的优劣,必须以用户为中心,检查企业产品现实组合能否在适当的场所和适当的时间、以适当的数量和适当的价格向用户提供适当的产品。用户需求满足程度的大小,反映了企业产品结构的优劣。

(3)良好的经济效益。研究和调整企业产品结构的最终目标是使企业的综合效益达到最大,能为本企业取得良好效益的结构就是本企业产品合理的结构。

(4)自我调整机制。合理的产品结构应当是动态的,即要求企业适时进行产品结构调整,使企业的产品结构有良好的弹性,保证企业产品结构能经常处于较合理的状态。

二、企业人力资源管理分析

由于人是企业中最重要的因素,企业任何好的战略都需要人来贯彻实施,所以人力资源管理是战略管理中具有基础性地位的一个方面。企业人力资源管理分析重点在于分析人力资源管理制度是否完善、人力资源管理理念是否先进、人力资源管理手段是否科学丰富等。

(一)人力资源管理制度是否完善

制度的建立和完善是人力资源管理的前提。制度包括招聘、培训、考核、员工关系等。

（1）招聘渠道是否市场化，招聘过程是否公开化。现代企业的人才引进逐步由原来的内部接班、内部推荐演变成纯市场行为，个人关系背景的重要程度日益让位于真才实学。大多数企业都有了自己固定的招聘流程，如初选、面试、专业考核、总体面试以及再考核等，考核内容从专业技能到人品道德，从思想观念到性格倾向，涵盖面也越来越广泛。

（2）培训制度是否长期化，培训形式是否多样化。很多企业已经把培训制度作为一项长期的战略性行动纳入企业经营计划。在培训形式上，不仅有"请进来"的企业内训，也有"派出去"的学历教育和境外培训等。培训内容不仅和培训对象的现有岗位相结合，还与企业的激励机制相结合、与员工个人职业生涯设计相结合。

（3）薪酬是否体系化，考核是否合理化。健全的考核激励机制是企业发展的根本，好的机制会激发团队的主动性。

（二）人力资源管理理念是否先进

现代企业人力资源管理不仅仅限于考勤记录、档案保存、户口办理、工资发放等事务性工作，而是要围绕公司战略与时俱进，用先进理念提升管理水平，实现以人为本，增强凝聚力，创建学习型组织。

（三）人力资源管理手段是否科学丰富

这些手段包括人力资源管理信息系统、数据库统计技术、网络信息技术、软件开发技术及视频技术等。

另外，许多中小型企业针对企业小、人员少的特点，将档案管理、社保业务等进行外包，公司自己不设置长期机构办理这些业务，而是委托专业咨询顾问公司定期办理。事实证明，这种方式不仅节约成本，而且提高了事务性工作的办理质量。

（四）是否建立了职业经理团队

企业战略需要有优秀的职业经理人队伍来执行。一个优秀的职业经理人员必须能够做到业务知识扎实、综合素质全面、理论联系实际，并且敢于面对任何管理挑战。优秀的职业经理群体往往是企业发展的中流砥柱，他们会因地制宜，将战略付诸切实的行动。千军易得，一将难求。路线决定以后，干部就成为事业成败的关键。一个公司内部职业经理人才的数量和质量，以及他们能力水平的发挥状况对企业发展具有至关重要的作用。

三、企业组织效能分析

企业组织效能分析是企业内部条件分析的基本环节和主要内容之一。企业作为一个组织，最重要的是组织成员的团结协作，这是组织的力量所在。分析企业组织的情况，改善组织工作，建立合理的组织结构，对企业管理而言是治本之举，分析企业组织效能才能发现组织结构中的缺点或弱点，进而进行组织变革，提高企业组织管理的效率。

（一）从组织设计的基本原则角度看

分析组织效能可以从企业的组织设计原则着手，考察组织设计的原则是否一一得到落实和体现。组织设计的原则包括：

（1）效能原则。企业是一种经济组织，利润最大化是它的首要目标。另外，企业应注意社会效益和社会责任。企业组织设计遵循效能原则，就是要建立合理的组织结构，使企业内部形成良好的运行机制，提高工作效率，进而提高企业的经济效益和社会效益。

（2）统一协调原则。企业的组织设计必须使企业形成一个统一的有机整体。设计完成的组织结构应能保证企业在运行时，各个部门和个人协调一致地工作。"下级服从上级，局部服从整体"是统一协调原则的基本要求。

（3）精简原则。这是指企业的组织结构在满足经营需要，保证企业目标实现的前提下，把组织中的机构和人员的数量减少到最低限度，使组织结构的规模与所承担的任务相适应。如果机构臃肿、人浮于事，则一方面浪费了人力资源，另一方面由于多余环节的存在，也会增加管理成本。进行组织设计时，应尽可能减少职能管理机构和管理人员，把更多的人力投入到经营活动中去。

（4）责权一致原则。组织结构中的各个部门和个人不仅要有明确的工作任务和责任，而且还要有相应的权力，即责权相适应。如果有责无权，就不能保证组织机构正常履行工作职能；如果有权无责，则可能会造成滥用职权，造成另外一种形式的混乱。

（二）从与企业经营活动相适应的角度看

分析组织效能主要考察组织结构是否与企业的业务特点、经营规模、技术特点、人员结构、地理分布、外部环境等相适应。

（1）业务的性质和内容。为企业经营业务服务是分析组织效能的出发点和归宿。组织结构的根本目的是为企业经营创建良好的组织环境。经营业务活动的内容是设置工作岗位的依据，经营业务活动的运行方式决定着部门的划分和组织架构。

（2）经营规模。经营规模影响组织结构中的管理跨度和层次结构。规模越大，越需要建立内部工作的标准和流程。管理标准化程度越高，管理跨度就越大，就应适当减少管理层次。但是，规模大的企业，经营范围宽，业务量大，有些管理职能就需要独立出来，这就需要增加机构，增加层次。同时如果规模越大，受管理者能力的限制，就越需要授权管理，建立授权式的组织结构。

（3）技术复杂程度。技术复杂程度是影响组织内部协调关系的重要因素，也是分析组织效能时要考虑的一个方面。一般来说，技术越复杂，部门之间的交往越多，信息交换量、交换频次就越大，相互之间的协作关系也会变得越复杂。此时，就需要增加协调机构，或者调整组织结构。

（4）人员素质因素。人是组织中的决定因素，企业的组织结构实际是人的职位结构。组织结构中的各个角色最终要落实到具体担任各个职位的人员身上。各个职位上的责任和权力，以及相互之间的各种关系，都要通过这些人员的活动才能体现出来。所以，组织中人的素质对组织结构起着决定性的作用。人员的素质包括身体条件、职业道德、知识水平等。对于高素质的管理者，可以让他承担更多的责任，可以赋予他更大的权力；对于一专多能的人才，可以让他身兼多职，这样可以减少人员和机构。管理人员的素质也是影响集权或授权结构的重要因素。

（5）地理分布。地理分布是指企业经营活动在地理位置上的分布。不难理解，地理分布越分散,内部的信息沟通就越困难,集中控制的难度就越大。因此,地理分布会影响管理的跨度,影响集权或授权的程度。分析组织结构是否与企业经营活动在地理上的分布相适应,也是考察组织效能的一个重点。

(6)外部环境因素的变化程度。外部环境的频繁变化要求企业的组织结构应具有较强的适应性。机械的组织结构只能适用于稳定的外部环境。环境越复杂,越动荡,就越需要组织内部协调合作,形成统一整体,并从整体上尽可能保持组织的柔性。

综合以上原则和因素,我们可以通过访谈、问卷调查、实地调查等方式,对组织是否符合组织设计的原则,是否符合企业经营活动的现状进行分析,从而对组织效能作出评价。

本章小结

企业内部环境是相对于外部环境而言的,企业的资源、能力决定了企业的实力,决定了企业战略的分析、制定、实施和完善。

企业的资源是能够给企业带来竞争优势的任何要素,是企业参与市场竞争的必备条件,包括有形资产、无形资产和人力资源。企业能力是指企业协调资源并发挥其生产与竞争作用的能力。企业核心能力帮助企业比竞争对手做得更加出色,竞争优势保持得更加长久,长期处于战略领先地位。

对企业内部条件分析的方法主要有价值链分析法、SWOT分析法、核心能力分析法等,还包括对企业的产品、人力资源和组织效能等具体要素的分析。

思考题

1. 企业内部环境分析主要包括哪些因素?
2. SWOT分析法是什么含义?
3. 请选择一家公开上市的公司,简述其发展战略与自身资源、条件和竞争优势的关系。
4. 请举一例说明企业产品、人力资源和组织效能对企业发展战略的影响。

案例应用

百年基业谁长青?

作为全球最著名的财经杂志之一,《福布斯》每年都会评选出最具规模和实力的优秀企业,按照销售额、利润、资产、股票市值公布排名榜单。多年以来,以下这些企业总是榜上有名:

1. 花旗集团

该公司是世界著名的金融集团,是全球资产最大的企业之一。花旗在世界上100

多个国家和地区拥有约 2 亿客户,集团旗下有个人金融服务、资本市场部、银行部、私人投资咨询、投资服务和自营投资等业务。

规模上的优势,无疑使花旗在竞争中处于比较有利的位置。同时,良好的声誉是金融企业成功的关键所在。花旗的金融业务可以追溯到 1812 年成立的花旗银行,公司的历史已超过 200 年,这种经过历史积淀而形成的商誉,是其他年轻的金融机构无法比拟的。花旗在市场营销方面也是"敢为天下先",花旗银行曾对个人存款不多且办理业务较少的客户采取收费制,目的是将公司资源集中于重要的客户,这一制度一直沿用至今,并成为商学院的经典案例。花旗认为其最大的威胁来自自身而非竞争对手。

2. 通用电气

美国通用电气公司(GE)的历史可追溯到发明家托马斯·爱迪生于 1878 年创立的爱迪生电灯公司。1892 年,爱迪生电灯公司和汤姆森-休斯顿电气公司合并,成立了通用电气公司。GE 是自美国道·琼斯工业指数 1896 年设立以来唯一一家至今仍在指数榜上的公司,是一家地地道道的基业长青的公司。

当今的 GE 已经发展成为全球最大的多元化工业制造和服务公司,业务范围从飞机发动机、发电设备到金融服务,从医疗造影、电视节目到塑料。GE 在全世界 100 多个国家和地区开展业务,在全球拥有员工超过 30 万人,年营业额接近 1500 亿美元(2012 年)。

百年 GE 保持基业长青的秘诀有很多,其中最重要的就是三条:创新、变革和全球化。从创新方面看,GE 的口号始终是"梦想启动未来"(imagination at work)。从爱迪生时代,创新的文化就逐渐在 GE 生根发芽。GE 是美国最早成立工业实验室的大企业之一,历来拥有全世界最出色的工业技术领域的科学家和工程师,现在 GE 的研发实验室遍布全球。从变革方面看,百年来 GE 总是不断进行组织变革和管理创新,从事业部管理体制到公司治理体制,GE 始终因时而变。尤其是 GE 公司的 CEO 制度被全球称道,它体现了美国公司的典型文化特点,很好地实现了公司所有权和经营权的分离与制衡——既最大限度授权,又通过制度进行严格制约和监督。百年来,GE 不仅为本公司培养了伟大的 CEO,而且为美国其他企业输送了大量的高级职业经理人。GE 的成功也可以说是 GE 职业经理人培养选拔体系的成功,GE 每次 CEO 的选拔和任命几乎都成为了哈佛商学院的经典教学案例。从全球化方面来看,GE 是当今最全球化的企业之一。GE 的全球化不仅仅是产品和市场的全球化,更是人才的全球化,资产并购的全球化,研发的全球化和金融的全球化。通过构建卓有成效的全球化经营体系,GE 的竞争力始终位于世界同行前列。

3. 丰田汽车公司

丰田汽车公司(Toyota Motor Corporation)是一家总部设在日本爱知县丰田市和东京都文京区的著名汽车制造公司,创立于 1933 年。自 2008 年起,丰田汽车开始逐渐取代美国通用汽车公司的地位,成为全球排名第一的汽车生产厂商。2013 年,该公司销售收入高达 2657 亿美元,盈利能力持续位居全球同行首位,现在全球员工已达到 33 万余人。

丰田汽车的创始人是丰田喜一郎，早年他曾考察过欧洲和美国市场。欧美轰轰烈烈的工业革命使他受到了强烈的震撼，而汽车更使他热血沸腾，他认定汽车必然是未来会拥有举足轻重的地位的交通工具。当时，美国福特汽车、通用汽车的发展如日中天，几乎统治了世界汽车产业，尤其是福特公司，它通过创立大规模生产方式极大地降低了汽车生产成本，汽车作为一种必备的交通工具开始迅速普及，产业发展空间广阔。

但是，福特汽车公司发明的大规模生产方式并不被丰田喜一郎所认同。他认为，与美国相比，日本汽车市场狭小，大规模同质产品在日本找不到足够的市场。同时，他坚定地认为，日本是一个自然资源贫乏的国家，开发低油耗高效率、可靠耐用的汽车对日本汽车工业来说才是至关重要的课题。

因此，丰田公司结合大规模生产方式和单件小批生产方式的优点，创造了一种独特的丰田生产方式，它通过看板管理、持续改善、TQC、发展上下游产业集群等方式，打造出一种具有独特竞争力的精益生产方式，真正建立起了多批量、多品种、低成本、高质量的精益生产体系。同时，丰田公司大力投资研发节油汽车，不仅迅速被日本消费者所接受，更是借 20 世纪 70 年代后发生的几次石油危机，迅速走向世界，成为最有竞争力的汽车制造公司。

纵观丰田的发展历史，几十年如一日持续改进的丰田生产方式无疑是丰田汽车的核心竞争力所在，至今仍然被全世界汽车制造业效仿和学习。

4. 沃尔玛

沃尔玛是全球销售收入最多的企业，位于世界 500 强第一位。

2013 年沃尔玛销售额达到 4691 亿美元，在全球共拥有员工 220 多万名。目前沃尔玛已经将业务拓展到墨西哥、巴西、德国、英国、加拿大、中国等 15 个国家和地区，在全球共有 8500 家商店。

沃尔玛公司由美国零售业传奇人物山姆·沃尔顿于 1962 年创立。成立以来，该公司坚持"为顾客节省每一分钱"的原则，通过减少中间环节，连锁经营，加强 IT 建设，提高效率等方式，想尽一切办法从进货渠道、分销方式、营销费用、行政开支等方面节省资金，提出"天天平价，始终如一"的口号，做到比竞争对手成本更低，价格更便宜，为顾客提供一站式全方位服务，赢得了全世界顾客的光顾，在零售领域建立了牢不可破的竞争优势。

【案例讨论】

1. 请采用 SWOT 分析法对各公司的优势、劣势、机会、威胁进行分析。

2. 选择一家企业分析其内部资源和条件，你认为哪些方面对其战略起了决定性作用？

第四章
企业使命、愿景与
战略目标体系

学习目标

- 掌握企业使命、愿景与战略目标体系的含义
- 了解企业使命与企业愿景制定和表述的方法
- 了解战略目标体系制定的方法

谁是中国最有使命感的企业？

进入新世纪以来，诞生在杭州的阿里巴巴公司和成立于深圳的华为公司可以说是中国最耀眼的公司，它们分别在自己所属的行业内取得了辉煌的成就。成立于1999年、最初只有18名员工的阿里巴巴抓住了中国电子商务快速发展的机遇，获得了超常规发展，并于2014年成功在美国上市，市值达到惊人的2314亿美元，成为仅次于谷歌的世界第二大互联网企业。成立于1988年的华为公司虽然迄今仍然没有上市，但是，经过扎实的努力，也已经成长为全球最有竞争力的通信设备制造和服务公司。

阿里巴巴推出了大量的有利于中小企业经营的产品，帮助中小企业生存和发展，获得众多中小企业的赞誉，这是阿里巴巴在B2B领域的贡献。而C2C淘宝、B2C天猫的出现更是大大改变了中国零售业的现状，以及人们的消费习惯，同时也激发了成千上万人创业的热情。阿里巴巴正在以"做102年的公司、做世界十大网站之一。只要是商人，一定要用阿里巴巴"为战略目标，以"让天下没有难做的生意"为使命继续领跑中国的电子商务产业。

对于华为公司来说，2014年同样也是丰收的一年。这一年，华为实现营收2882亿元人民币，创造利润278.66亿元，利润率接近10%，在《财富》世界500强中排第285位。而且，华为的营业额中有70%以上来自国际市场。有人说，华为是中国唯一一个在国际主流产品领域、主流市场获得成功的高技术企业。

华为公司也是一个具有强烈使命感的公司。在成立之初的20世纪80年代，深圳有很多机会和诱惑，很多企业都投身于房地产、进出口贸易、代工等赚钱快的热门行业，从而迅速获得了财富。但是，作为一家民营高科技公司，华为并没有被这些诱惑所迷惑，而是一心一意专注于自己擅长的通信设备制造领域，立志成为具有全球影响力的中国高技术自主创新品牌。尽管这个过程充满了无数的艰辛与挑战，但是华为"以客户为中心、以奋斗者为本"的经营思想从未改变，"成就客户，艰苦奋斗，自我批判，开放进取"的企业文化从未改变，通过不懈的奋斗做有世界影响力的中国高技术企业的理想没有改变。

成立20多年来，华为坚持在关键技术领域保持高投入态势，每年拿出销售收入的10%投入到技术研发中，通过持续创新迅速成为全球最有创新能力的高技术企业之一，每年申请获得的国际专利数位列全球高技术企业前列，在4G、5G领域逐渐成为全球通信制造业的领跑者，赢得了世界同行的尊敬，更改变了世界对中国企业的偏见。美国《商业周刊》甚至认为"华为公司对网络市场的长期影响就像丰田和本田两家公司对汽车市场的影响那样"。

正是受到伟大使命的激励和牵引，阿里巴巴和华为才能各自领域坚持不懈地奋斗着，成为当下最让人尊敬的中国企业。

　　根据战略管理的过程,要先对企业的内外部环境进行分析,明确了企业面临的机会与威胁、优势与劣势之后,企业便应该制定一定的战略目标,而战略目标又与企业使命和愿景紧密联系。本章我们将了解企业使命、企业愿景及战略目标体系及其制定方法。

第一节　企业使命与企业愿景

　　每一个企业都应该在创立之初就确定自己所要承担的使命是什么,自己未来的发展目标是什么。并不是每个企业都有使命感、都明确自己的使命,但是有使命感的企业往往目标清晰,不被短期诱惑所迷,行得更稳健,走得更长远。

一、企业使命

(一)企业使命的含义

　　使命一词的英文表达是"mission",它原本是一个宗教用语,表示宗教布道、传教活动的特殊性、根本性和神圣性。传经布道是任何一种宗教与生俱来的特性和特点,只有教会人员不计名利、不计得失地传播他们所信仰的某一种宗教,这种宗教才有可能被人所接受,才有可能发扬光大。

　　企业的使命就是对企业根本性质、存在理由和存在价值的一种规定,它说明了本企业经营的哲学理念、宗旨和信念与一般的企业不同。使命感强烈的企业有自己明确的行事准则,在机会和困难面前,它们往往会坚守自己的信念,知道该干什么,不该干什么,有所为,有所不为,坚定地走向理想的彼岸,最终成为伟大的公司。

　　企业的使命往往是早期创业者理想和信念的化身,同时也会受到企业文化和社会大环境的影响。

案例4-1

世界著名企业的使命

　　(1)美国辉瑞公司。该公司是世界上最大的以科研为基础、在全球经营的医疗保健品公司。它的使命是:用科学技术帮助全球人民,使他们长寿、健康和更具有生产能力。

　　(2)AT&T公司。一战期间及以后的几年里,AT&T这样定义自己的使命:确保美国每一个家庭和企业都能够用上电话。为了完成自己的这一使命,AT&T公司经过将近40年的不懈努力,最终获得了空前的成功,一度垄断了美国电报电话业务。

（3）通用汽车(GM)公司。通用汽车发展的早期,小艾尔弗雷德·斯隆(Alfred P. Sloan, Jr.)就提出了通用汽车公司要成为"陆地机动运输设备的引领者"这一使命,表面上看起来比较谦逊,但是这一使命包含着宏伟的目标和远大的雄心。正是受这一使命的牵引,通用汽车公司很快超过福特汽车公司,成为世界"陆地机动运输设备"的翘楚,直到现在,通用汽车仍然是世界汽车业的领先者。

（4）苹果公司。苹果公司开创了个人电脑行业的先河,其创始人乔布斯将公司使命定义为:"苹果公司是一家将复杂技术变得易于使用的公司,我们的目标是站在技术与人性的交汇之处,使得人更有能力。"

（5）淘宝网:服务广大中小创业者。

案例 4 - 2

松下电器的经营理念与使命感

松下电器公司的创始人——松下幸之助,以其卓越的管理才能和独特的经营理念,得到了东西方不同文化的认同:在日本,他被尊为"经营之神";在西方社会,他则作为美国《时代》周刊的封面人物,跻身于世界级企业管理人才的行列。

20 世纪 30 年代,松下将自己的经营理念概括为七条企业精神,即"产业报国、光明正大、和亲一致、不断进取、礼貌谦让、适应形势、感恩报德",至今,这一经营理念仍是指导松下电器公司的根本价值体系,体现在松下日常经营的每一个环节。现选取松下独特的径营理念中的两条来加以说明:

（1）"自来水法则":在一个炎热的夏天,松下幸之助走在街上,看到一个拉车人正心安理得地喝着别人家水龙头里的自来水。他立刻想到,自来水虽然是经过加工的有偿使用的饮用水,但是大量生产使其造价很低,所以拉车人未经主人同意就擅自饮用,也不会有人阻拦。松下幸之助进一步考虑:若将冰箱、电视等也变成人们的生活必需品,经过大量生产降低成本,自然价格也会降低。而大量生产和低价销售,既使企业获得生存发展的利润,又满足了人们不断提高生活质量的要求。由此松下确立了公司的低成本战略,即通过规模生产,制造低价优质产品来满足人们的日常需要。

（2）松下幸之助曾有一句精彩的名言:"松下电器公司是制造人才的地方,兼而制造电器产品。"松下认为,若不培育人才,就无法成就事业。在日本的大企业中,松下对终身雇佣制贯彻得最好——通过持续地培养人才来传承技术,消除了员工的后顾之忧,树立了他们对企业的忠诚心,营造出家族式的企业氛围。即使在 2001 年,企业面临结构过于臃肿不得不减员的情况下,也是采取了提高补偿金标准、帮助再就业、扶植自主创业等一系列人性化的措施。这些举措都帮助松下赢得了人心。

（二）确定企业使命遵循的原则

不同企业的使命在内容、形式等方面都各不相同，因此企业使命的确定没有一个统一的模式，但通常可遵循以下基本原则：

（1）确定好企业的主要经营领域

第一，要用市场导向观念来确定企业经营领域。企业的市场定义比企业的产品定义更为重要。企业经营必须被看成是一个满足顾客的过程而不是一个产品生产的过程。产品的生命周期是短暂的，而顾客需求和顾客群则是永恒的。例如，生产马车的"公司"在汽车问世以后不久就会被淘汰，但是如果它所确定的经营领域是提供交通工具而不是提供马车，则该公司可能就会从马车生产转入汽车生产。所以企业在确定其经营领域时应该从产品导向转向市场导向，表4-1列举了几个这样的例子。确定经营领域时应注意激发企业员工的工作激情，使得企业的全体员工能认识到他们正在为人们的美好生活作出贡献，他们的工作是有意义的。

表4-1   产品导向和市场导向两种不同的经营领域定义的比较

公司	产品导向经营领域定义	市场导向经营领域定义
化妆品公司	我们生产顶尖化妆品	我们帮助您塑造美丽和青春
复印机公司	我们生产复印机	我们帮助促进办公现代化
化肥厂	我们出售化肥	我们帮助提高农业生产力
石油公司	我们出售石油	我们提供能源
电影厂	我们生产电影	我们经营娱乐
空调器厂	我们生产空调器	我们为家庭及工作地点提供舒适的环境

第二，要找到最能体现本企业特点的经营领域。一般企业经营者在选择经营领域时可能会出现两种倾向：一是企业经营者习惯于从企业原有产品及原来的经营领域来考察市场及环境，这就限制了他们的眼界，使他们很难开拓新的经营领域；二是企业经营者过高估计自己企业的实力，向一些完全陌生的行业进行投资，结果消耗了大量的人力、物力，造成经营效益下降。为避免上述两种倾向，企业经营者应从本企业的资源条件和能力出发，紧密结合自己的竞争优势及核心能力来选择经营领域。

（2）注重企业所承担的社会责任

在现代社会中，企业对于整个社会生活的影响和作用越来越大，社会也逐渐对企业提出越来越高的要求，希望企业能够更好地符合整个社会发展的需要，做一个良好的"企业公民"。因此，一个企业如果不能正确地认识自己所应承担的社会责任，将很难保证自己不被社会所遗弃或淘汰。

企业作为社会重要且有影响力的成员，有责任与义务来帮助保持和改善已有的各种社会福利。企业与社会的相互作用，可以表现在政治、技术、经济、环境、社会和文化等方面，企业必须考虑社会责任问题。例如，企业需要考虑自己的用工制度可能对社区就业产生的影响，考虑自己的生产工艺可能产生的环境污染，考虑自己的产品或服务的社会成本等,这些都要求企业本着对社会高度负责的态度,用长远的眼光来制定发展战略。

从企业盈利的角度来看,承担社会责任短期内似乎对企业盈利没有好处,但从长期来说,这有助于推进和完善社区建设,并为企业建立良好的企业形象,提高企业的知名度,从而帮助企业赢得消费者和政府的好感,为企业的长期发展创造一个良好的外部环境。

二、企业愿景

愿景是由英文单词"vision"翻译而来的,而"vision"的原意有"远见"、"想象"、"视野"、"幻想"、"景象"等意思。应用到企业管理中,愿景主要包含着两层含义:一是"愿望",指有待实现的意愿;二是"景象",指具体生动的图景。在解释愿景时,有人曾通过一幅漫画作比喻,画中一只小毛毛虫指着它眼前的蝴蝶说,那就是"我"的愿景。可见,愿景是一个主体对于自身想要实现目标的具体刻画。

在企业中,重要的不是员工的个人愿景,而是组织的共同愿景(shared vision)。它是指被企业成员所普遍接受和认同的组织的长远景象和目标,是人们共同描绘的一幅美好图景。

从上述企业使命和愿景的概念来看,二者既有区别又有联系:企业的使命是对企业本质业务的根本规定,而企业愿景回答的则是"我们想成为什么"。企业的使命说明的是企业存在的理由,而愿景则说明的是在这种使命下,企业如何才能做得最好。企业的使命往往伴随企业一生,是长期的理念和价值观,而企业的愿景则是相对具体的,与企业一定的战略阶段相联系。

当然,使命和愿景也是紧密相连、不可分离的。一般而言,企业愿景是以企业使命为基础的,是企业使命在不同战略阶段的具体反映,企业使命和愿景共同组成企业战略的纲领和前提,成为企业发展的灵魂。

三、企业使命与企业愿景的作用

企业的使命和愿景对企业发展具有十分重要的意义。最重要的是,它能培养企业形成像教派一样的文化,它能团结人、鼓舞人,使得不同的人为了完成同一个使命和愿景去奋斗、冒险,去尽最大可能完成创造性的工作。它强化了公司去追求远大目标的能力,培养了组织战胜一切困难,一往无前的勇气和信心。

具体地说,使命和愿景的作用是:明确企业的发展方向和业务领域;是企业一切行动的总纲,决定了公司战略目标以及公司下属各个部门、各个单位的发展策略,甚至决定了员工个人的努力方向;为企业配置战略资源制定了依据和标准,为协调企业的内部矛盾提供了准则;使得公司上下对企业的未来有一个清晰的认识,便于统一思想、统一行动,形成共同的价值观。深入人心的使命和共同愿景能够使得企业员工产生一种共同的希望、上进心和紧迫感,这时,人们看待工作将会超越谋生手段的概念,它会变成一项追求,一项蕴含在组织的产品或服务之中、比工作本身更有意义的事业。

另外,使命和愿景促使企业面向顾客、面向市场。古今中外,一切有生命力的企业的使命和愿景必然是基于顾客导向,以服务顾客、满足顾客为根本宗旨的。因此,一个好的使命和愿景必然会时刻提醒企业反省自己的所作所为是否符合企业经营的根本理念,是否满足了用户的需求,是否为顾客创造了最大价值。在明确的使命的指引下,企业生产什么不是最重要的,产品和服务只是一种形式和手段,顾客及其需求才是企业最重要且永远需要被珍视的核心。

还有,明确的使命、鼓舞人心的共同愿景可以获得社会和公众的理解与合作,并有利于吸引志同道合的人才。

▍四、企业使命与企业愿景的确定

决定企业使命和愿景的因素包括两类:一类是企业内部的利益相关者,即股东和雇员等;另一类是企业外部的利益相关者,通常包括顾客、供应商、政府、竞争者、当地社区和普通公众,如图 4-1 所示。

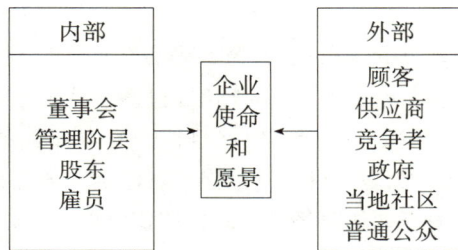

图 4-1　决定企业使命和愿景的因素

企业所处行业不同,其发展背景和理念也不尽相同,企业使命和愿景所包含的要素可能也有所相同。大多数情况下,企业的使命和愿景的陈述往往要包含诸多因素,如企业的用户与市场、企业的技术、企业的产品与服务、企业价值观与信念、企业的员工、企业的公众形象和社会责任等。一个好的企业使命与愿景的陈述必然具备如下特点:

(1)清晰、简洁、直观、形象、鼓舞人心。使命和愿景应该用清晰可见、激动人心的文字来表达企业性质,规定企业要到何处去,鼓舞企业所有员工向着共同的目标前进。例如,亨利·福特的"使汽车大众化"就非常形象生动。福特说,要为大众生产一种汽车,它的价格如此之低,不会有人因为薪水不高而无法拥有它,人们可以和家人一起在上帝赐予的广阔无垠的大自然里陶醉于快乐的时光。而任正非在 2015 年认为:华为就是要成为一个数据管道的提供商。

(2)综合、凝练。企业使命和愿景要包含企业类型、技术、文化、人力资源、市场等方面的相关信息和发展前景,但是不能烦芜累赘,因此要用高度凝练的语言将其表达出来,让人读起来朗朗上口、易于记忆。例如,在 2001 年,我国的联想集团曾经高喊要成为"高科技的联想、服务的联想、国际化的联想",尽管到目前仍然没有实现,但是这个良好的愿望给人留下了深刻印象。

(3)独特性。每一个企业的使命和愿景都是在对企业自身状况有了深刻了解和对行业背景有了全面把握的前提下提出的具有自身特色的纲领。它反映了每一个企业与众不同的特点。它使外来者通过使命宣言和企业共同愿景能够很快辨认出企业与众不同的个性,并能预知企业发展的未来。事实上,任何成功的企业必须有一个与众不同的价值主张。

如果你想做的一切本质上与你的竞争对手没什么两样,那么,你几乎不可能成功。你要问自己我们的使命到底是什么?我们最擅长和最不擅长什么?哪些是对企业引擎驱动力最大的经济指标?我们的核心人员最热衷于什么?企业一定要选择属于自己的独一无二的道路。

（4）理想和现实的结合。使命和愿景既是企业的长远理想、信念和追求,同时又具有很强的现实性。它们反映了企业的抱负水平,但不是痴心妄想。尤其是企业的愿景,是指企业在一个战略阶段内、通过努力可以达到的理想状态。

只有具备了上述几方面的特点,企业的使命和愿景才能发挥应有的激励性、推动性、方向性和协调性,推动企业健康、可持续地发展。

第二节　企业战略目标体系

企业愿景和企业使命建立起来以后,就需要确立企业的目标。目标是要把愿景具体化和量化,同时还要为效益提出一个衡量的标准,包括一些财务数据以及一些其他的数据。把目标具体化,就出现了财务目标和战略目标。但不管叫什么目标,它都是很具体的。例如企业提出"轿车进入家庭"这样一种愿景,具体落实到怎么去做,就需要通过一些数据来实现。战略目标是对企业战略经营活动预期要取得的主要成果的期望值。

一、企业战略目标概述

（一）概念

简言之,企业的战略目标就是企业在一个战略时段内预期要达到的理想成果。与企业的使命和愿景相比较,企业的战略目标则具体得多。它不仅仅是一些美丽的语句,更重要的是要将企业的使命和愿景转化为一系列的具体指标,并使之成为可操作性较强的、相互支撑的指标体系。这些指标体系是企业具体经营业绩目标的反映。企业只有将使命和愿景转化为切实可行的战略目标体系,企业上下才能采取恰当有效的行动,企业的经营才能取得理想的效果。

企业的战略目标体系一般包括以下几方面的内容:企业财务指标,如营业收入、利润、成本、资产负债状况等;企业的竞争地位指标,如市场占有率、企业形象、产品品牌美誉度、良好的信用评级等;企业的生产效率指标,如投入产出比、质量指标等;企业业务指标,如产品结构指标。另外,企业人力资源、技术与产品开发以及社会责任等也往往是一个企业战略目标所应该包含的内容。

（二）一个好的企业战略目标所应具备的条件

1. 可度量性

这是企业战略目标与企业的使命、愿景最大的不同之处,企业的使命和愿景往往比较抽象和笼统,理想化色彩比较重。但是,企业战略目标不同,它必须要有可操作性。因此,战略目标必须尽量量化,使之具有可度量性。

　　数量化的战略目标有三个作用:其一,便于分解,使之成为企业各部门、各岗位,甚至每个人奋斗的目标和计划,使宏伟的战略最终落实到企业发展的每一个步骤、每一个人的具体行动计划上;其二,便于衡量和检查,没有考核和检查,就谈不上战略目标和任务的执行,而具体的数量化的战略目标便于比较、检查,便于发现问题、总结经验,便于鼓励先进、鞭策落后;其三,激励作用,战略目标给每一位员工分解了任务、明确了目标,使得每一个人,上至总经理下至普通员工,都有方向感,都明白每天在干什么,知道已经完成的任务和尚未实现的目标。因而,数量化的战略目标能够激发每一位员工的创造性、积极性和主动性。例如,1961 年 5 月 25 日,面对二战后美国在航天科技竞争中落后于苏联的窘境,美国总统肯尼迪宣布了一个宏伟但清晰的战略目标,那便是:"在十年内,把一个人送上月球,并使他安全返回。"这个战略目标准确、清晰、明白无误地向美国航天科技部门提出了要求,表达了美国朝野对太空计划的渴望和企盼,对美国航天事业的发展和赶超起到了极大的推动作用。

2. 挑战性和可行性

　　企业战略目标既不能过高,又不能过低。过高的任务目标,企业完不成,员工的积极性和士气就会受到打击;而过低的目标,企业不用努力就可以完成,又起不到激励作用,也会影响企业的发展速度和质量。因此,企业的战略目标要适当,既要讲究科学性,又要有艺术性,既要使企业员工感觉到具有挑战性,又要使他们觉得通过努力、克服困难能够完成目标。

3. 系统性并突出重点

　　企业的战略目标不仅仅是指企业的销售收入目标,或者企业盈利目标,它应该是一套系统的、相互关联的指标体系。而且,除了公司总部的战略目标以外,企业各个事业部、子公司也应该相应地制定各自的目标,总公司的目标体系必须得到下属单位目标的支撑和配合,离开了下属单位的目标和努力,总公司的战略目标会变为无源之水、无本之木。因此,企业的战略目标应该具有系统性、层次性和协调性。

　　讲究系统性并不是要求面面俱到、眉毛胡子一把抓,任何组织在一个战略时段内的战略重点都是有限的,组织必须聚焦有限的战略重点,一个时期解决一定的关键战略问题。因此,战略目标除了具有系统性以外,还必须有所侧重,有所为、有所不为。全线推进、没有重点的战略目标是不容易实现的。

4. 稳定性和动态性

　　首先,企业的战略目标应该具有相对的稳定性。战略目标是一个战略阶段的目标,往往跨几个年度,因此,与企业的年度计划、季度计划、月度计划相比,它具有战略性、长期性和稳定性。很多企业不能始终如一地坚持已定的战略目标,而是朝令夕改、反复摇摆,今天一个重点,明天是另一个重点,公司从一个有疑问的机会跳到另一个有疑问的机会。这样的企业不会获得长治久安,即使成功也是昙花一现。

　　其次,战略目标不是一成不变的,它必须具有动态性。尤其是当企业经营所处的内外部环境发生了超过预期的重大变化的时候,如金融危机、能源危机、战争、自然灾害等,这些情况往往是企业所不能把握和控制的,企业要适当调整自己的战略目标。也就是说,一旦这样的突变发生,企业的战略目标就必须作出相应调整。甚至,当企业的外部环境出现重大变革时,企业还要考虑战略转型的问题。一次好的战略撤退可能胜过几次盲目的战略进攻。中国实行改革开放 30 多年以来,经济发展和政策环境的变化都非常大,这在某种程度上影响了中国企业的战略稳定性。

总之,在一些相对稳定的行业,企业的发展战略目标应该相对具体、清晰和稳定;而对于那些技术变化比较快、受外部环境影响比较大的行业,企业的战略目标则宜保持相对的动态性,一些战略指标也因此宜粗不宜细,要留有余地。

二、企业战略目标的制定程序

战略目标是选择战略方案的依据,战略方案是实现战略目标的手段。为使战略目标与战略方案有机结合起来,企业制定战略目标必须遵循以下程序:

(一)调查研究

在制定企业战略目标之前,必须进行调查研究工作。把机会与威胁、长处与短处、自身与对手、企业与环境、需要与资源、现在与未来加以比较,搞清楚它们之间的关系,才能为确定战略目标奠定比较可靠的基础。

调查研究一定要全面进行,但又要突出重点。为确定战略而进行的调查研究是不同于其他类型的调查研究的,它的侧重点是企业与外部环境的关系以及对企业未来发展方向的研究和预测。除对企业自身的历史与现状进行分析外,最关键的还是明确对企业未来具有决定意义的外部环境的信息。

(二)拟定目标

经过细致周密的调查研究,便可以着手拟定战略目标了。拟定战略目标包括拟定目标方向和拟定目标水平。首先在既定的经营领域内,依据对外部环境、市场需求和内部条件的综合考虑,确定目标方向,然后,通过对企业现有核心能力的全面衡量,对确定的战略方向所要达到的水平也作出相应的规定,这便形成了可供决策选择的目标方案。在拟定目标的过程中,企业要注意充分发挥参谋智囊人员的作用。要根据实际需要与可能,尽可能多地提出一些目标方案,以便对比选优。

(三)评价论证

战略目标拟定出来之后,就要组织多方面的专家和有关人员对提出的目标方案进行评价和论证,最终作出选择。对战略目标的论证评价主要考虑如下因素:

(1)论证和评价要围绕目标方向是否正确来进行。要着重研究拟定的战略目标是否符合企业的整体利益与发展需要,是否与外部环境及未来发展相适应。

(2)要论证和评价战略目标的可行性。要按照战略目标的要求,分析企业的实际能力,找出目标与现状的差距,然后分析用以消除这个差距的措施,而且要尽可能用数据来进行说明。如果制定的途径、能力和措施,对消除这个差距有足够的保证,那就说明这个目标是可行的。

(3)要对所拟定的目标的完善化程度进行评价。要着重考察:①目标是否明确。所谓目标明确,是指目标应当是单义的,只能有一种理解,而不能是多义的;多项目标还必须分出主次轻重;实现目标的责任必须能够被落实;实现目标的约束条件也要尽可能明确。②目标的内容是否协调一致。如果内容协调不一致,完成其中一部分指标势必会牺牲另一部分指标,那么,目标内容便无法完全实现。

对拟定目标的评价论证过程,也是对目标方案的完善过程。要通过评价论证,找出目标方案的不足,并想方设法使之完善。如果通过评价论证发现拟定的目标完全不正确或根本无法实现,那就要回过头去重新拟定目标,然后再重新评价论证。

(四) 目标决断

在对选定目标进行决断时,要注意从以下三方面来权衡各个目标方案:(1)目标方向的正确程度;(2)可望实现的程度;(3)期望收益的大小。对这三个方面宜作综合考虑。目标决断,还必须掌握好决断时机。因为战略决策不同于战术决策,战术目标决策的时间常常会比较紧迫,回旋余地很小,而战略目标决策的时间压力则相对较小。在决策时机问题上,要防止在机会和困难都还没有搞清楚的情况下就轻率作出决策。

从调查研究、拟定目标、评价论证到目标决断,确定战略目标的这四个步骤是紧密结合在一起的,后一步的工作要依赖于前一步的工作。在进行后一步的工作时,如果发现前一步工作的不足,或遇到了新情况,就需要回过头去,重新修正前一步或前几步的工作。

三、企业战略目标的作用

战略目标是企业在一定的时期内,为实现其使命所要达到的预期结果。战略目标是企业战略的核心,它明确了一定时期内企业的努力方向,体现了企业的具体期望,表明了企业的行动纲领。具体来说,制定企业战略目标,具有以下重要作用:

(1)战略目标能够实现企业外部环境、内部条件和企业目标三者之间的动态平衡,使企业获得长期、稳定和协调的发展。

(2)战略目标能够使企业使命具体化和数量化。企业使命是比较抽象的东西,如果不落实为具体的定量化目标,就有可能落空。有了战略目标,就可以把企业各个单位、部门、各项生产经营活动有机地联结成一个整体,发挥企业的整体功能,提高经营管理的效率。

(3)战略目标为战略方案的决策和实施提供了评价标准和考核依据。战略方案是实现战略目标的手段,有了战略目标,就为评价和优选战略方案提供了标准,同时,也为战略方案的实施结果提供了考核的依据,从而大大促进了企业战略的实施。

(4)战略目标描绘了企业发展的愿景,对各级管理人员和广大职工具有很大的激励作用,有利于更好地发挥全体员工的积极性、主动性和创造性。

四、企业战略目标的内容

(一) 战略目标的内容

企业战略目标是多元化的,既包括经济性目标,也包括非经济性目标。企业的战略决策者应从以下几个方面来考虑设立企业的战略目标：

（1）利润目标。利润目标是企业的基本目标。企业作为一个经济性实体，必须获得经济效益才能够生存发展。常用的利润目标是利润额、资本利润率、销售利润率、投资收益率、每股平均收益率等。

（2）产品目标。产品是企业赖以生存的基础，产品的水平、档次和质量等反映了企业的实力。产品目标通常用产量、质量、品种、规格、产品销售额、优品率（或次品率）、产品盈利能力和新产品开发周期等指标来表示。

（3）市场目标。市场是企业竞争的战场，市场目标是企业竞争的重要目标。常用的指标有市场占有率、市场覆盖率、产品销售额、产品销售量、新市场的开发和传统市场的渗透等。

（4）竞争目标。竞争目标体现为企业在行业中的竞争地位、企业的技术水平、产品质量名次以及企业在消费者心目中的形象等。

（5）发展目标。发展目标表现为企业规模的扩大、资产总量的提高、技术设备的更新、劳动生产率的提高和新产品新事业的发展等。

（6）职工福利目标。如工资水平的提高、福利的增加、住房条件和教育条件的改善等。

（7）社会责任目标。社会责任目标反映了企业对社会的贡献程度，如合理利用自然资源，降低能源消耗，保护生态环境，积极参与社会活动以及支持社会和地区的文化、体育、教育、慈善事业的发展等。

（二）战略目标的制定方法

（1）时间序列分析法。即把过去和未来的某一目标值都看成是一个时间函数，这一序列是由互相配对的两个数列构成的，一个是反映时间顺序变化的数列，另一个是反映各个时间点目标值变化的数列。编制时间序列是动态分析的基础，主要目的在于了解过去的活动过程，评价当前的经营状况，从而制定战略目标。这一方法一般应用于环境较为稳定时对未来的预测。

（2）相关分析法。该方法研究的是变量之间存在的非确定性的数量关系。这一方法是确定企业战略目标变量和企业内外环境因素各变量之间关系的一种常用的有效方法，它能帮助分析各种环境因素对企业战略的影响。

（3）盈亏平衡分析法。它是企业制定战略目标时常用的一种有效方法，能指导企业根据产品的销售量、成本和利润三者之间的关系，分析各种方案对企业盈亏的影响，并从中选择出最佳的战略目标。

（4）决策矩阵法。企业以矩阵为基础，分别计算出各备选方案在不同条件下可能的结果，然后按客观概率的大小，计算出各备选方案的期望值并对它们进行比较，从中选择最优化的战略目标。

（5）决策树法。决策树是一种图解方式，对分析复杂的问题更为适用。决策树能清楚、形象地阐明各备选方案可能发生的事件和带来的结果，使人们易于领会作出决策的推理过程。如果问题极为复杂，还可借助计算机进行运算。决策树分析不仅能帮助人们进行有条理的思考，而且有助于开展集体讨论，统一认识。

（6）博弈论法。又叫对策论，是运筹学的一个分支，最初是在军事上被用来研究如何战胜对方的最佳策略,后来被企业单位广泛采用。它通过数学方法来研究有利害冲突的双方,以及在竞争性的环境中如何制定出战胜自己对手的最优策略等问题。

(7)模拟模型法。就是模仿某一客观现象建立一个抽象的模型,并对模型进行分析试验,以观察并掌握客观现象运动、变化的规律,从而找出复杂问题的解决方案。通过给各种模型输入不同的数据,模拟企业的运转,分析可能产生的结果,企业能够制定合适的战略目标。

五、企业战略目标体系

从自身利益角度出发,企业不同部门、不同层次、不同业务单元的目标之间不可避免会出现冲突和矛盾的地方。因此,企业必须构建战略目标体系,使企业内部的战略目标相互联系、相互制约,最终达到整体优化。企业战略目标体系一般由企业总体战略目标和主要的职能目标以及各战略业务单元目标组成。

建立企业战略目标体系,其目的在于帮助企业获取足够的市场份额,在产品质量、客户服务或产品革新等方面超越竞争对手,降低整体成本,提高自身在客户中的声誉,在国际市场上建立更强大的立足点,建立技术上的领导地位,获得持久的竞争优势,抓住诱人的成长机会等。为保证总目标的实现,必须将其层层分解。企业管理层不但要落实总体战略目标,而且要在企业的技术创新、市场营销、客户服务、人力资源、资源运营、组织机构、国际化等各个职能中落实分解的战略目标。事实上没有后者分解目标的落实,企业的总体战略目标也是难以实现的。

本章小结

每个企业从其创始之初就会明确自己在社会生产和生活中的角色及存在的意义,即明确自己的使命。只有有了明确的企业使命,才能制定明确的企业愿景和企业战略目标。

企业使命决定了企业存在的目的、性质、任务及其应当承担的社会责任,包括经营理念和企业宗旨。不同类型的使命表述涉及产品或服务、市场、技术水平、增长与盈利、经营理念、人力资源和社会责任等几个方面。企业愿景是对企业前景和发展方向一个高度概括的预想和描述,这种描述在情感上能激起员工的热情。愿景是组织的领导者用以统一组织成员思想和行动的有力武器。

战略目标是企业为完成其使命和愿景所要达到的预期结果,是企业经营战略的核心。它反映了企业的经营思想,表达了企业的期望,指明了企业一定时期内努力的方向。

思考题

1. 请选择一家中国 A 股上市公司,对该公司的企业使命和企业愿景进行分析,并进一步分析其与业务经营的关系。
2. 搜集整理 10 家公司对自身企业使命和企业愿景的表述,看看有什么规律。
3. 战略目标制定应遵循哪些原则和方法?

4. 请选择一家被公开报道过的公司,为其提炼企业使命、企业愿景、制定企业发展目标。

施耐德电气的"节能增效"新战略

施耐德电气公司(Schneider Electric)作为世界 500 强企业之一,在 170 多年的发展历程中,不断开拓进取,现已成长为全球输配电和自动化控制领域的领导者。旗下 4 大著名品牌:梅兰日兰、莫迪康、美商实快、TE 电器,令其在低压终端配电和工业自动化控制领域居于世界前列。

2007 年,正值施耐德电气进入中国 20 周年,此时的中国政府高度重视节能与环保,已将节能增效提升为国家战略的重要组成部分,明确提出到"十一五"期末,万元国内生产总值(按 2005 年价格计算)能耗要降至 0.98 吨标准煤,比"十五"期末降低 20%左右。施耐德电气积极响应中国政府的发展战略,在中国正式启动了以"节能增效"为主题的可持续发展战略,力求用先进的节能增效的解决方案促进中国经济、社会、资源和环境保护更加协调地发展。为了支持其新的战略目标,施耐德电气在具体的企业经营管理中作了相应的调整。

1. 组织调整

在企业内部,施耐德重新配置了相关部门职能,推出业务增长平台来加强提供节能增效解决方案的能力。例如,在 2007 年制定了在全公司范围内实行的跨部门节能增效计划;设立了一个专门为节能增效和关键能源领域提供服务的业务部门;将产品应用工程师和行业应用专家配备到销售队伍中,保证客户随时获得必要的专业技术协助等。

在外部,施耐德电气进行了有针对性的收购。例如,通过收购 Invensys 楼宇系统公司(IBS)在北美和亚洲的分公司,巩固了施耐德电气在楼宇自动化领域的全球领先地位;通过收购美国电力转换公司(APC),成为了关键供电领域的世界领先企业。

2. 加大研发投资

为体现对中国用户的重视,以及为了实现承诺,提高本地市场的创新能力,施耐德电气持续不断地增加在中国市场的研发投资以及员工数量,将每年约 5%的销售额用于研发创新。它先后在中国设立了 2 个研发中心,共吸引了 440 余名专业工程师,致力于为中国市场与全球市场研发新品,并对工程技术和本地化提供支持。1999 年,它在深圳成立了第一个研发中心,专门用于针对安装系统和控制设备的研发;2005 年,它在上海成立了第二个研发中心,专注于低压和自动化的研发。此外,上海金山低压电器试验站也于 2007 年 4 月成立,它的成立使施耐德电气具备了测试全系列低压产品的能力。

3. 提倡"主动的节能增效策略"

施耐德电气将实现节能的过程分为四步,即在不同的用户端依照第一步诊断、第二步开出药方、第三步帮助实施、第四步长期可持续地去帮助用户获得一个高附加值的服务和管理手段来提高和保证节能效果。通过对能源使用进行测量、监测和控制，帮助客户平均节省 10%—30% 的能源。

4. 开发节能增效新市场

施耐德电气一直努力在其研发和产品销售、服务的过程中做到有效利用和管理能源。在降低能耗方面，它开发出了一系列照明、通风、空调和供热控制解决方案以及楼宇和能源管理方案，其中包括集成化的楼宇控制系统、电力测量和管理软件、企业能源管理软件、面向楼宇和工业的能源管理服务以及可实现节能目标的解决方案，如 Altivar 变频器照明网络、供热和通风控制系统等。

在提高能源的可靠性、可用性方面，施耐德电气向客户提供了关键供电解决方案及确保能源可靠性的产品和服务，包括具有高度可用性的关键供电解决方案、用于不间断供电的 MGE UPS 系统、用于管理谐波干扰和校正功率因数的解决方案、用于持续节能的电气及设施维护计划以及能源管理解决方案和能源信息系统。

5. 推广节能增效示范工程

施耐德电气还为住宅和小型商业建筑市场、中型和大型商业建筑市场、工业和基础设施市场提供了 70 多套节能增效解决方案和 300 多种节能增效产品。至 2008 年 6 月，施耐德电气的节能增效解决方案已应用于三家家乐福节能超市：武汉光谷店、北京望京店和上海巨峰店。施耐德电气与包括万科、沿海和万达在内的中国 20 多家房地产开发企业建立了战略联盟关系，为房地产用户提供基于节能概念的整体解决方案，以确保其在中国房地产领域的市场领导地位。

通过对以上工作的扎实推进，施耐德公司不仅完成了自身设定的战略目标，而且迅速发展成为一个全球可持续发展领先企业。2016 年，施耐德电气连续四年入选 Corporate Knights 可持续发展指标 15 强企业，也被评为全球最具商业道德的企业之一。

【案例讨论】

1. 施耐德电气新战略的主要目标是什么？
2. 施耐德电气针对这一战略目标作了哪些方面的调整？

第五章
竞争战略

学习目标

- 掌握三种一般竞争战略的内涵与区别
- 了解两种特殊的竞争战略：蓝海战略和利基战略
- 理解企业在不同行业生命周期的竞争战略
- 了解动态竞争的战略思想

2005 年 5 月 1 日,联想集团有限公司正式宣布,联想完成了对 IBM 全球个人电脑(PC)业务的收购。新联想在中国个人电脑市场占有三分之一的份额,并在全球个人电脑市场占有行业领先地位,至此,全球第三大个人电脑企业诞生。在成功地甩开方正、TCL 等国内竞争对手后,面对惠普和戴尔这样的国际竞争对手,联想的这次并购在当时引来的不仅仅是期待,更多的是质疑。

多年来,联想的竞争力源自"中国制造"的一贯模式,即采用"毛巾拧水"的方式,一点一滴地通过管理在购产销等各个环节降低成本。凭借成本优势,联想在中国市场一直占据市场老大的位置,在低端商用 PC 市场和家用市场占据明显优势。然而 IBM 一直以来提倡的是高投入、高产出,且形成了强大的研发能力和创新能力,树立了良好的品牌形象,因此在个人电脑的高端市场,特别是高端笔记本电脑市场具有很强的市场竞争能力。其产品毛利率高达 24%,远远高于联想 PC 约 14% 的毛利率。

老联想与 IBM 个人电脑事业部在战略定位上的上述差异给新联想的竞争战略提出了考验:是将中国制造的经验置入并购业务,以大幅削减产品成本,提升产品竞争力,还是充分利用 IBM 在技术、人才、知识产权和品牌上的优势,使产品在质量、性能上处于领先? 全球的企业家和管理学者们都期待看到新联想提交的答卷。

并购十余年后的今天,从期初的挫折到今天的成功,新联想走过了一段不平凡的道路,曲折而辉煌。并购初期,受文化冲突,战略定位,发展路径等方面的困扰,联想的业绩曾一度跌入谷底,巨额亏损使联想站在了悬崖边缘。2008 年杨元庆重新披挂上阵担任联想 CEO,坚定实施"双拳战略",在巩固国内市场的同时,开拓第三世界及欧洲市场。这一战略使联想很快成为全球 PC 市场占有率的领先者,既能保持低成本,又通过 Thinkpad、ideapad 等产品品牌实现高端定位,顺利走出困境,超出了原先并购时的预期,联想并购成功走出了一个"蛇吞象"的典型案例,值得国内外同行借鉴。

第一节　一般竞争战略

对企业业务所在行业进行分析的重要作用之一在于弄清楚本企业在行业中所处的地位,竞争位置会决定企业的获利能力是高出还是低于产业的平均水平。即使在产业结构不佳、平均获利水平差的产业中,竞争位置较好的企业,仍能获得较高的投资回报。为了使企业的业务在行业中赢得良好的竞争位势,美国著名战略管理学者迈克尔·波特教授提出了可供企业选择的三种竞争战略:成本领先战略(cost leadership strategy)、差异化战略(differentiation strategy)和目标聚集战略(focus strategy)。波特教授指出,企业可以根据不同的战略定位来选择具体的竞争战略,以提升业务在各行业的竞争位势。需要特别提醒的是,竞争战略是一种业务战略,而非公司战略。

一、成本领先战略

(一)成本领先战略的概念

成本领先战略又叫低成本战略,是企业以规模化生产与经验曲线为基础,在全面降低企业各环节的生产经营、管理、营销和服务成本的同时,保持其竞争地位不变,即企业以低于竞争对手的成本在市场中取胜的业务战略。这种战略的指导思想是,要在较长时期内、在价值链的各环节上,让企业产品成本保持同行业中的领先水平,并按照这一目标采取一系列措施,使企业获得同行业平均水平以上的利润。成本领先战略的一个隐含前提是,本企业在与竞争对手同时向市场提供相同的产品和服务时,只有设法使产品和服务的成本长期低于竞争对手,才能在市场竞争中最终取胜。

成本领先战略在以下两种情况下较为常见:一是该行业在市场竞争中价格竞争占主导地位,例如在钢铁、煤炭、石油、水泥、化肥、木材等行业中,所有企业生产的都是标准化产品,产品差异较小,价格竞争成为市场竞争的主要手段,该战略的使用效果显著。购买者从一个销售商转向另一个销售商的转移成本很低或几乎没有,则购买者倾向于价格最低的销售者。二是该行业市场容量较大,同时企业在市场中有较高的市场占有率,因而能够获得规模经济效益和学习曲线效应。

(1)规模经济效益,即单位产品成本随生产规模增大而下降。

> **知识链接**
>
> #### 什么叫规模经济
>
> 规模经济(economies of scale)又称规模利益(scale merit)。规模指的是生产的批量,具体有两种情况:一种是生产设备条件不变,即生产能力不变情况下的生产批量变化;另一种是生产设备条件即生产能力变化时的生产批量变化。规模经济概念中的"规模"是指后一种情况,即指伴随生产能力的扩大而出现的生产批量的扩大。这里所说的"经济"是节省、效益的意思,具体地说,就是单位产品成本的下降。用西方

经济学的概念来表述,规模经济指的是给定技术的条件下(指没有技术变化),对于某一产品(无论是单一产品还是复合产品),如果在某些产量范围内平均成本是下降或上升的话,我们就认为存在着规模经济(或不经济)。换言之,规模经济就是规模的收益递增现象。

规模经济表现为长期平均成本费用曲线向下倾斜,见图5-1。所谓"长期",是指生产设备的增加、生产能力扩大的过程。这时的"长期平均成本"是指长期中平均每单位产品的成本。

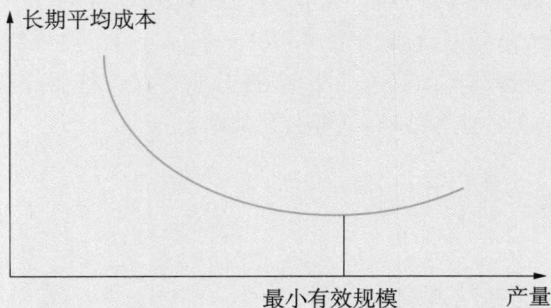

长期平均成本

最小有效规模   产量

图5-1 长期平均成本费用曲线

长期平均成本费用下降不是无限的,规模达到一定程度后,如再扩大规模,规模经济就不再出现,长期平均成本费用曲线的最低点就是最小有效规模(minimum efficient scale, MES)。

企业规模经济中所说的企业规模是指生产同样产品的若干生产线(或工厂),或者处在生产工艺过程不同阶段的若干生产线(或工厂),联合在一个经营实体(企业)中形成的经营规模的扩张。这种性质的规模的扩大,同样能产生出比分散经营更高的效益。前一种联合叫水平联合,后一种联合就是垂直联合。

一般地说,企业规模经济有以下7个方面的成因:

① 大量购入原材料等形成的节省;

② 产品、规格的统一和标准化;

③ 把连续加工生产过程统一在一个企业内,获得在这一生产过程中可能获得的效益;

④ 大量销售的节约;

⑤ 管理人员和工程技术人员的专业化和节省;

⑥ 使研究与开发工作更具有效率;

⑦ 企业规模扩大使企业有可能经得起暂时亏损,而开发出更有前途的产品。

由此可以看出,充分利用企业规模经济是提高企业经济效益的重要途径。

(2)学习曲线效应,即单位产品成本随企业累积产量增加而下降,见图5-2。

这主要是由于随着产品的累积、产品数量的增加,职工生产经验更加丰富,生产技术更为成熟,同时,随着产量的增加,职工也被更有效地组织管理起来,因而提高了劳动生产

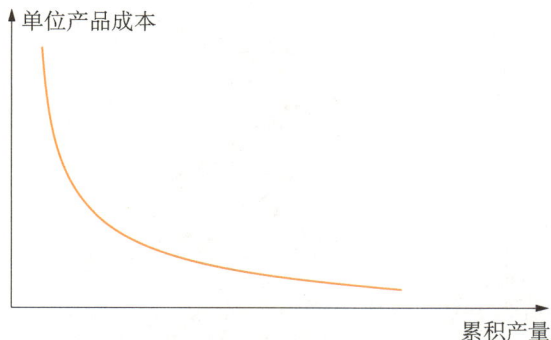

图 5-2　单位产品成本曲线

率,使单位产品成本下降。

　　从理论上来讲,成本优势来源于规模经济和学习曲线,在企业实际经营环节中,企业必须通过有效降低和控制价值链各个环节的成本来赢得全面的成本优势。成本优势的来源因产业结构不同而异。它们可以包括追求规模经济、专利技术、原材料的优惠待遇和其他因素。例如,在电视机行业,取得成本上的领先地位需要有足够规模的显像管生产设施、低成本的设计、自动化组装和有利于分摊研制费用的全球性销售规模。而如案例 5-1 所示,沃尔玛则是运用计算机网络和信息化管理技术,在物流循环的各个环节(采购、存货、销售和运输)降低成本,最终将流通成本降至行业最低,把商品价格保持在最低价格线上,成为零售行业的成本管理专家和成本领先战略的经营典范。

案例 5-1

沃尔玛的成本领先战略

　　1990 年沃尔玛成为全美第一大零售企业,2002 年沃尔玛全球营业收入高达 2198.12 亿美元,荣登世界 500 强的冠军宝座。总结沃尔玛的发展经验,它获得成功的一个重要原因,就是正确运用了成本领先战略。

1. 贯彻节约开支的经营理念

　　沃尔玛"节约开支"的经营理念来自其"天天平价,始终如一"的经营策略。该策略要求它的所有商品在所有时间、所有地区都以最低价销售,这使得沃尔玛在零售这一微利行业,必须比竞争对手节约更多的开支。这看似平实但实际上却"杀伤力"极强的经营理念,成为沃尔玛在零售行业驰骋天下的"杀手锏",为沃尔玛确立并成功实施成本领先战略提供了先决条件。在"节约开支"的经营理念的指导之下,沃尔玛最终将流通成本降至行业最低,把商品价格保持在最低价格线上,成为零售行业的成本管理专家和成本领先战略的经营典范。

2. 将物流循环链条作为战略实施载体

　　沃尔玛将涉及采购、存货、运输等在内的物流循环链条,作为实施成本领先战略

图 5 - 3   在中国,第一家沃尔玛购物广场于 1996 年在深圳罗湖区隆重开业,目前沃尔玛已在我国拥有 80 多家购物广场

的载体,并通过对该链条的集中管理,把整个链条中各个点的成本降至行业最低。例如,沃尔玛直接向工厂统一购货并辅助供应商减低成本,以降低购货成本。通过这种方式,沃尔玛实现了完整的全球化适销品类的大批量采购,并形成绝对的低成本采购优势。沃尔玛还建立了高效运转的配送中心,以保持低成本存货。为降低各店铺分散订货、存货及补货所带来的高昂的库存成本代价,沃尔玛采取了建立配送中心、由配送中心集中进行商品配送的方式。在沃尔玛各店铺销售的商品中,87% 左右的商品由配送中心提供,库存成本比正常情况下降低了 50%。

3. 利用发达的高科技信息处理系统作为战略实施的基本保障

沃尔玛的高科技信息处理系统不仅包括发达的计算机网络体系,还包括全美最大的私人卫星通信系统和世界上最大的民用数据库。沃尔玛所有店铺、配送中心的购销调存以及运输车队的详细信息,都可以通过与计算机相连的通信卫星传送到总部的数据中心,数据中心为沃尔玛各店铺、配送中心、供应商和车队进行通信联系和信息交流提供了便利。首先,配送中心可随时根据数据中心提供的各店铺信息,进行准确的销售预测并及时补充货源,以便降低库存量,提高资金周转速度,保持低成本存货。其次,运输车队的调度中心可根据数据中心提供的信息,及时合理地编排运输车辆,以保证将货物准确快速地运送至各店铺。再次,供应商可通过与数据中心共同组建的 EDI 联系系统,随时了解其供应商品的流通动态状况,并据此及时安排生产、供货和送货,不仅有效降低了成本、提高了效率,还实现了快速反应的供应链管理。

4. 对日常经费进行严格控制

沃尔玛对于行政费用的控制可谓达到极致,在行业平均水平为 5% 的情况下,沃尔玛整个公司的管理费用仅占公司销售额的 2%。为维持低成本的日常管理,沃尔玛在各个细小的环节上都实施节俭措施,如办公室不置昂贵的办公用品,店铺装修尽量简洁,以及商品采用大包装、减少广告开支、鼓励员工为节省开支出谋划策等等。可以说,沃尔玛一直想方设法从各个方面将费用支出与经营收入比率保持在行业最低水平,这就使得沃尔玛在日常管理方面获得了竞争对手所无法抗衡的低成本管理优势。

（二）成本领先战略的类型

成本领先战略概括为以下几种主要类型：

（1）简化产品型成本领先战略。就是使产品简单化，将产品或服务中添加的花样全部取消。TCL集团在20世纪90年代刚刚进入电视机市场时，根据中国电视消费者的使用习惯，将电视机中若干种平常很少用的功能取消，降低了电视机的成本，凭借成本优势后来居上，一举成为中国电视机制造行业的龙头。

（2）改进设计型成本领先战略。改进产品的设计或构成，也能形成成本上的优势。例如用光纤电缆代替铜电缆，不仅能够明显提高电子信号传递的效率，而且可以大幅降低产品成本（铜的成本较高）。

（3）材料节约型成本领先战略。这种战略通过减少材料消耗或者寻找更加廉价的材料供应源来降低成本。

（4）人工费用降低型成本领先战略。随着全球经济一体化的深入，全球的制造业都在向中国等劳动力密集型国家转移，国内近年来也出现了制造业自东向西转移的现象，其中重要的原因就是利用这些地区的廉价劳动力，控制企业成本。

（5）生产创新及自动化型成本领先战略。通过生产创新，运用新的生产工艺和生产设备可以节约劳动时间，降低生产损耗，减少库存时间，具有明显的降低成本的功能。

（三）成本领先战略的适用条件与组织要求

采用成本领先战略需要一定的行业条件和企业内部条件。在外部适用条件方面，企业该业务所在行业应该具有以下特点：

（1）现有竞争企业之间的价格竞争非常激烈，通过控制成本，能够在价格战中赢得主动。

（2）企业所处行业的产品基本上是标准化或者同质化的，实现产品差异化的途径很少，如螺钉、计算机键盘等。

（3）多数顾客使用产品的方式相同，因此不需要该产品有特殊的功能。

（4）消费者的转换成本很低。倘若转换成本很高，即使具有成本价格优势，也难以在市场上获得优势。以办公软件为例，虽然国产办公软件WPS价格比微软的Office软件便宜很多，但是由于用户已经习惯使用Office，且其与许多流行软件兼容性更好，所以这些用户很少会再选择便宜的WPS软件。

（5）消费者具有较大的降价谈判能力，例如一些供过于求的产品。

除具备上述外部条件之外，企业本身还必须具备以下技能和资源：

（1）持续的资本投资和获得资本的途径，这是因为成本领先战略要求企业必须扩大生产规模，实现规模效益，同时还需要通过先进的生产制造设备、信息化系统等提高生产效率，达到降低成本的目的。

（2）生产加工工艺技能、工艺创新是降低成本的重要手段。

（3）认真的劳动监督。

（4）设计容易制造的产品的能力。

（5）低成本的分销系统。案例5-1中沃尔玛先进的物流循环系统就大大降低了产品的销售成本。

（四）成本领先战略的优缺点

（1）成本领先战略的优点

① 在与竞争对手的竞争中，由于成本领先，企业可用低价格优势从竞争对手中夺取市场占有率，扩大销售量，从而在同行业中赚取更多的利润。在争取顾客的斗争中，使已经使用竞争对手同类产品的顾客转向使用本企业的产品，巩固并维护市场地位，进一步扩大市场占有率。

② 在争取供应商的谈判中，由于企业有低成本优势，相对于竞争对手具有较大的对原材料、零部件价格上涨的承受能力，能够在较大的边际利润范围内承受各种不稳定经济因素所带来的影响。此外，由于成本领先，企业对原材料或零部件的需求量大，因而企业可以获得廉价的原材料或零部件，同时也便于和供应商建立稳定的协作关系。

③ 在与潜在进入者的竞争中，低成本企业由于采取低价格而提高了进入壁垒，使新进入者不致对低成本企业构成威胁。

④ 在与替代品的竞争中，低成本企业可用削减价格的办法稳定现有顾客的需求，使之不被替代产品所替代。

⑤ 面对强有力的中间商要求降低产品价格的压力，采用成本领先战略的企业在进行交易时，握有更大的主动权。

（2）成本领先战略的缺点

① 企业投资较大，因为企业必须具有先进的生产设备，才能高效率地进行生产，以保持较高的劳动生产率。

② 社会技术变化使产品生产工艺有了新的突破，导致企业过去的大量投资和由此产生的高效率一下子丧失了优势，而竞争对手比较容易以更低成本进入该行业，造成对原有企业的威胁。

③ 企业高层领导把过多的注意力集中于低成本战略，可能会导致企业忽视顾客需求特性和需求趋势的变化，忽视顾客对产品差异的兴趣，忽视顾客对价格敏感度的降低。企业如果拘泥于现有战略的选择，就很有可能被采用产品差异化战略的竞争对手所击败。

④ 由于企业集中大量投资于现有技术及现有设备，因而可能会对新技术的采用及技术创新反应迟钝。同时，由于使用专用设备，因而资产专用性很强，退出壁垒很高，原设备的巨额投资成了企业战略调整的巨大而顽固的障碍，企业不愿因战略调整而付出巨大代价，会使企业陷入被动。

⑤ 容易形成生产过剩，为了追求规模效应，实施成本领先战略的企业容易盲目扩大生产规模，导致产能过剩。

二、差异化战略

（一）差异化战略的概念

差异化战略是指企业向用户提供与众不同的产品和服务以获得市场优势的竞争战

略。这种战略要求企业在产品设计、品牌设计、产品形象、技术特性、生产技术、顾客服务、销售渠道等某一个或某几个方面创造出自身的独特性和相对优势。这种战略的指导思想是，在价值链的某些环节上，企业提供的产品与服务在产业中具有独特性，即具有与众不同的特色，从而能够赢得一部分用户的信任，使同产业内的其他企业一时难以与之竞争，其替代品也很难在这个特定的领域与之抗衡。总之，产品差异化使同一产业内不同企业的产品减少了可替代性，这意味着产业市场垄断因素的增强。

这种可替代性减少程度可用需求的交叉弹性来衡量。交叉弹性，就是某一产品的买者的需求量变化率与另一产品的价格变化率之比。

A产品的需求对B产品价格的交叉弹性可由下式表示：

$$交叉弹性 = \frac{A产品需求量变化的百分比}{B产品价格变化的百分比}$$

对在同一产业内的A、B两个产品而言，在B产品的价格变化、A产品的价格不变的情况下，A产品的需求量有较大波动，则A产品和B产品显然有较高的可替代性；如果波动较小，则说明可替代性相对较小，说明A产品的差异化程度较高。将同一产业内不同企业产品的交叉弹性加以比较，就可以了解产品差异化的程度。

（二）差异化战略的类型

企业要突出自己的产品与竞争对手的产品之间的差异性，主要有两种基本的途径，由此也形成了两种不同的差异化战略：

（1）产品内在因素的差异化。这是指企业在产品性能、设计、质量及附加功能等方面为顾客创造价值，并创造与竞争对手相区别的独特性。这要求企业认清购买者是谁，然后要认清购买者所看重的价值是什么，要在客户看重的价值链环节中为客户创造与众不同的价值。在香港及大陆的珠宝首饰行业里，每年销售额占市场第一位的周大福公司就非常善于通过产品内在要素的差异化获得竞争优势。

具有半个多世纪发展历史的香港金银贸易场，交易黄金的成色一律为99%（即九九金），九九金同时为香港金行所认同。为了凸现企业产品的独特性和价值感，周大福率先推出了99.99%足金（即四个九足金），在珠宝业界造成轰动效应。四个九足金的成功既为周大福带来丰厚的盈利，更带来良好的信誉：顾客皆说周大福的四个九足金，一点不"堡水"（掺假）。

（2）产品外在因素差异化。这是指企业要利用产品的包装、定价、商标、销售渠道及促销手段，使其与竞争对手在营销组合方面形成差异化，从而开创独特的市场。为此：

① 企业可采用定价、改进包装、树立名牌的方法实现产品差异化，即高价显示高贵，精美包装显示优质等，借此树立企业产品的形象。

② 可以通过宣传，利用广告形成产品的差异化。要通过各种传播媒体和传播手段，将有关产品特征的信息传达到市场，使顾客感到产品差异，从而在顾客心目中树立与众不同的形象。

③ 可以通过优质服务来实现产品差异化。如采用免费送货、分期付款、一定时间内实行保修等方法，使产品形成差异化。

④ 可以通过分销渠道来实现产品差异化。如采用零售或上门推销等方法,使产品直接与顾客接触,使产品形象在顾客心目中产生差异。

产品外在因素差异化有时与能否满足消费者的物质需求没有多大关系,但它却能够使消费者在心理上得到满足,感到实现了某种愿望,使顾客愿意为其所喜欢的商品支付更高的价格,从而建立起公司的信誉和顾客对企业产品的忠诚度,使竞争对手难以与之竞争。

例如,美国天美时手表(Timex)的推销方式很特别,推销员会在表店里表演给消费者看:拿起手表就往墙上摔,手表撞到墙上再掉到地上,捡起来,该手表走得很正常。此外,把这种表绑在冲浪板上,绑在飞奔的马尾巴上,电视特写镜头照出来,手表走得很正常;把这种表从飞机上扔到大海里,再从海里捞出来,这种表走得很正常。因此,把这种手表放到欧洲市场去销售,欧洲其他手表的销量就急剧下降;把这种表放到非洲市场去销售,非洲其他手表的销售也急剧下降。这种"马戏团式"的促销方式很特别,因而取得了一定的成功。

前面提到的周大福珠宝行非常善于运用差异化战略,通过市场细分,针对不同的目标市场推出独特的产品组合,并灵活运用各种营销手段,取得了巨大的成功,见案例 5-2。

案例 5-2

精细独到的周大福

周大福珠宝金行始创于 1929 年,素以超卓工艺技术及创新首饰设计驰誉珠宝界,现为中国最著名的珠宝首饰品牌之一。其销售网络遍布香港、澳门等全国 60 多个城市共逾 360 个销售网点,并积极拓展东南亚市场,是华人聚居区市场占有率最高的珠宝行。

周大福的目标市场主要是可能佩戴首饰的女性。针对各种女性的不同需求,周大福推出了一系列款式,体现出了其市场细分策略的精细和独到之处:

绝配组合系列——该套配可以随意变换不同戴法,满足女性求变的消费心理。

绝泽珍珠系列——将颗颗富有水的灵性与生命力的珍珠置于流畅、唯美的线条之中,增添了女性的清新风格,定位为热爱自然、追求意境的女性之首选。

绝色红蓝宝石系列——将性感魅惑、甜蜜动人与浪漫鲜明、前卫个性的元素完美结合,将女性妩媚动人的气质演绎到极致,定位为摩登女郎心中的至爱。

由于电视广告对珠宝首饰的表现力最强,周大福也十分注重对电视广告的投入,同时还通过高超的广告创意来充分表现珠宝首饰璀璨和诱人的光芒。周大福在和DTC 合作推广"惹火"系列钻饰时,其中一个广告演绎了男主角因为太痴迷女主角所戴的"惹火"钻饰而撞到玻璃的情节,最后配上"都是钻石惹的祸"的主题,恰如其分地表现了"惹火"钻饰的主题涵义,给观众留下了深刻印象,使其销售量大大高于一般珠宝款式。

周大福还通过各种营销活动有效地传播产品信息,包括与法拉利、意大利著名服装品牌 Max Mara 等高档品牌合作,吸引高端顾客,举办时尚活动或展览,吸引时尚人群等。例如它先后在大连现代博物馆举行"2004 经典·永恒的时尚——Chow Tai Fook Perfect Life"珠宝秀及"Sparkle in Time——花影流金"2005 珠宝艺术展,演绎了独特的钻石文化,展现了周大福经典、时尚的品质。

(三)差异化战略的适用条件与组织要求

差异化战略并非放之四海而皆准,需要一定的适用条件和组织要求。其外部适用条件主要有:

(1)可以有很多途径创造企业与竞争对手产品之间的差异,并且这种差异被顾客认为是有价值的。检验差异化是否成功的标准就是是否产生了顾客价值。可口可乐公司曾经推出一种新型可乐以取代传统可乐,味道比传统的可乐更好,但是消费者却习惯了传统可乐,导致市场份额大幅下降,可口可乐不得不取消了用新可乐取代老可乐的计划。

(2)顾客对产品的需求和使用要求是多种多样的,即顾客需求是有差异的,这样才具备差异化的空间。

(3)采用类似差异化途径的竞争对手很少,即真正能够保证企业是"差异化"的。要实现这种独特性,就要求企业必须建立难以被竞争对手模仿的核心竞争力。

(4)技术变革很快,市场上的竞争主要集中在不断推出新的产品特色。IT 技术是当前发展最活跃的技术,IT 产品的更新换代很快,只有那些不断推陈出新的公司才能够在市场上立足。

除上述外部条件之外,企业实施差异化战略还必须具备以下内部条件:

(1)具有很强的研究开发能力,研究人员要有创造性的眼光。

(2)企业具有以其产品质量或技术领先于行业水平的声望。很多顶级企业如 Intel、诺基亚、德国大众、默克制药等都属于这样的公司。

(3)企业在这一行业有悠久的历史或能够吸取其他企业的技能并自成一体。例如,中国的云南白药具有很悠久的历史,近年来又汲取了西药制造的工艺,使白药的质量更加稳定,剂型也不断创新,始终保持着强大的市场竞争力。

(4)很强的市场营销能力。

(5)研究与开发、产品开发以及市场营销等职能部门之间要具有很强的协调性。唯有如此,公司才能够将消费者的需求迅速转化为创新产品,为顾客创造独特价值。

(6)企业要具备能吸引高级研究人员、创造性人才和高技能职员的物质设施。

(7)各种销售渠道强有力的合作。

(四)差异化战略的优缺点

(1)差异化战略的优点

① 实行产品差异化战略是利用顾客对其产品或服务特色的注意和信任,建立起顾客对产品或服务的信赖感和忠诚度,降低顾客对产品价格变化的敏感度。这样,差异化战略

就在同行业竞争中形成了一个隔离地带,筑起了较高的进入壁垒,在特定领域形成独家经营的市场,避免了竞争对手的侵害,保持了本企业的优势地位。

② 由于实行差异化战略,本企业生产的是名牌产品,因而增强了本企业对原材料或零部件供应商的讨价还价的能力,产生了较高的边际收益。

③ 实行差异化战略,使经销商缺乏可以与之比较的商品,因而也降低了经销商对价格的敏感度。同时,产品差异化使经销商具有较高的转换成本,使其依赖于本企业,这也进一步削弱了经销商对本企业的讨价还价能力。

④ 企业通过差异化战略建立起顾客对本企业产品的信赖感,使一般的替代品无法在差异化上与本企业开展竞争。

(2) 差异化战略的缺点

① 要保持产品的差异化,往往要以成本的提高为代价,因为实行这种战略要增加设计及研究开发费用,要用高档的原材料。企业往往把保持产品经营特色放在第一位,成本降低放在第二位,因此,企业产品差异化所取得利润的一部分或大部分要被产品成本的提高所抵消。

② 顾客对差异化所支付的额外费用是有一定支付极限的,若超过顾客的支付极限,低成本低价格产品对顾客的吸引力与高价格差异化产品对顾客的吸引力相比就显示出了竞争力。

③ 由于产品价格较高,很难拥有很大的销售量,因此该战略不可能迅速提高市场占有率。

④ 一般来讲,该战略对生活消费资料企业较为重要。而对生产资料企业来说,因其产品不存在多少差异,有些材料产品均已被标准化,没有多少创造差异的余地,购买者对所购生产资料性能都有充分的了解,供货商口头宣传效果不大,因此该战略对生产资料企业不太重要。

⑤ 产品差异化使同一产业内的不同企业产品之间减少了可替代性。

⑥ 由于竞争对手的进步和学习模仿,可能导致企业的差异化战略失效。

三、目标聚集战略

(一) 目标聚集战略的概念

目标聚集战略也称为聚集战略或集中化战略,是指企业或事业部的经营活动集中于某一特定的购买者集团、产品线的某一部分或某一地域市场上的一种战略。该战略通过满足特定消费者群体的特殊需要,或者集中服务于某一有限的区域市场,来建立企业的竞争优势及市场地位,中小型企业比较适合采用此战略。这种战略的优点在于企业能够控制一定的产品势力范围,在此势力范围内,其他竞争者不易与之竞争,故其竞争优势地位较为稳定。目标聚集战略有赖于该目标细分市场与行业中其他细分市场之间要具有明显的差异性。

(二) 目标聚集战略的类型

目标聚集战略依赖于被选定的目标细分市场与行业中其他细分市场之间要具有明显

的差异性。聚集战略虽然是在一个狭小的专门市场进行经营,但也存在两种选择,即低成本和差异化,因此聚集战略又可以进一步分为低成本目标聚集战略和差异化目标聚集战略。

低成本目标聚集战略要求企业在特定的细分市场上提供成本低于竞争对手的产品和服务。美国西南航空公司将短途航空作为自己的目标市场,甚至一度只将精力集中于得克萨斯州境内的短途航运。由于公司的运营成本远远低于其他大型航空公司,因此公司的票价大大低于市场平均价格,吸引了大批乘客,取得了巨大成功。

差异化目标聚集战略要求企业在细分市场上提供具有独特价值的产品和服务。新东方是国内著名的外语培训学校,几乎垄断了国内留学英语(GRE 和托福)的培训市场,它所凭借的就是其独特而高效的教学方式以及高质量的备考资料。

另外,按照聚集方式的差异,目标聚集战略还可分为产品线集中化战略、顾客集中化战略、地区集中化战略、低占有率集中化战略。

(三)目标聚集战略的适用条件与组织要求

在下列情况下,企业适宜于采用目标聚集战略:

(1)具有完全不同的用户群,这些用户或有不同的需求,或以不同的方式使用产品。在个人电脑市场,一般家庭用户和精通计算机知识的学生用户的需求是不一样的。前者具有较强的经济承受能力,要求良好的售前售后服务;后者则要求价格低廉,部件配置灵活,通常希望分散购买组件自己组装。

(2)在相同的目标细分市场中,其他竞争对手不打算实行重点目标聚集战略。

(3)企业的资源不允许其追求广泛的细分市场。中小企业由于自身实力有限,很难全面与大企业竞争,将资源集中在细分市场,有利于竞争优势的确立。

(4)行业中各市场部门在规模、成长率、获利能力方面存在很大差异,致使某些细分市场比其他市场更有吸引力。例如,近年来在国内声名鹊起的如家连锁酒店的成功就源于国内经济型商务旅客的巨大的市场需求。

(四)目标聚集战略的优缺点

(1)目标聚集战略的优点

① 经营目标集中,管理简单方便,可以集中使用企业的人、财、物等资源。

② 有条件深入钻研以至于精通有关的专门技术,熟悉产品的市场、用户及同行业竞争方面的情况,因此有可能提高企业的实力,争得产品及市场优势。

③ 由于生产高度专业化,可以达到规模经济效益,降低成本,增加收益。这种战略适用于中小企业。

这种战略能使高度集中的专业化中小企业对国民经济作出重要贡献,成为"小型巨人",即小企业采用单一产品市场战略可以以小补大、以专补缺、以精取胜,成为受大公司欢迎、为其提供配套产品的友好伙伴。

(2)目标聚集战略的缺点

① 当市场发生变化、技术再次革新或新的替代品出现时,该产品需求量下降,企业就会受到严重的冲击。

② 这种企业对环境的适应能力差、经营风险大,应当看到市场上大多数产品终究是要退出市场的。因此,采用此战略的企业应当有应变的准备,做好产品的更新改造工作。

(五) 目标聚集战略的威胁与维护措施

企业选用目标聚集战略要注意防止来自三方面的威胁,并采取相应措施维护企业的竞争优势,主要措施如下:

(1) 以广泛市场为目标的竞争对手,很可能将该目标细分市场纳入其竞争范围,成为该细分市场的潜在进入者,甚至已经在该目标细分市场中参与竞争,造成对企业的威胁。这时选用目标聚集战略的企业要在产品及市场营销等各方面保持和加大其差异性,产品的差异性越大,目标聚集战略的维持力就越强。需求者差异性越大,目标聚集战略的维持力也越强。应当指出,正由于目标聚集战略的维持力是建立在差异性基础上的,因此,随着差异性的变化,选用目标聚集战略的企业的目标细分市场也应该随之作出相应的调整。

(2) 该行业的其他企业也采用目标聚集战略,或者以更小的细分市场为目标,造成了对企业的威胁。这时,选用目标聚集战略的企业要建立防止模仿的障碍,当然其障碍壁垒的高低取决于特定的细分市场结构。另外,目标细分市场的规模也会造成对目标聚集战略的威胁,如果目标细分市场较小,竞争者可能不感兴趣;但如果企业是在一个新兴的、利润不断增长的较大的目标细分市场上采用目标聚集战略,就有可能被其他企业在更为狭窄的目标细分市场上也采用目标聚集战略,开发出更为专业化的产品,抢占商机从而失去企业原有的竞争优势。

(3) 目标聚集战略的细分市场中,由于有替代品出现或消费者偏好发生变化,价值观念更新,社会政治、经济、法律、文化等环境出现变化,技术突破和创新等方面的原因可能引起目标细分市场的替代,导致市场结构性变化,此时目标聚集战略的优势也将随之消失。

四、三种基本竞争战略之间的区别

上述三种基本竞争战略在战略目标及竞争优势上各有其特点,见图 5-4。

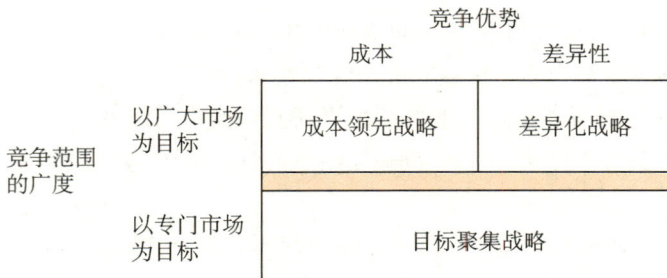

图 5-4 三种基本竞争战略

图 5-4 反映了三种基本战略在组织安排、控制程度及创新体制上的差异,各基本战略还需要有不同的领导风格、不同的企业文化及不同类型的人才才能得以实施。三种基本竞争战略所需要的技能和资源以及对组织的基本要求见表 5-1。

表 5-1　对三种基本竞争战略的要求

基本战略	通常需要的基本技能和资源	对组织的基本要求
成本领先战略	● 持续的资本投资和良好的融资能力 ● 工艺加工技能 ● 对工人严格监督 ● 所设计的产品易于制造 ● 低成本的分销系统	● 结构分明的组织和责任 ● 以满足严格的定量目标为基础的激励 ● 严格的成本控制 ● 经常、详细的控制报告
差异化战略	● 强大的生产营销能力 ● 很强的产品加工能力 ● 对创新的鉴别能力 ● 很强的研发能力 ● 有很高的公司声誉 ● 在产业中有悠久的传统或拥有从其他业务中得到的独特技能组合 ● 得到销售渠道的高度配合	● 研究与开发、产品开发和市场营销部门之间密切协作 ● 重视定性评价和激励，而不完全是定量评价 ● 有轻松愉快的气氛，以吸引高技能工人、科学家和创造性人才
目标聚集战略	● 善于发现在行业中有特殊需求的顾客 ● 特殊产品专业化加工能力 ● 产品要达到一定批量 ● 做好市场营销 ● 要把资源集中投入到狭窄目标市场领域中去	● 组织结构简单，一般为直线职能制 ● 严格控制成本 ● 加强人力资源的管理，加强激励

企业成本领先战略及差异化战略在成本、价格、利润上的关系见图 5-5。

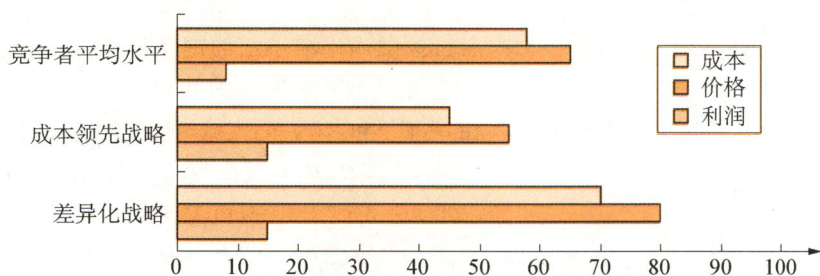

图 5-5　企业成本领先战略及差异化战略在成本、价格、利润上的关系示意图

由图 5-5 中可以看出成本领先战略及差异化战略在成本、价格、利润关系上的区别。因此，企业要努力避免在三种基本战略中徘徊，即企业要有自己鲜明的战略特色。

第二节　两种特殊的竞争战略

在波特提出的三种一般竞争战略的基础上，人们又总结出了诸多特殊的竞争战略，究其本质都不过是三大战略的拓展、延伸。在这些竞争战略中，蓝海战略（blue ocean strategy）和利基战略（niche strategy）的影响力最大，且较为成熟，本节将重点介绍这两种特殊的竞争战略。

▎一、蓝海战略

在很多产业领域,企业间激烈的成本竞争使成本领先变得困难,结果导致全行业的利润整体下降,中国的家电行业就正在经历这样的过程。与此同时,那些追求差异化的公司发现竞争对手的学习模仿能力正在不断增强,结果使企业产品、服务的同质化加剧,企业利润下降。面对以上战略困境,企业如何才能脱颖而出? 如何才能启动和保持获利性增长? 韩国学者 W·钱·金和美国学者勒妮·莫博涅合著的《蓝海战略》为企业指出了一条通向未来增长的新路。

(一)蓝海战略的核心观点

蓝海战略认为,聚焦于传统的红海市场等于接受了商战的限制性因素,即在有限的土地上求胜,而否认了商业世界开创新市场的可能。运用蓝海战略,要求企业把视线转移向买方需求,跨越现有竞争边界,对不同市场的买方价值元素进行筛选并重新排序,从给定结构下的定位选择向改变市场结构本身转变。下面我们用法国雅高酒店的案例来加以说明。

案例 5-3

法国雅高的蓝海战略

20 世纪 80 年代,法国经济型酒店行业陷入停滞不前的饱和状态。法国有一个低星级宾馆品牌——雅高,它找出了所有经济型酒店客户的共同需求:花不多的钱,睡一夜好觉。于是雅高摒弃了"高档的餐厅"和"迷人的大堂"等一般星级酒店的特色。雅高认为尽管这样做可能会失去一部分顾客,但对大多数客户来说,少了这些特色也无所谓。同时雅高将每间客房的平均造价成本都削减了一半,在客房内只配备了一张床和最低限度的必需品,没有文具、书桌或装饰品。雅高把这些节省下来的成本放到顾客最看重的特点上面,如雅高旅馆的床位质量、房间和床上用品的卫生情况及客房的安静程度均超过了普通二星级酒店的水平,而客房价格仅比一星级酒店稍高一点。雅高的价值

图 5-6　雅高的经济型酒店房间

创新赢得了顾客的回报,公司不仅争取到了大批法国经济型酒店的顾客,而且也扩展了市场规模,从过去睡在汽车里过夜的卡车司机到只需要休息几小时的生意人都纷纷被吸引到雅高来。雅高在法国的市场份额超过了排在其后的5家酒店的总和。

从雅高的案例可以看出,它开辟了一个无人争抢的市场,这种竞争战略就是蓝海战略。红海是指已知的市场空间,蓝海是指新的市场空间。红海战略与蓝海战略的比较见表5-2。

表5-2　红海战略与蓝海战略的比较

项　目	红海战略	蓝海战略
竞争观念	行业条件是既定的,一个行业里只能有1—2个理想的竞争位置	行业条件是可以改变的,应当在行业中找到自己独特的竞争位置
对待竞争对手	要打败竞争对手,本企业要占到行业中理想的竞争位置	要甩开竞争对手,就要开创无人竞争的市场空间
客户需求	要开发顾客现有的需求	要发掘顾客潜在的新需求
战略选择	在成本领先和产品差异化之间进行取舍,二者必居其一	企业既要做到成本领先又要做到产品差异化,二者合二为一

因此,蓝海战略的核心是通过产品、服务创新(首先是思维的创新)甚至新的商业模式为顾客创造价值。蓝海战略在为顾客创造新的价值曲线时,有四个问题对形成新的战略逻辑和商业模式是至关重要的,即:

(1)哪些被行业认定为理所当然的因素是需要剔除的?这一问题迫使你去剔除你所在行业中企业长期竞争攀比的因素。

(2)哪些因素的标准应该被降低到行业标准以下?这一问题促使你作出反思,看看现有的产品或服务是不是只为打败竞争对手而在功能上设计过头,徒然增加了企业成本却没有得到好结果。

(3)哪些因素的标准应该被提升到行业标准以上?这一问题促使你去发掘行业中消费者不得不作出的妥协。

(4)哪些行业中从未有过的因素需要被重新创造?这一问题能帮助你发现顾客价值的全新的源泉,以创造新的需求,改变行业规则。

解决前两个问题(剔除和降低)能让我们明白如何把成本降到竞争对手之下,后两个问题教我们如何去提升买方价值,创造新的需求。概括起来,这四个问题让我们能够系统地探索如何跨越现有行业规则,重构顾客新的价值元素,提供顾客全新的价值体验,同时降低企业自身的成本,见图5-7。当你把这四步动作框架运用到行业战略布局图上时,就能改变原本被认定的事实,于是蓝海的全新行业格局就展现在你的面前。

从以上描述可以看出,从本质上看,蓝海战略仍然可以看作是一种差异化战略,只不过它更强调通过价值创新来超越传统的竞争。

(二)制定蓝海战略的基本原则

开创蓝海意味着企业要在现有的产业空间之外进行冒险。想要降低风险,提高开创

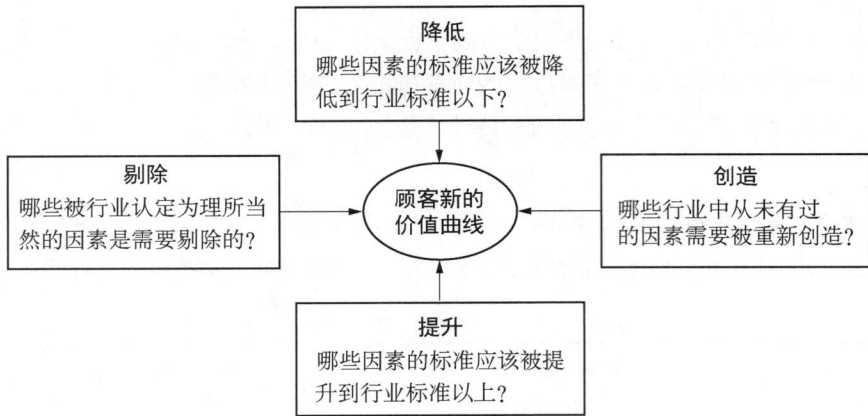

图 5 - 7　蓝海战略布局图

蓝海的成功率,企业在制定蓝海战略时必须遵循以下四项原则:

1. 要打破现有竞争局面,开创蓝海,必须重新构筑市场的边界

制定蓝海战略的首要难点是如何成功地从一大堆机会中准确地挑选出具有蓝海特征的市场机会,这一点对企业经营者来说非常重要,因为他们不可能像赌徒一样,通过直觉或者抽签的方式决定企业的战略。要解决这一难点就必须重新构筑市场边界。有六个基本法则可以帮助企业经营者重新构筑市场边界,《蓝海战略》的作者称之为"六条路径框架",实质上是六种全新的审视产业形势的视角。

第一条法则是放眼替代性行业,看看你的企业所处行业的替代性行业是什么? 为什么顾客会在它们之间作出取舍? 通过考察这些影响顾客在不同行业之间进行选择的关键因素,消除或降低其中的不利因素,就可以创造一片蓝海,找到一个新的市场空间。

第二条法则是放眼行业内的不同战略类型,看看你所在行业的企业采用的战略类型有哪些? 客户在高低端业务类型中进行转换的真实原因是什么? 将不同战略类型吸引客户的优势因素整合起来,有可能发现新的蓝海。

第三条法则是放眼客户链,看看你所处行业有哪些购买者? 传统上,整个行业的目标客户通常是哪一类人群? 如果你转变目标客户群,如何才能创造新的价值?

第四条法则是放眼互补性产品或服务,看看你的企业的产品或服务的使用背景是什么? 在产品或服务的使用前、中、后都会发生什么事情? 你能找到客户的烦恼吗? 如何通过提供互补性产品或服务消除这些烦恼?

第五条法则是放眼客户的功能性或情感性诉求,看看你的企业所在的行业是功能导向型还是情感导向型? 如果你的企业选择的是情感诉求模式,你能否剔除一些不必要的因素使其成为功能导向型? 如果你的企业选择的是功能诉求型,你能否通过添加一些因素使其成为情感导向型?

第六条法则是放眼未来,看看什么趋势将很可能影响你所在的行业、不可逆、具有清晰的发展方向? 这些趋势将如何影响你所在的行业? 搞清楚这些问题以后,你怎么样才能从中挖掘客户价值?

2. 关注全局,而非数字

该原则的关键是要减少规划风险,避免投入很多精力和时间,但制定的仍是红海战略的计划。前面提到的战略布局图可以帮助企业领导者更好地关注全局。通过描绘战略布局图,持续地制定和调整战略,可以使更多的员工提高创造性,从而拓展公司的蓝海视野。在围绕战略布局图的公司战略规划过程中,公司管理者可以将其主要精力集中在大的画面上,而不是沉溺于琐碎的数字、术语以及经营细节中。

3. 超越现有需求

蓝海战略的本质是客户价值创新,这就要求企业超越客户的现有需求,通过汇聚对新产品的最大需求,降低新市场带来的规模风险。为此,公司要挑战两种传统的战略思维:一是只注意现有客户;二是进行更加精细的客户细分。公司提升市场份额的典型方式,就是努力维持和扩大现有客户群,这就经常引发对客户偏好的进一步细分,以便提供量身定制的产品。一般而言,竞争愈激烈,产品的专业化愈明显。而在此过程中,目标市场将会变得十分狭小。

要想最大限度地扩大蓝海,公司就必须反其道而行之。企业应关注潜在客户,而不应只着眼于现有客户;应致力于大多数客户的共同需求,而不是注重客户的差异化个体需求,这样才能让公司超越现有需求,开辟一片以前未曾有过的庞大客户群。

4. 遵循合理的战略顺序

企业应按照消费者效用、价格、成本、适用性这样的顺序来构建蓝海战略。战略的起点是消费者效用。你的产品或服务为消费者提供了特别的效用吗?你的产品是否有很强的吸引力来驱使人们购买它?如果缺乏这些,那就没有开创蓝海的机会,要么只能将计划束之高阁,要么就重新思考,直至得到肯定的答案。

产品效用明确后的第二步是确定合适的战略性价格。关键问题是:如何通过合理定价来吸引大量的目标客户,让他们愿意为产品和服务买单?如果定价没有吸引力,他们就不会购买,你的产品或服务就无法引起令人难以抗拒的市场反响。

要确保利润,就会涉及第三个要素——成本。你能以目标成本来提供你的产品或服务,并获得一个稳定的利润空间吗?你能从战略性定价中获利并且又很容易被广大目标购买者所接受吗?答案是你不应当以成本来指导定价,也不能因为高成本而妨碍获利,进而减少提供给消费者的效用。如果无法达到目标成本,你要么放弃这一无利可图的创意,要么创新商业模式来达到目标成本。对公司商业模式的运行成本进行控制可以确保它能创造一个较大的价值空间。这是效用、战略性定价和目标成本综合产生的结果,它使公司获得了价值创新,也为购买者带来了价值的提升。

最后一步,就是要解决在实施方面存在的障碍。在你推广蓝海战略创意时,会有哪些障碍?找到这些障碍才能采取措施确保蓝海战略创意的成功实施。根据以上四个合理顺序来设计蓝海战略,其流程才是完整的。

二、利基战略

(一)利基战略与利基业务的概念

所谓利基,是 niche 这一英文名词的译称,意译为"壁龛",有拾遗补阙或见缝插针的意思。在这里,它是指在市场中通常被大企业所忽略的某些细分市场。所谓利基战略,是指企业选定一个特定的产品或服务领域,集中力量进入并成为领先者,从当地市场到全国市场再到全球市场,同时建立各种壁垒,逐渐形成持续的竞争优势的战略。利基战略强调的是竞争战略中的集中与后发,以及职能战略中的市场细分,它是以专业化战略为基础的一种复合战略,也是一种适宜中小企业的持续成长战略。

案例 5-4

YKK:成功运用利基战略的典型

YKK,即日本吉田工业公司,成立于 1934 年,自成立以来一直从事拉链的生产制造。20 世纪 60 年代已成为全球第一的拉链生产商,1995 年公司总销售额达 65 亿美元,全球拉链市场占有率为 52%,拥有工厂 86 个,其中海外工厂 65 个,员工总计 3.2 万余人。吉田公司的成长过程如下:

① 1934—1948 年。手工制造拉链,二战中工厂被炸毁,战后重建。

② 1949—1953 年。花巨资从美国引进自动化设备,开始机械化生产。

③ 1954—1958 年。自己研究制造拉链生产设备,自制设备一律不外卖;并向上游延伸,自己纺纱、织布带,使 YKK 拉链成为质量最好的拉链。

④ 1959 年至今。以自制的设备到海外建厂逐渐占领各国市场,形成全球生产体系,成为全球拉链生产第一家,并保持至今。

利基战略和波特提出的目标聚集战略存在着相似性,但同时也存在着区别。它们都是在对目标市场进行细分的基础上制定出的战略,但在对市场的选择上,利基战略侧重于选择那些强大竞争对手并不是很感兴趣的领域,而目标聚集战略则强调对所选领域的持续占领。因此,实施利基战略首先要选准恰当的利基业务。其选择标准是:

(1) 狭小的产品市场,宽广的地域市场。利基战略的起点是选准一个比较小的产品(或服务)方向,这是利基战略的第一要素。集中全部资源攻击很小的一点,在局部形成必胜力量,这是利基战略的核心思想。同时,以一个较小的利基产品占领宽广的地域市场,是利基战略的第二个要素。只有让产品有非常大的市场容量,才能实现规模经济,经济全球化的市场环境正好为其提供了良好条件。一般认为,中国市场容量在 100 亿元人民币以内,全球市场容量在 100 亿美元以内的产品业务属于利基业务。

(2) 需求较为稳定,具有持续发展的潜力。一是要保证企业进入市场以后,能够建立起强大的壁垒,使其他企业无法轻易模仿或替代,或是通过有针对性的技术研发和专利,引导目标顾客的需求方向,引领市场潮流,以保持企业在市场上的领导地位;二是这个市场的目标顾客将有持续增多的趋势,使利基市场可以进一步细分,这样企业便有可能在这个市场上持续发展。

(3) 市场过小、差异性较大,以至于强大的竞争者对该市场不屑一顾。既然被其忽视,则一定是其弱点,因此,反过来想,我们也可以在强大的竞争对手的弱点部位寻找可以发展的空间。所谓弱点,就是指竞争者在满足该领域消费者需求时所采取的手段和方法与消费者最高满意度之间存在的差异,消费者的需求没有得到很好的满足,这正是可以取而代之的市场机会。

(4)技术变革速度不太快,企业用在研发上的投资不需要太大。

(5)市场竞争不太激烈,最好还没有出现垄断者。

(二)专业化——利基战略的本质

市场利基的关键因素是专业化,通过专业化来体现集中化。可供市场利基者选择的专业化定位有:

(1)最终用户专业化。公司可以专门为某一类型的最终用户提供服务。如北大方正主要就是通过服务日本新闻媒体客户而将排版系统成功揳进日本市场的。

(2)垂直专业化。公司可以专门为处于生产与分销循环周期的某些垂直层次提供服务。例如,老字号的中药制造企业同仁堂近年来开始大举进入医药零售行业,在全国各地开办同仁堂药店,拓展了同仁堂中药产品的市场销售空间。

(3)小顾客专业化。很多大公司都遵循80∶20法则,即集中80%的精力满足20%的重量级客户,对盈利贡献较低的小客户视而不见。我们可以反其道而行之,集中100%的精力去满足那些大公司看不上的小客户群体。如海尔率先打入美国市场的小容量冰箱正好满足了美国大学生的需求。近年来兴起的"长尾理论"也说明,如果能够有效地抓住"小市场",同样能够创造巨大的价值。

(4)特殊顾客专业化。公司可以专门向一个或几个大客户销售产品。如湖南嘉利外贸公司整合国内柠檬酸生产基地,按照高标准的品质要求,重点供应宝洁美国总部对柠檬酸原料的需求,在不景气的外贸企业中一枝独秀。

(5)产品或产品线专业化。公司只经营某一种产品或某一类产品线。

(6)加工专业化。即公司只为订购客户生产特制产品。

(7)服务专业化。企业可以向大众提供一种或数种其他公司所没有的服务。例如,一家银行可以独辟蹊径,接受客户用电话申请贷款,并将现金交予客户。

(三)中小企业适宜采用利基战略的原因

对于中国大多数中小企业来说,选择利基战略是应对跨国公司的竞争,赢得生存和发展的法宝,这是因为:

(1)我国中小企业在战略资源的积累上处于劣势。我国企业在人力、物力、财力、技术力、生产力、销售力、品牌力、管理力等资源和能力方面与跨国企业相比都存在短缺现象。因此,如何充分利用既有的资源,确定合理的资源组合,以达到资源增值的效果,便成为重大的战略问题。在存在强大竞争对手的前提下,我们在竞争对手忽视或不屑一顾,而消费者的需求又没有得到很好满足的狭窄市场上集中配置资源,正是解决这一战略问题的最佳途径。

(2)只有集中才能形成强大的力量。在个人项目的体育比赛中,一个运动员倘若不集中全部精力参赛,那么冠军的称号只不过是可望而不可即的幻想。而在集体项目的竞赛中,任何一支队伍都必然有上场的第一阵容,而其中又会有一名主攻手,其他队员如何通过假动作、掩护等作战技巧将更多的进攻机会传递给主攻手,以充分发挥出强大的攻击力量,这是决定竞赛胜败的关键。同样,中小企业的资源本身就少,如果再分散,就更加不堪一击,只有在特定的领域和特定的市场上集中资源方能形成有优势的攻击力量。

(3) 集中是生存之道。在本国市场上,我国企业或许占据天时、地利、人和的优势,而在国际市场上,残酷的竞争环境则迫使企业为了生存而集中使用资源。因为只有在更加细分的利基市场集中资源才能阻止竞争对手的进攻,只有集中才能战胜竞争对手。如果企业有了所谓的利基战略,但不能体现集中使用有限资源的作战原则,而是分散配置企业的资源,那么,企业就难以在决定性方向上、关键性领域里形成比竞争对手更为强大的优势,就会失去目标市场,动摇甚至瓦解企业生存的根基。

此外,利基战略是我国中小型企业获得持续成长力的法宝。目前,中国的众多中小企业,对利基的理解还停留在寻找市场缝隙,寻找可以赚钱的机会上,而利基的中国式思维其实就是将利基战略等同于中小企业成长战略。但仔细研究那些大的跨国企业,不难发现,在其成功的背后几乎都有着这样一段利基史——市场后来者们用利基策略创造了新的优势,并最终占据了强有力的市场位置,改变了历史格局。戴尔最初涉足个人计算机业务的时候,IBM 和康柏正统治着个人计算机市场,当时,几乎所有的产品都必须与 IBM 计算机兼容。而 20 年后,IBM 已经终止了其个人计算机的生产,康柏也不得不与惠普合并以求生存,戴尔却用独特的直销模式统治了个人计算机市场。类似的案例数不胜数。因此,随着市场环境的日渐成熟和稳定,我国的中小企业也完全有可能运用利基战略打败国内大型企业甚至是跨国企业,取而代之,占领一片天地。

第三节　企业在不同行业生命周期的竞争战略

波特的一般竞争战略并没有考虑在不同行业生命周期,市场环境的不同特点对企业竞争的影响。总体上看,一般竞争战略更适宜于行业处于发展阶段的企业采用。但是在现实环境下,行业一般会经历不同的发展阶段,企业在不同阶段所面临的战略环境和战略选择各不相同,本节将予以详细分析。

一、行业生命周期的概念

行业生命周期(industry life cycle)是指行业从出现到完全退出社会经济活动所经历的时间。行业的生命周期主要包括四个发展阶段:幼稚期、成长期、成熟期、衰退期。行业生命周期的图形如图 5-8 所示。

行业的生命周期曲线忽略了具体的产品型号、质量、规格等差异,而仅仅从整个行业的角度考虑问题。行业生命周期的成熟期可划分为成熟前期和成熟后期。在成熟前期,几乎所有行业都具有类似 S 形的生长曲线。而在成熟后期则大致分为两种类型:第一种类型是行业长期处于成熟期,从而发展为稳定型的行业,如图 5-8 中右上方的曲线 1 所

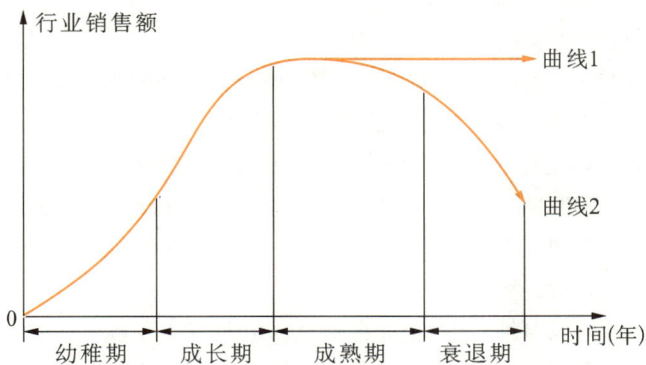

图 5-8　行业生命周期

示;第二种类型是行业较快地进入衰退期,从而发展为迅速衰退的行业,如图中 5-8 的曲线 2 所示。行业生命周期是一种定性的理论,行业生命周期曲线是一条近似的假设曲线。

识别行业生命周期所处阶段的主要指标有:市场增长率、需求增长率、产品品种、竞争者数量、进入及退出壁垒、技术变革、用户购买行为等。下面分别介绍行业生命周期各阶段的主要特征。

(1)幼稚期:这一时期的市场增长率较高,需求增长较快,技术变动较大,行业中的企业主要致力于开辟新用户、占领市场;但此时行业发展在技术上有很大的不确定性,在产品、市场、服务等策略上有很大的余地,企业对行业特点、行业竞争状况、用户特点等方面的信息掌握不多,行业进入壁垒较低。

(2)成长期:这一时期的市场增长率很高,需求高速增长,技术渐趋定型,行业特点、行业竞争状况及用户特点已比较明朗,行业进入壁垒提高,产品品种及竞争者数量增多。

(3)成熟期:这一时期市场增长率不高,需求增长率不高,技术已经成熟,行业特点、行业竞争状况及用户特点非常清楚和稳定,买方市场形成,行业盈利能力下降,新产品和产品的新用途开发更为困难,行业进入壁垒很高。

(4)衰退期:这一时期的市场增长率下降,需求下降,产品品种及竞争者数目减少。从衰退的原因来看,可能有四种类型的衰退,它们分别是:①资源型衰退,即由于生产所依赖的资源的枯竭所导致的衰退。②效率型衰退,即由于效率低下的比较劣势而引起的行业衰退。③收入低弹性衰退,即因需求—收入弹性较低而导致的衰退。④聚集过度性衰退,即因经济过度聚集的弊端所引起的行业衰退。

二、新兴行业中企业的竞争战略

(一)新兴行业的基本特性

新兴行业是指由于技术创新的结果,或新的消费需求的推动,或其他经济、技术因素的变化使某种新产品或新的服务成为一种现实的发展机会,从而新形成或重新形成的一个行业。从某种策略角度来说,一个老行业如果面临类似的情况,则其处境可视同新兴行业。目前国内外正在形成的一些高新技术行业如 IT 服务、软件外包、生物医学、新材料、新能源、精细化工等都可以看作是新兴行业。

应当指出,不同企业的经营行为是千差万别的,但其基本特性在本质上是一致的,只是具体的表现程度与方式有所不同。新兴行业中企业经营行为的基本特性有以下五个方面:

(1)不确定性。不确定性是指在信息约束和多种因素突变干扰下导致的企业决策困难和行为不稳定。不确定性包含两层含义:一是由技术创新活动的探索本质所决定,企业由于在行为目标、判断准则和预测方面相关参照系的相对缺乏,使企业行为不稳定。二是企业创新活动与所处的环境在一定程度上必然存在的矛盾和冲突,由此引起所需相关环境和条件的不足或变化,使企业行为不稳定。

(2)风险性。所谓风险性,是指企业在信息约束和多种因素突变的干扰下,使实际结果和预测发生背离而导致收益损失的可能性。例如,有统计数据表明,一项新药的研发往往需要5—10年,花费10亿美元,但是最终能够成功上市盈利的却不到10%。企业技术创新活动是否一定比常规性活动具有更大的风险? 根据对发达国家企业的大量创新活动实例的统计分析,所得结论出乎人们的预计,即:在现代市场激烈竞争的条件下,勇于和善于创新的企业至少并不比保守型企业冒更大的风险。因为一方面除外部因素外,创新风险是企业具体状态所决定的变数,直面风险,企业本身可以大有作为。另一方面,创新固然有受挫失败的风险,但守旧却冒着在竞争中完全被淘汰的更大风险。真正的企业家认识到:创新虽有风险但有希望,守旧必有风险且无希望。

(3)相对优势性。企业的相对优势性是指技术创新活动相较常规活动所具有的多方面积极进取效应实现的可能性,如创新活动对企业成员素质的提高、技术素质及管理素质的提高都是一个巨大的推动。只要进行技术创新,这种可能性就存在。同时,对这种可能性的追求又激励着创新活动的开展。

(4)一致性。一致性是指企业创新行为与创新者的素质、企业内部状态及外部相关环境约束间相适应和协调的程度。从主观上看,企业技术创新是创新者在自己知识经验基础上的创造性劳动;从客观上看,技术创新活动是企业原有生产组织、经营体系中的突破性扩张。因此,企业技术创新在本质上与企业原有各系统既相互冲突又相互依存。

(5)新企业的建立及分裂。新兴行业中新建企业数目增加很快,会同时出现两种趋势,新兴行业中生产规模走向集中化和企业分裂化,两种趋势并存现象非常明显。一方面,新兴行业集中化趋势有所强化,伴随着新兴行业领域的激烈竞争,企业要想在重大开发项目中获得成功,就必须有充足的资金,进而要求生产要素的进一步集中。例如,分众传媒与聚众传媒合并,变成了楼宇广告行业事实上的巨无霸企业。另一方面,在新兴行业中也会同时出现分散化趋势。例如,美国电话电报公司是美国电信业最大的公司,在全国拥有22个地方营业公司,且拥有西方电气公司以及著名的贝尔实验室。1984年该公司改组并分成8个独立公司,即新的美国电话电报公司(仍拥有西方电气公司和贝尔实验室)和7个区域性电话公司,并放弃了对全国22个地方营业公司的所有权。新兴行业,尤其在高技术行业中,常出现某些个人离开原有企业、建立他们自己的企业的现象。

(二)新兴行业企业的竞争战略

1. 行业的选择

在新兴行业,企业制定竞争战略首先要考虑行业选择问题。在当前这个科技发展迅猛的时代,新兴产业是非常多的,企业究竟应当进入哪一个新兴行业? 首先要根据企业的内部资源条件及外部环境初步确定企业有可能进入的几个新兴行业;其次,对每一个新兴行业的技术、产品、市场及竞争状态作出预测分析;再次,根据企业自身条件,评价每一个方案的优劣;最后,确定本企业应当进入的新兴行业。作决定时不能只是从新兴行业初始的技术、产品、市场及竞争结构是否有吸引力出发,而主要应根据充分发展后的行业结构是否能为企业提供较好的发展机会和较高水平的收益出发。由于一个行业当前发展很迅速、盈利率高、规模正在逐渐扩大,因而决定要进入这一行业,这是常见的、非常合理的现象,但是进入行业的决策最终必须以行业结构分析为基础,否则就容易误入歧途而导致失败。

2. 确定目标市场

选择目标市场需要考虑以下因素:

① 用户的需求。用户要购买新产品,通常是由于新产品优于其原来使用的产品,能从中得到效益。这里的效益主要表现在两个方面:一是性能上的效益,即新产品性能优于原来使用的产品;二是费用上的效益,即使用新产品的费用支出低于使用原来的产品。新产品的最早购买者通常是那些从性能上能得益的用户,因此首先应开发那些对新产品性能感兴趣的用户,然后再扩大到那些在费用上能得益的用户。

② 用户的技术状态。用户能否从早期的新产品得益,取决于用户应用新产品的技术状态。某些用户仅仅使用新产品的基本功能就可获益不小,而另一些用户却需要更复杂的结构和更完善的功能才能获益。因此,企业要确定针对哪些用户的技术状态去开发新产品。

③ 转变费用和辅助设施。用户使用新产品会增加一些开支,如重新训练雇员的成本、购买新的辅助设备的成本、变卖旧设备的损失、使用新产品所需的研究开发成本等等。企业在开发新产品时应当尽量考虑到上述因素,转变费用越小、需增添的辅助设施越少,则新产品就越容易被推广。当然,不同用户使用新产品时所面临的转变费用和需要添置的辅助设备不尽相同。

④ 对因技术和产品过时而造成损失的态度。有些用户本身就是高科技企业,企业的技术进步非常迅速,因而它所使用的技术和设备也将随着科技的进步而不断更新。这种企业认为,只有不断更新技术和设备才能增强企业竞争力,占领有利的竞争地位。而另一种用户却可能认为新产品的过时或技术的变革对自己是一种威胁和损失。因此前一种用户会较早购买新产品,后一种用户持慎重态度会较晚购买新产品。企业在进行技术创新时应当考虑上述因素,找准自己的目标市场。

⑤ 使用新产品导致失败的代价和风险。如果用户把新产品应用到他们的整个技术系统中,而该技术系统因使用该产品不能取得预期效果,甚至导致很大损失,那么用户一般不会在早期购买新产品。另外,购买决策人的价值观不同,其对风险的承受力也各不相同。

3. 新兴行业的进入时机选择

选择合适的进入时机对在新兴行业内进行竞争是一种至关重要的战略选择。早期进入(先驱者)可能面临较大的风险,但在另一方面可能遭遇的进入障碍较低并能获得一大笔收益。较晚进入新兴行业,虽然风险较小,但竞争激烈,企业不会得到很大的收益。

新兴行业的竞争战略：网上直销先锋戴尔公司

个人计算机产业最根深蒂固的惯例之一，就是通过一支日益壮大的转销商大军进行产品销售，从百货商店的柜面销售到针对企业和政府机构用户的增值转销商，都是用的这一模式。过去多年中，许多个人计算机制造商都试图越过零售商进行直接销售，以抗拒这种潮流，但大多抱憾而退。迈克尔·戴尔逆潮流而动，精彩地演绎了业界的经典故事。戴尔公司奉行的是一种最朴素最实际的哲学：组装和销售计算机。迈克尔·戴尔深信，最佳的电脑销售模式便是为客户提供"量体裁衣"的服务，因为只有这样，才能让用户使用到切合其需求的产品。通过"直销"这项独特的策略，戴尔公司的业务获得了迅速的增长。

迈克尔·戴尔的灵感来源于：虽然计算机的工作性能仍相对复杂，但是其内核已没有什么神秘感可言，只需一个电话或一封电子邮件，就可以用最好的工业标准和技术对用户所需的产品进行定制，通过显著减少库存成本来大大节省费用。这就意味着，戴尔公司不但可以以最快的速度应用最新的零件技术，同时也能将部分节省下来的费用回报给用户。

正如迈克尔·戴尔所说："人们往往只把目光停留在戴尔公司的直销模式上，并把这看做戴尔公司与众不同的地方。但是，直销只不过是最后阶段的一种手段。我们真正努力的方向是追求'零库存运行模式'。"由于戴尔公司按单定制，它的库存一年可周转 15 次。相比之下，其他依靠分销商和转销商进行销售的竞争对手，其周转次数还不到戴尔公司的一半。而对于零组件成本每年下降 15％以上的产业，这种快速的周转意味着总利润可以多出 1.8％到 3.3％。

戴尔公司的长处在于：它的做法保持了面向机构用户提供优质专业服务的优势，同时它的产品又具有极好的开放性，从而在根本上避免了原来那些大型计算机供应商的垄断倾向和获取超额利润的可能。能够得到优质服务又不为供应商所左右，这正是现代社会对于供应商的普遍要求。

三、成熟行业企业的竞争战略

（一）成熟行业的基本特性

成熟行业的以下基本特性将对该行业中的企业产生深刻影响：

（1）低速增长导致竞争加剧。由于行业不能保持过去的增长速度，市场需求有限，企业在保持自身原有的市场份额的同时，会将注意力转向争夺其他企业的市场份额。

（2）注重成本和服务上的竞争。由于行业增长缓慢，技术更加成熟，购买者对企业产品的选择越来越取决于企业所提供的产品价格与服务组合。此外，在成本竞争的压力下，企业要增加投资,购买更加先进的设备。

（3）裁减过剩的生产能力。行业低速增长,企业的生产能力缓慢增加,因此可能产生过剩的生产能力,企业需要在行业成熟期中裁减一定的设备和人力。

（4）研究开发、生产、营销发生变化。在成熟行业中,企业面对所出现的更为激烈的市场竞争、更为成熟的技术、更为复杂的购买者,必然要在供、产、销等方面进行调整,将原来适应高速增长的经营方式转变为与缓慢增长现状相协调的经营方式。

（5）行业竞争趋向于国际化。技术成熟、产品标准化以及寻求低成本战略等需求使企业竞相投资于具有经营资源优势的国家和地区,从事全球性的生产经营活动。同时,在成熟行业中,企业所面临的国内需求增长缓慢而且趋于饱和。在竞争压力下,企业会转向经济发展不平衡、行业演变尚未进入成熟期的国家。在这种情况下,竞争的国际化便不可避免。

（6）企业间的兼并和收购增多。在成熟的行业中,一些企业利用自身的优势,进行兼并与收购,由此产生行业集团。同时,这种行业也会迫使一些企业退出该经营领域。伴随着行业发展的不断成熟,即使最强有力的竞争企业也常常因战略与环境不相适应而遭到淘汰。

（二）成熟行业中企业的竞争战略

（1）三种通用竞争战略的选择。在选择竞争战略时,对各种不同产品的生产规模进行成本分析是十分必要的,见图5-9。由图可知,如果是小批量生产（$0 < Q < Q_0$）,则采用差异化或目标聚集战略是有利的；若是大批量生产（$Q > Q_0$）,则采用成本领先战略较好。从图中圆圈部分可以看出成本曲线的差异,目标聚集战略和差异化战略是建立在小额或特小额的特定用户订货的基础上,对某一类型顾客或某一地区性市场采取密集型的经营,使企业能控制一定的产品势力范围,这样,企业的竞争地位就比较稳定。而在产量较小时采用成本领先战略显然是不合算的。

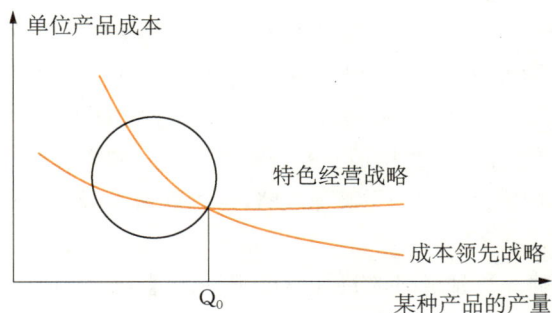

图5-9 不同竞争战略的成本曲线

（2）产品结构的调整。行业进入到成熟期后,产品的特色正在逐渐减少,价格也会逐渐下降,为此就需要进行产品结构分析,淘汰部分亏损和不赚钱的产品,将企业的注意力集中于那些利润较高的、用户急需的项目和产品,努力使产品结构合理化。实际上,在行业成熟期前企业就应当把注意力放到产品结构调整上,及时开发产品的新系列和新用途,只有这样才能使企业避免在行业成熟期后期陷入被动。

（3）工艺和制造方法的改进和创新。随着行业的逐步成熟，新产品开发越加困难，因而企业应为进一步降低成本而在工艺和制造方法改革上下功夫，在产品销售渠道等方面进行改进，以期能获得较多的利润。

（4）用户的选择。在行业进入成熟期后，企业扩大销售额比较容易的方法就是使现有用户扩大使用量。这比寻求新用户更有效，因为发掘新的用户往往会引起激烈的竞争，而对现有用户增加销售量可以用提高产品等级、扩展产品系列、提供高质量的服务等方法来实现。企业应当保住一些重点老用户，努力满足其需要，争取扩大销售额。

（5）开发国际市场。当国内市场趋于饱和后，有条件的企业可采用开拓国际市场的策略。在国内该行业已进入成熟期，而在其他国家该行业则可能刚刚进入幼稚期或成长期，竞争者较少，而且那里潜在的竞争者较少，因而可以获得比较优势，极大地降低进入成本，从而获得较大利润。

（6）退出或实行多角化经营。当企业感到继续留在成熟的行业中仅有微利或无利可图时，可以考虑退出该行业，采取如转让、被购并等退出战略。当企业经营遇到困难时，也可考虑采用多角化战略，即在努力避开行业内的激烈竞争又不脱离本行业经营的同时，在其他领域进行经营。

（7）廉价购买竞争厂商。当行业处于成熟期时，会出现一批经营不好或处境艰难的企业，此时如果本企业竞争地位较强，可以考虑购买、兼并这些企业，努力设法使本企业达到规模经济，创造低成本的地位，进一步增强本企业的竞争力。

四、衰退行业中企业的竞争战略

衰退行业一般是指市场需求急速减少、市场萎缩的行业，其表现是销售下降的趋势增强以及利润不断下降。在衰退行业，行业的总体市场需求低于经济增长，市场开始萎缩，而且对企业产品的需求也开始减少，利润开始下滑。

在衰退行业里，企业可以选择的战略有：

（1）领导地位战略。领导地位战略的目标在于利用衰退中行业的结构，在这些结构中留存某家或某些厂商拥有获得高于平均水平的获利能力的潜力，而针对竞争对手要确立领导地位也是可行的。企业的目的是成为留存在行业内的唯一一家企业或几家企业之一。一旦获得这种地位，企业将根据随后的行业销售模式转向保持地位或控制性收获战略。这种战略的根本前提是比起采用其他战略，这种获取领导地位的方式能使企业处于更优越的位置。

（2）合适地位战略。这种战略的目标是要识别衰退中的行业内的某个市场面，这种市场面不仅足以保持稳定的需求或延缓衰败，而且具有能获得高收益的结构特点。然后，企业为在这种市场面内建立地位而进行投资。也许可以认为，为了降低竞争对手的退出障碍或减少与这种市场面有关的不确定性，采取罗列在领导地位战略栏下的某些行动是合乎需要的。而最终，企业有可能转向收获战略，也有可能转向放弃战略。

（3）收获战略。在收获战略中，企业会试图使营业单位中的现金流通尽可能完善。厂商是通过消除或严格地削减新投资、减少设施的维修，并利用营业单位所有的一些残留实力来提高价格或从以往持续销售的信誉中获得收益的。并不是所有的营业都是容易有收获的。收获战略的前提是企业具备可赖以生存的真正实力，同时衰退中行业的环境尚未退化到足以引起剧烈冲突的地步。没有一定的实力，企业的提价、质量降低、中止广告活动或其他战术将使销售额急剧下降。

（4）迅速放弃战略。这种战略基于这样一个前提，即企业在衰退的初期就把其营业单位卖掉，还能够最大限度地获得净投资额的回收，而不是先实行收获战略，到后期才出售营业单位。尽早地出售营业单位通常能最大限度地提高企业通过出售营业单位所实现的价值，因为营业单位出售得越早，则需求是否将会随之而下降这一不确定性也就越大，于是像其他国外的资产市场一样得不到满足的可能性也会越大。在某些情况下，在衰退之前或在成熟阶段中就放弃营业可能是合乎需要的。一旦衰退明朗化，行业内外的资产买主将具有更强的讨价还价能力。不过，尽早地出售营业单位也会使企业承担这样一种风险，即企业对未来的预测有可能被证明是不正确的。

第四节　动态竞争战略

一般竞争战略是基于静态竞争的，然而在经济全球化的背景下，在以信息技术为代表的新一轮科技革命浪潮下，企业的战略环境发生了巨大变化。在新的竞争环境中唯一不变的就是变化，战略也正变得越来越动态。一个特定战略或策略的力量往往不是取决于它最初所采取的措施，而是取决于它对竞争者的行为和反应的预测的准确程度以及随时间推移而变化的消费者的需求状况，以及它对竞争性环境下法规、技术等其他资源变化情况预见的有效性。如何理解新的动态竞争环境，并通过竞争战略获得较佳的产业位势将是本节讨论的核心问题。

一、动态竞争的概念及其特征

（一）动态竞争的概念与特征

什么是动态竞争？目前没有统一的、规范化的定义。根据海特的定义，动态竞争（dynamic competition）是指：在特定行业内，某个（或某些）企业采取了一系列竞争行动，引起竞争对手的一系列反应，这些反应又会反过来影响到原先行动的企业，这是一种竞争互动的过程。[①]

动态竞争具有以下五方面的特征：

（1）动态竞争的高强度性。每个竞争企业都在不间断地建立自己的竞争优势，并努力削弱对手的竞争优势。

（2）动态竞争的高速度性。竞争对手战略互动速度在加快，即竞争的频率在加快。

① Hitt, M. A., R. Duane Ireland & Robert E. Hoskisson, *Strategic Management：Competitiveness and Globalization*. South-West College Publishing, 1999.

（3）动态竞争优势的暂时性。这种竞争优势暂时性表现在两个方面：一是任何先动企业的优势都是暂时的，随时都有可能被竞争对手的反击行动所击倒。所以有时被动挨打的企业还没被打倒，首先发起进攻的企业却先倒了。二是任何企业的竞争优势都是暂时的，都不可能长期保持。

（4）动态竞争的有效性取决于企业的竞争能力，即动态竞争战略的有效性不仅取决于时间在先，还取决于企业预测竞争对手反应的能力、企业改变行业市场结构的能力及改变竞争规则的能力。

（5）动态竞争的行业特性。各行业在产品、技术、市场结构及竞争结构方面是有差异的，因而各行业在动态竞争激烈程度上也有差异，如家电行业就与信息行业不同。由于各行业内企业的规模、实力、创新能力方面存在差异，因而在动态竞争激烈程度上也存在差异。行业中小企业多、企业实力相当、创新能力强，则该行业动态竞争水平就较高，反之，则较低。例如，高新技术产业内动态竞争就比较激烈。

（二）动态竞争与静态竞争的差异

（1）静态竞争不考虑或很少考虑竞争对手的反应，但动态竞争战略要依赖于预测竞争对手反应的能力。

在动态竞争条件下要考虑以下问题：

① 企业应选择谁为竞争对手？（如果只有一颗子弹，你打谁？）

② 竞争对手会不会作出反应以及会作出什么样的反应？

③ 企业应采取先动的策略还是采取跟进策略？先动有什么优劣势？跟进（等着人家进攻再反击）有什么优劣势？

④ 竞争对手的反应会给企业造成什么影响？

⑤ 竞争行为对行业市场及竞争结构会造成什么影响？

（2）静态竞争的出发点是扬长避短，以自己的竞争优势打击对手的弱点，这种战略只有在竞争对手没有学习能力和竞争互动只有一次的情况下才是有效的。而在动态竞争条件下，就无效了。

在动态竞争条件下会发生：

① 先动企业的优势有可能越来越不起作用，而竞争对手的抵抗力有可能越来越强，它会逐渐克服自己的弱点，原先的竞争态势正在发生变化。

② 当竞争对手在现有竞争战场上没有优势时，竞争对手会想办法改变竞争规则或在其他领域重新创造新优势，使自己变得强大起来。

③ 先动企业会由于过分依赖原有优势或固守原有优势，而没有及时建立新优势。例如，长虹彩电降价，在第一回合中为长虹赢得了优势，而后长虹公司的竞争对手在产品质量及营销上创造了新的优势，因此在第二回合中，长虹彩电再降价，长虹反而竞争失败了。

（3）在静态竞争中，企业制定战略的目的是要保持长期的竞争优势，在动态竞争条件下，企业制定战略的目的是要创造新的竞争优势。

任何竞争优势都是暂时的，一旦竞争优势变得没有意义，还很可能会成为企业的负担。动态竞争的要求就是要主动放弃原有的优势、创造新的竞争优势，或使竞争对手的竞争优势变得过时。所以,动态竞争战略目的就是要获得高于平均水平的投资收益,同时要在互动的竞争中不断地建立新的竞争优势。为实现上述目的,企业就必须具有远见卓识、且要有迅速行动及改变竞争规则的能力。

（4）在静态竞争中,已经有了许多对环境、行业、竞争对手的静态分析方法,如 SWOT 分析、波士顿矩阵、波特"五力模型"等,这些分析方法都是基于优势可以被长期保持下去的假设。动态竞争条件要从竞争互动出发,不只是考虑一个竞争回合,而是要考虑多个竞争回合。因此,应当将博弈论法、战争游戏法、情景描述法等方法运用于竞争战略中。

（5）在静态竞争中,管理者把主要精力放在对客观环境、市场结构和行业竞争结构的分析上。而在动态竞争中,管理者相信客观环境、市场结构和行业竞争结构是可以通过企业的战略行为加以改变的。行业中的主要企业可以通过自己的战略行为改变行业竞争的关键制胜因素,提高或降低行业动态竞争的水平,缩短或者延长产品寿命周期。因此,在动态竞争中,管理者把主要精力放在企业本身的战略行动上。

动态竞争与静态竞争的区别见表 5-3。

表 5-3   动态竞争与静态竞争的区别

静态竞争条件下	动态竞争条件下
1. 不考虑或很少考虑竞争对手的反应	1. 要预测竞争对手的反应
2. 扬长避短,以自己的优势打击对手弱点	2. 先动企业优势有可能越来越弱,对手抵抗力有可能越来越强
3. 制定战略的目的是要保持长期竞争优势	3. 制定战略的目的是要创造新的竞争优势
4. 管理者的主要精力是放在对企业外部环境的分析上	4. 管理者的主要精力是放在企业本身的战略行动上
5. 分析环境的方法有 SWOT 分析、波士顿矩阵、波特"五力模型"等	5. 分析环境的方法有博弈论法、战争游戏法、情景描述法等

二、动态竞争战略

对动态竞争战略的研究兴起于 20 世纪 80 年代,其基本思路是:战略是动态的,企业的竞争行为会引起其他竞争者的回应行为,动态竞争战略就是要研究企业之间竞争行为的规律。动态竞争战略研究者主张从企业竞争行动的视角来探讨竞争战略。正如战略管理学家明兹博格所说,战略是由一系列已经事先规划的行动构成的。这些行动包括并购、进入新市场、进入新行业、合作联盟、降低价格、提高价格、推出新产品等。这种视角与此前研究企业战略的思路有很大的不同。海特（Michael A. Hitt）、爱兰德（R. Duane Ireland）和霍斯凯森（Robert E. Hoskisson）提出的企业间动态竞争模型被公认为最经典的动态竞争战略模型,是动态竞争战略的有效分析工具。企业间动态竞争战略模型见图 5-10。

（一）识别竞争行为发起者的动机及竞争能力

在绝大多数行业中,一个企业采取竞争行动会对其他企业造成一定的影响。

例如,1998 年初,法国雷诺汽车公司宣布从今以后直到 2002 年,公司每年增加 50 万

反馈

| 竞争行为的发起者 | | 企业进行反击的可能性 | 企业进行反击的能力 | 企业间竞争的结果 |

竞争行为的发起者

识别动机及竞争能力

竞争者(跟进者与后进者)分析
· 市场的共同性
· 资源的相似性

企业进行反击的可能性
· 反击企业行动的类型
· 企业的声誉
· 企业对市场的依赖程度
· 反击企业获得资源的难易程度

企业进行反击的能力
· 产业中企业的相对规模
· 企业行动及反击速度
· 企业产品的创新
· 企业产品的质量

企业间竞争的结果
1. 竞争市场的类型:
　· 长周期性市场
　· 标准周期性市场
　· 短周期性市场
2. 竞争的结果:
　· 持续的竞争优势
　· 暂时的竞争优势
3. 企业下一步的竞争行为:
　· 以企业家创业为目标的行为
　· 以企业成长为目标的行为
　· 以市场导向为目标的行为

反馈

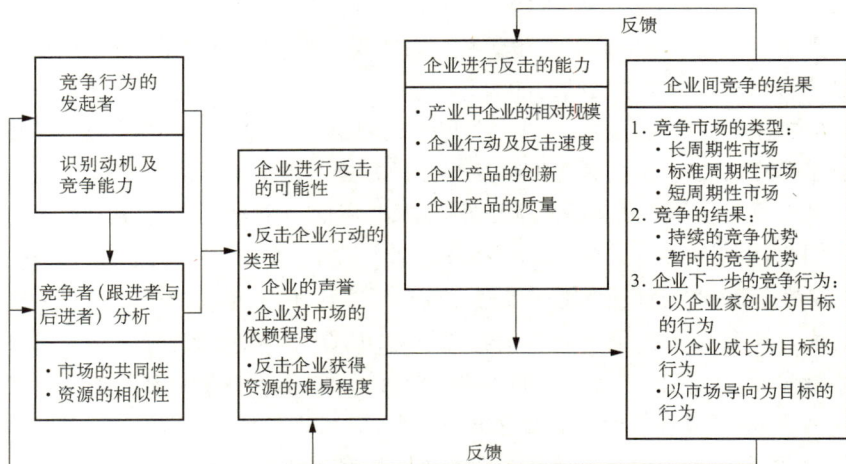

图 5 - 10　企业间动态竞争模型

辆汽车产量,以降低汽车成本。这一决策是为了回应丰田汽车公司的挑战,丰田汽车公司此前宣布要在法国新建一个汽车制造厂。因此,要首先识别作为先行企业的竞争动机是什么。

先行者即是指最先采取行动的企业。先行者可以获得一定竞争优势,它可以在对手尚未采取反击行动之前为企业赢得超额回报,可以拥有建立顾客忠诚度的机会,从而占有一定的市场份额,使后来者难以赢得顾客。先行者核心能力越强,则后来者模仿成本越高,先行者获得好处越多。

先行者也有一定劣势:一是它所面临的风险很大,二是它要付出很高的开发成本。

(二) 竞争者(跟进者与后进者)分析

(1) 分析竞争者首先要了解竞争市场的特点,了解本企业与竞争对手之间市场的共同性和资源的相似性,其次要了解企业采取进攻措施或反击措施的动力(能力)如何。

(2) 所谓市场的共同性,即几家企业同时在几种产品或几个地域展开竞争。如中国彩电业,几个厂家的市场是共同的,发生竞争互动的可能性较大,通常都保持着竞争上的平衡。只有当一家企业采取竞争行动时,这种平衡才会被打破,接下来竞争的反应也会很迅速。

(3) 所谓资源的相似性,是指当竞争对手拥有与本企业相似的战略资源时,本企业不会随便去惹怒竞争对手,企业间在资源方面的差异越大(包括能力、核心能力),企业对竞争对手的竞争行为作出反应的时间越短。

(4) 对先行者竞争行动作出反应的企业,通常会采用模仿或某种反击的做法。若跟进者能迅速地对先行者竞争行动作出反应,它就能赢得一定的优势——既能建立顾客忠诚度,又不必承担先行者风险。要成为一名成功的跟进者,就要正确地评估顾客对先行者的反应,分析市场,找出关键性的问题。

(5) 后进者是指在先行者和跟进者作出行动之后相当长的时间内才作出反应的企业,后进者通常已难以取得竞争优势,常常处于劣势。

（三）企业进行反击的可能性

为回应先行者,反击企业行动的可能性取决于以下四个方面:

（1）反击企业行动的类型。反击行动分为两种类型,即战略性反击行动和战术性反击行动。战略性反击行动:如推出一个新产品,或并购一家企业等,为此企业要投入大量资源,这种战略性反击行动实施困难,企业往往难以反击。战术性反击行动:如产品降价,投入资源少,这种战术性反击行动易于实施,企业在短时间内容易进行反击。由此可看出,反击企业对战略行动作出反应较为困难,对战术性行动作出反应较为容易。

（2）企业的声誉。市场领先者声誉很高,这种企业采取比较简单的竞争行动后,通常会招致大量迅速的反应及模仿,跟进企业及后进企业会愿意模仿先行者成功的做法(如商品的送货到家、免费安装、终身保修、降价等)。但若先行者采用比较复杂的并且难以被模仿的行动,那么跟进及后进企业就不太可能模仿,其他企业也不大可能会作出什么反应(如海尔推出小小神童洗衣机后,不会立即有其他企业跟进)。

（3）市场依赖性。如果企业对某一市场依赖程度很高,那么一旦有人采取什么行动,反击企业就有可能及时作出反应(如我国各空调企业竞相降价)。反之,反击企业就不一定会及时作出反应。

（4）反击企业资源的可获得性。反击企业资源易获得,就可能对竞争行动及时作出反应;反击企业资源难获得,就很难对先行者作出反应。

（四）企业进行反击的能力

企业要对竞争对手的行动作出反应,会受到企业本身资源和能力方面的影响,主要表现在以下四个方面:

（1）产业中企业的相对规模。大企业的市场势力很强,有很大的竞争优势,如波音(占世界商用飞机65%的市场份额)对空中客车(占世界商用飞机33%的市场份额)有很强的市场势力。但大企业有大企业病,其反应速度和创新精神不足。而小企业虽然规模小,但机动灵活,反应速度快,创新精神很强。

（2）企业行动及反击速度。时间是竞争优势的重要来源,战略决策的快慢取决于管理人员的认知能力、直觉、对风险的态度及行为偏好。集权式组织机构由于其决策环节少,故而能较快地作出决策。

（3）企业产品的创新。创新要取得成功,取决于对创新的投入,同时要把创新战略与其他战略结合起来,同时还要有高素质、高技术的员工。

（4）企业产品的质量。没有高质量的产品和服务,就没有战略竞争力,目前,实行 TQM,采用标杆管理(benchmarking)并强调组织学习,都对产品质量的提高起着重要的作用。

上述规模、速度、创新、质量四个因素相互作用,会影响企业的竞争能力及其竞争结果。

（五）企业间竞争的结果

（1）竞争市场的类型

企业能否获得持续性竞争优势,取决于企业的产品是否容易被模仿,为此就要研究不同的市场类型。根据产品可模仿性的不同,可以把市场分为三种类型:长周期性市场、标准周期性市场和短周期性市场。

① 在长周期性市场中,产品在市场中具有垄断性,如 IBM 的计算机主机市场、微软的操作系统市场。在长周期性市场中,竞争行动的持续性很长,如图 5-11 所示。

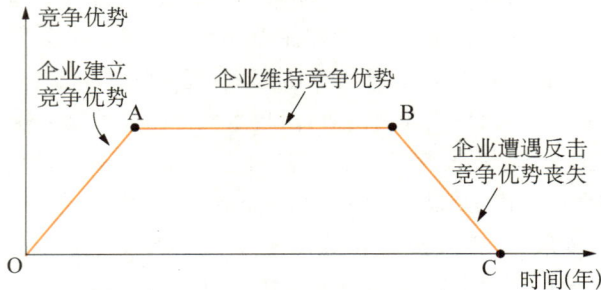

图 5-11   长周期性市场中的竞争行动

从图 5-11 中可以看出,建立竞争优势需要一段时间(即 OA 段),建立竞争优势后,企业会采取各种措施,包括不断修正其战略来努力维持其竞争优势(即 AB 段),最后企业遭到了竞争对手的进攻,企业竞争优势被削弱(即 BC 段)。

显然,企业维持竞争优势的持续时间是至关重要的。在长周期性市场中,企业产品在市场中具有垄断性,因此企业维持竞争优势的持续时间是比较长的,即 AB 段较长。如中石化集团及中石油集团,在中国都能维持很长时间的竞争优势。

② 在标准周期性市场中,企业竞争优势维持的时间与波特五种竞争力量的分析有很大关系,因为这些企业的产品往往是大批量的,并面向大众市场。这些企业通过持续性投资和学习,可以保持世界级产品(如可口可乐)的地位。与长周期性市场不同的是,由于进入壁垒较低,会有大量潜在进入者进入这一领域,企业面临激烈的竞争。大多数服务业和制造业企业处于这种市场中,如图 5-12 所示。从图 5-12 中可以看出,AB,A_1B_1,A_2B_2 等企业维持竞争优势的时间较图 5-11 中的 AB 段短。在这种标准周期性市场中,企业是靠不断创造竞争优势来取得竞争胜利的。

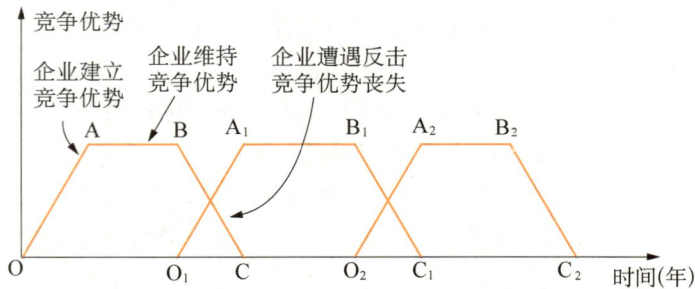

图 5-12   标准周期性市场中的竞争行动

③ 在短周期性市场中,先行者的行动不见得能产生持续性的竞争优势,不断创新和较短的产品生命周期是这种市场的特点(如在计算机芯片市场,以内存 1 兆的芯片为例,1998 年是 378 美元,三年后市场价格降到 35 美元)。在短周期性市场中,企业的持续性

竞争优势在于主动地在一个产品的市场优势未遭到攻击之前,就不断地创造出新的优势,不断频繁地用新产品来代替旧产品。这样做甚至会把竞争带入到另外一个层次上,如速度竞争、技术诀窍竞争及创新竞争等等。企业进入另一个层次的竞争一般通过三种办法:改变现状,发现并满足了顾客新的需求,或改变了竞争规则;建立暂时的竞争优势,如降价有可能会取得较好的竞争优势,但是这种竞争优势是短命的;永葆企业创新活力,不断创造出新的竞争优势。

从图 5-13 中可以看出,AB、A_1B_1、A_2B_2、A_3B_3、A_4B_4 等企业维持竞争优势的时间更短了,企业必须频繁地、极快地、不断地创造竞争优势,才能取得竞争胜利。

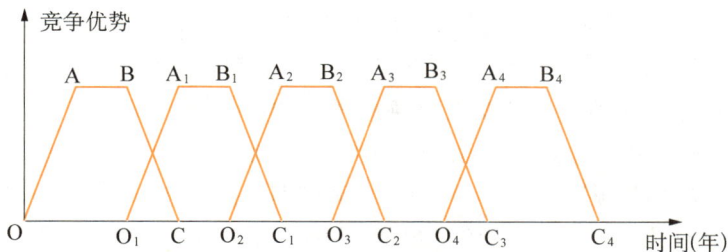

图 5-13   短周期性市场中的竞争行动

(2)动态竞争结果

① 在长周期性市场,企业在市场中形成了垄断势力,行业中市场竞争不激烈,因此垄断型企业建立了持续的竞争优势。

② 在标准周期性及短周期性市场中,市场是高度动态的,先行企业的优势是很难保持长久的,企业必须不断地频繁地创新,才能维持持久的竞争优势,否则将失去竞争优势。英特尔和 AMD 公司在电脑 CPU 芯片上的竞跑堪称这类市场中竞争的典型范例。

案例 5-6

谁在与英特尔"共舞"?

如同一位最优秀的舞者,在中国市场的舞台上,英特尔习惯了时刻被追逐。可是,有一段时间,英特尔却吃惊地发现,被追逐的不再只有自己,AMD 同样闪亮,英特尔一人独舞的时代已经过去了!

2000 年前,作为世界第二大芯片公司,AMD 一直生存在英特尔的阴影下。在中国,英特尔处于绝对的统治地位,国内 PC 厂商绝大多数都是英特尔的拥趸。AMD 的产品似乎只能在组装机市场施展身手。

2002 年 10 月,郭可尊接手了 AMD 中国业务,她带领着 AMD 一步一步走出了英特尔的阴影。她沿用过去的老东家摩托罗拉在中国的业务模式——发展基于市场和研发的合作伙伴团队。为此,郭可尊还专门在 AMD 建立了名为"合作伙伴发展部"的全新部门。

另一方面,AMD通过发展与政府和教育界的合作,以促进中国业务的发展,成效显著。AMD投资1亿美元在苏州成立CPU测试封装厂,在南宁建立"AMD广西64位软件开发中心","AMD大中华区总部"走进中关村。同时,AMD还向中国政府转让了低功耗x86微处理器核心技术。通过这些极具针对性的市场布局,AMD中国业务看到了曙光。

当英特尔认定"只有高端、大型企业用户才需要64位运算,而32位架构就足以应对中小企业和个人电脑用户"的时候,AMD推出的64位傲龙Operon芯片出乎意料地受到了市场的追捧,而英特尔因为错误的策略失去了在64位技术上的领导地位。

在竞争日益激烈、利润日益微薄的PC行业,为了生存,PC厂商纷纷设法降低成本,但英特尔不肯轻易降价,所以,AMD的低价对它们自然具有巨大的诱惑力。于是,包括紫光、神州数码、夏新、厦华、京东方等在内的英特尔阵营的铁杆PC厂商开始纷纷倒向AMD,64位芯片迅速推广到了服务器、笔记本等领域。

2004年3月,AMD与方正电脑结成战略同盟。同年6月,联想集团推出基于AMD处理器的家用电脑,8月又推出基于AMD低端处理器的低价电脑。与联想的合作,被喻为"AMD的里程碑"。以往坚不可摧的英特尔阵营,也由此被冲破了冰山一角。

不久,尝到甜头的AMD又发动了连续进攻。2005年,AMD再次率先推出针对服务器和工作站的双核皓龙处理器,随后又推出了针对台式机的速龙双核处理器,将x86计算技术推向了新的高度。

被认为"无论在效能还是效率消耗上都优于英特尔"的AMD,甚至不惜以价格的优势来蚕食英特尔的市场。当戴尔必须在满足客户需求、保证自身获利与继续维持和英特尔的关系、放任客户流失之间作出选择时,戴尔选择了前者! 2006年5月19日,戴尔公司宣布与AMD结盟,表示要在其高端的新款服务器中采用AMD皓龙芯片。至此,戴尔与英特尔之间持续了20多年的排他性合作关系走到了终点。

面对日益不利的市场形势,英特尔意识到自己的疏忽和轻敌是造成不利局面的重要原因。为此,英特尔用"AMD杀手"杨旭撤换赖一龙担任中国区负责人,同时准备重新祭出性能竞争和价格竞争两大法宝进行复仇。

这是一场没有终点的赛跑。AMD手里握的是"市场需要更多选择"的法宝,而英特尔掌控的是长期以来形成的市场优势。当英特尔开始全力去应对AMD时,这种赛跑的结果会怎样呢?

(3) 企业下一步的竞争行为

① 在行业导入期是以企业家创业为目标的行为:企业进入新兴行业,这时可供企业选择的战略种类很多,行业内不同企业有不同的竞争战略,各企业间战略的不同会避免企业直接冲突,企业相互间竞争并不激烈,因而企业有可能在细分市场上取得领先地位。这时,企业是以企业家创业为目标的,企业的任务就是在新兴的不确定性竞争市场中努力占有领先的市场地位。

② 在行业成长期是以企业成长为目标的行为:顾客需求增大,创造了一个极具潜力

的增长型市场,可供企业选择的战略种类会减少。许多企业开始采用相似的战略,企业之间的竞争变得更加直接和激烈。这时,企业是以企业成长为目标的,企业的任务就是企业产品的标准化,以及扩大企业规模。

③ 在行业成熟期是以市场导向为目标的行为:行业中只剩下少数竞争者,每个竞争者都有较大的市场占有率,竞争焦点就在于市场的份额,产品创新及企业家对市场机会的把握显得不是很重要。企业更关心的是产品成本、质量及工艺创新。有的企业会开辟国际市场,试图延长行业生命周期。这时,企业是以占领更大市场份额为目标的,企业的任务就是降低产品成本,提高产品质量及工艺创新。

本章小结

在既定的行业中,企业必须通过采用恰当的竞争战略才能够在行业中获得较佳的竞争位势,达到高于行业平均的利润水平。为此,波特教授提出了成本领先战略、差异化战略和目标聚集战略三种一般竞争战略。这三种战略各有利弊,分别适宜于不同的行业和企业,所有复杂而精妙的竞争战略都是以这三种战略为基础的。

蓝海战略和利基战略是较为成熟、对中国企业非常有启发的两种特殊竞争战略。其中,蓝海战略通过价值创造来实现竞争的超越,为弱者如何战胜强者提供了新的思路;利基战略则通过聚焦于细小的利基市场弥补企业自身资源和能力上的劣势,所以更适合中小企业。

行业生命周期不同,企业竞争的特点也各不相同,从而对企业竞争战略的选择提出了不同的要求。一般竞争战略主要针对处于成长期的行业。

随着经济全球化和信息化革命的不断深入,企业的竞争环境变得更加动态,企业需要建立动态竞争的思维,在制定动态竞争战略时需更多地考虑行业其他参与者的反应。

思考题

1. 请简要介绍三种一般竞争战略的内涵及其优劣势。
2. 本章所涉及的各种竞争战略的适用条件是怎样的?
3. 请以中国家电行业近年来的发展为例,说明行业发展的不同生命周期的特点,以及在各个阶段行业成功企业所采取的不同竞争战略。
4. 阐述动态竞争与静态竞争的差异,并以实例来加以说明。

案例应用

麦德龙在中国的竞争战略

德国麦德龙集团在世界零售商中的地位仅次于美国的沃尔玛,排位第二,是全世界综合实力百强企业之一。目前麦德龙在 19 个国家和地区建立了 3607 家分店,年销售额超过 500 亿美元。

　　1995 年麦德龙同上海锦江公司、上海长征实业总公司合作建立了上海锦江麦德龙购物中心有限公司,以大型仓储式、会员制、连锁经营的百货销售中心为主挺进中国市场。麦德龙在国内外若干知名大型超市的激烈竞争中,保持了良好的销售业绩,显示出强大的竞争力,1998 年实现 20 亿元人民币的销售收入,在全国连锁企业中排名第四。

　　麦德龙能在中国取得良好的销售业绩主要是因为它采取了正确的竞争战略,也就是低成本集聚战略,主要体现在目标市场的选择和低成本的运作方法上。

　　麦德龙集团有多种经营模式,如百货商场、大型超市、小型连锁店、仓储式会员制超市等。经过对中国市场长达 6 年的市场调研,麦德龙决定率先引入仓储式会员制超市。这种超市的主要顾客是小型零售商,它们对采购的要求是数量少、品种多,以有限的资金形成较丰富的商品结构。在中国,当时还较缺乏能满足这样要求的批发机构。据统计,在上海地区的商业系统中,从业人员在 100 人以下的企业占 97%,资金在 100 万元以下的企业占 92.5%,市场潜力很大,具备实行低成本集聚战略的市场条件。

　　麦德龙为"有限顾客"提供高品质服务的主要做法有:

　　(1) 麦德龙直接为企事业单位、中小零售商、宾馆等法人团体服务,顾客一律凭"会员证"入场购物,并可携带一名助手入内。

　　(2) 商场的设计、商品的包装和经营管理都服从于为法人团体服务的理念,并在商品信息和经营咨询上给予会员单位无偿的服务。如:每两周向会员单位寄送邮报,提供商品特性、质量、规格和价格,便于客户作采购决策。

　　(3) 公司和各商场均设立客户咨询服务部门,通过对所搜集信息的分析,针对各客户的经营情况提供业务咨询服务,并给出有效的方案,帮助客户提高业绩。

　　(4) 在周边竞争对手增加的情况下,麦德龙又推出了重点顾客服务制度,对采购量大的顾客进行特别的跟踪服务,始终保持密切与客户的联系。

　　(5) 另外,公司严格执行会员制,不允许社会个人入会,也不允许非会员进商场购物,以维护会员利益,维持正常的经营秩序。

　　实践证明,目标集中的理念使企业能以更多的精力来为目标顾客进行量体裁衣式的服务,提高了效率。相反,那些贪大求多的商业企业只顾一时的热闹,忽视建立自己的目标领域,最终很快走向衰败。而麦德龙这一"有限顾客论"虽然开始时难以为广大消费者所理解和接受,但却被国内需要和商业的发展趋势所肯定。

　　公司以"低成本、低售价、低毛利、高销售、高标准"为指导思想,争取以市场最低价格销售商品,同时确保产品质量标准,从而充分照顾客户的利益。商场拟订了一个合理的较低的利润指标,这个利润指标相对稳定,不会轻易加价减价,也不会随市场的动荡大起大落,在保证自己较低利润的同时确保顾客企业的利润。这种"有钱大家赚"的双赢理念赢得了合作与信任,获得了一大批稳定、忠诚的顾客群。公司能长期保持低成本、低售价的原因主要来自以下几个方面:

1. 实行 C&C 制以降低成本

　　C&C(Cash & Carry)中的 cash,即现金结算。顾客用现金购物,工厂用现金供货。公司与工厂的结算时间在 1 周至 30 天，守信誉，不拖欠，保证资金回笼，与供货方保持良好的关系；carry 即自运自送，商品由工厂送货上门，客户自己来车购货，超市免费提供 600 个车位。麦德龙是国际上最成功的也是最大的 C&C 制企业，积累了 30 多年的专有技术经验。

这种方式在降低成本方面的作用体现在：(1)降低资金占用。(2)降低采购价格。现金支付和借助麦德龙巨大的销售网络出售商品对于供应商是一种极大的便利，一则货出款到，有利于厂家回笼资金投入再生产；二则可依托麦德龙通向广阔的市场，有利于均衡生产；三则可节约本单位拓展市场的人力物力成本。因此，供应商愿以较低的出厂价提供商品。(3)降低商场的运输成本，公司不设配送中心，厂家直接送货到商场，商场不需要到厂家提货和向买方送货，减少了运输支出和服务成本。同时，沿高速公路开设商场，利用便利的交通条件减少厂家的运输成本和买方的采购成本，体现良好的合作理念。

2. 全球化带来了三大优势

(1) 强大的议价能力。麦德龙集团强大的国际背景为其提供了世界范围内的议价能力。由于采取大批量的销售方式，使得商品周转迅速，因此供应商愿意以较低价格提供商品，实现了一般企业难以实现的低成本采购。

(2) 学习曲线效应。麦德龙总部以其长期积累的经验，把整个企业范围内的管理、技术、营销技能结合起来，通过各种形式，为分部培养了大批人才，使一个个新的单位快速形成竞争力，能力体系不断扩大。

(3) 经营连锁化。公司实施统一采购、统一销售、统一核算、统一开发的经营方案，各个商场分散经营，严格实行各级、各岗位的目标责任制和专业化分工，最大限度地实现资金、场地、时间、人员等各种资源的效益，降低了整体运作成本。

3. 利用先进技术推动管理进步

现代零售业涉及诸多科技含量很高的技术，包含战略管理技术、市场营销技术、信息技术、物流技术、布局艺术等多项内容。麦德龙在全球首创的以前台收银系统和后台订货系统为主干的管理信息系统，囊括了商品进、销、存的全过程，实现了商流、物流、信息流的高度统一。

这套管理信息系统是连锁经营的核心技术，是实现低成本优势的一个重要来源。其关键作用体现在控制存货、提供需求信息两个方面。

先进的技术还包括完善的硬件设施。麦德龙在硬件设施上投入巨资，如租用通信卫星在全球建立信息网络，配备计算机在区域范围内建立企业内部管理信息系统，采用先进的条形码机、冷藏设备、运输设施、包装器械等以实现作业自动化，为实施先进的管理提供了硬件基础。

【案例讨论】

1. 麦德龙低成本集聚战略的实质是什么？如何才能做到？
2. 结合麦德龙的案例，你认为我国零售企业应采取什么样的竞争战略？

第六章
公司多角化与归核化战略

学习目标 ···

● 认识业务组合对公司战略的重要意义
● 学会运用波士顿矩阵和 GE 矩阵分析企业的业务组合
● 理解多角化战略的概念、优缺点及其动因
● 了解归核化战略的本质及其实现途径

通用电气的归核化战略

美国大企业在二战以后大多开始施行多元化战略,规模越大的企业往往涉猎的业务越广泛,在20世纪70年代这种多元化经营现状达到了高峰。但是,到了80年代,一些企业开始认识到盲目多元化的危害,开始主动收缩战线,实施归核化战略。归核化是指多元化企业将其业务集中到其资源和能力具有竞争优势的领域,强调企业业务与企业核心能力的相关性。在这个归核化的运动中,美国通用电气公司(GE)当时的CEO杰克·韦尔奇无疑是时代的弄潮儿。

杰克·韦尔奇,1935年11月19日出生于美国马萨诸塞州,1960年毕业于伊利诺伊大学获博士学位,后加入GE公司塑胶事业部。1981年,年仅45岁的他成为GE历史上最年轻的董事长兼CEO。

当时,GE这家已经有117年历史的公司机构臃肿,等级森严,对市场反应迟钝,在全球竞争中正在走下坡路。从入主通用电气起,韦尔奇就对其进行了大刀阔斧的改革。在企业内部管理方面,他彻底打倒官僚主义,大力削减管理层级和臃肿机构,提升执行力,把奄奄一息的GE打造成一个充满朝气,富有生机的企业巨头。

在企业经营的战略方向上,韦尔奇则通过"数一数二原则"大力实施归核化战略。所谓的"数一数二原则"是指GE公司的任何产品在本行业市场上应占据第一、第二位置。现有产品中如果经过整顿、组合、并购等方式仍无法达到第一、第二位置的,就必须关闭或出售,公司从此行业中撤出。"数一数二"既是企业归核化的原则,同时也是企业要达到的目标。

在这样的原则下,GE公司将1980年的64个事业部,合并为后来的38个事业部,又于1987年进一步合并为13个事业部。对不符合目标要求的企业公司采取了将其出售,从该行业中撤出的措施。1981—1992年间,GE公司出售了大量的企业,回收资金总额达110亿美元。对有望达到目标的企业,公司则采取收购外部企业的方式,使其快速地达到目标或扩展至全球市场。1981—1992年间,GE公司大量收购企业,交易金额逾百亿美元。

同时,企业广泛采用合资合作方式,使自身迅速达到目标或扩展至全球市场。GE公司的许多产品和行业在全球范围内都是先行者,例如:灯泡、发电厂、蒸汽机、小家电、喷气发动机、CT、核磁共振仪、核能、航天塑料等。在80年代以前,GE公司主要采取内部方式来发展,排斥对外部发明成果的应用。但韦尔奇认为,没有一家公司能够垄断创意的市场,所以他要求GE公司采取较多的合资合作方式,来巩固其市场地位。

GE公司的归核化改革取得了惊人的成果。1981年的GE旗下仅有照明、发动机和电力3个事业部在市场上保持领先地位。而如今已有12个事业部在其各自的市场上数一数二,如果单独排名,GE有9个事业部能入选《财富》500强。GE的市值由韦尔奇上任时的130亿美元上升到了4800亿美元,也从全美上市公司盈利能力排名第十位发展到全球第一。2001年9月退休时,韦尔奇被誉为"最受尊敬的CEO"、"全球第一CEO"、"美国当代最成功最伟大的企业家"。

在后来20世纪90年代遍布全球的归核化浪潮中,韦尔奇创造的"数一数二"战略被作为一般规律得到了广泛应用。

第一节　公司业务组合分析

对于公司来说,确定经营范围是公司战略的重要内容。进入哪些行业？经营哪些业务？是否需要退出一些业务,或者增加一些业务？这些问题都是制定公司战略时需要重点考虑的问题。要解答上述问题需要进行公司的业务组合分析(portfolio analysis)。本节将介绍两个最经典的业务组合分析工具:波士顿矩阵和 GE 矩阵(或称麦肯锡矩阵)。

一、业务组合

业务组合(business portfolio)即战略业务单元(strategic business units，SBU)的组合。所谓最佳业务组合(optimal business portfolio),是指最能适用公司的优势去开拓最有吸引力的产业或市场的业务组合。所谓战略业务单元,既可以指一家完全独立的中型企业,也可以是一家大公司或集团内的一个业务部门,只要这个业务单元能够独立规划自己的经营战略、有自己单独的经营目标,它就可以被视为一个 SBU。

进行业务组合分析主要有三方面的目的:一是分析现有的业务组合,决定哪些业务单元需要增加投资、哪些需要减资;二是公司采取成长战略时,决定在业务组合中加入哪些新的业务单元;三是决定业务组合中哪些业务单元没有保留的必要必须被裁除。

二、波士顿矩阵

(一) 波士顿矩阵(BCG Matrix)的基本原理

波士顿矩阵法是波士顿咨询公司(Boston Consulting Group，BCG)于 20 世纪 70 年代初提出的一种规划企业产品组合的方法,其基本理念可以见图 6-1 所示。

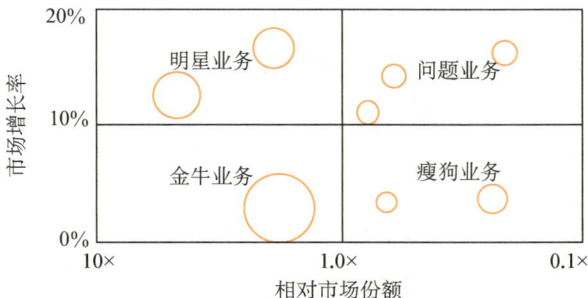

图 6-1　波士顿矩阵示意图

在图 6-1 中,纵坐标为市场增长率,表示该业务的销售量或销售额的年增长率,用 0%—20%表示,并认为市场增长率超过 10%就是高速增长。横坐标为相对市场份额,表示该业务相对于最大竞争对手的市场份额,用于衡量企业在相关市场上的实力,用 0.1(该企业销售量是最大竞争对手销售量的 10%)至 10(该企业销售量是最大竞争对手销售量的 10 倍)表示,并以相对市场份额 1.0 为分界线。要注意的是,这些数字范围在运用中应根据实际情况的不同进行修改。

图中的八个圆圈代表公司的八个业务单位,它们的位置表示了这个业务的市场增长率和相对市场份额的高低,面积的大小表示各业务的销售额大小。波士顿矩阵法将一个公司的业务分成四种类型:问题业务、明星业务、金牛业务和瘦狗业务。

问题业务是指市场增长率高、市场份额相对低的业务。这往往是一个公司的新业务,为发展问题业务,公司必须建立工厂,增加设备和人员,以便跟上迅速发展的市场,并超过竞争对手,这些意味着大量的资金投入。"问题"非常贴切地描述了公司对待这类业务的态度,因为这时公司必须慎重回答"是否继续投资发展该业务"这个问题。只有那些符合企业发展长远目标、企业具有资源优势、能够增强企业核心竞争能力的业务才能得到肯定的回答。图中所示的公司有三项问题业务,通常不可能全部投资发展,只能选择其中的一项或两项,集中投资发展。

明星业务是指市场增长率高、市场份额相对高的业务,这是由问题业务继续投资发展起来的,可以视为高速成长市场中的领导者,它将成为公司未来的金牛业务。但这并不意味着明星业务一定可以给企业带来滚滚财源,因为市场还在高速成长,企业必须继续投资,使之与市场保持同步增长,并击退竞争对手。企业没有明星业务,就失去了希望,但群星闪烁也可能会耀花了企业高层管理者的眼睛,导致作出错误的决策。因此,决策者必须具备识别行星和恒星的能力,将企业有限的资源投入到能够发展成为金牛业务的"恒星"上。

金牛业务是指市场增长率低、市场份额相对高的业务,这是成熟市场中的领导者,它是企业现金的来源。由于市场已经成熟,企业不必大量投资来扩展市场规模,同时作为市场中的领导者,该业务享有规模经济和高边际利润的优势,因而给企业带来大量财源。企业往往用金牛业务来支付账款并支持其他三种需大量现金投资的业务。图中所示的公司只有一个金牛业务,说明它的财务状况是很脆弱的。因为如果市场环境一旦变化导致这项业务的市场份额下降,公司就不得不从其他业务单元中抽回现金来维持金牛的领导地位,否则这个强壮的金牛可能就会变弱,甚至成为瘦狗。

瘦狗业务是指市场增长率低、市场份额相对低的业务。一般情况下,这类业务常常是微利甚至是亏损的。瘦狗业务存在的原因更多是由于感情上的因素,虽然一直微利经营,但就像人对养了多年的狗一样恋恋不舍。其实,瘦狗业务通常要占用很多资源,如资金、管理部门的时间等,多数时候是得不偿失的。图中的公司有两项瘦狗业务,可以说,这是沉重的负担。

(二) 波士顿矩阵的局限性

波士顿矩阵提高了管理人员的分析和战略决策能力,帮助他们以前瞻性的眼光看问题,更深刻地理解公司各项业务活动之间的联系;加强了业务单元和企业管理人员之间的沟通,使之能及时调整公司的业务投资组合,收获或放弃萎缩业务,加强在更有发展前景的业务中的投资。

尽管使用波士顿矩阵有很多好处,但是它也存在很大的局限性,主要包括:

(1) 由于评分等级过于宽泛,可能会造成两项或多项不同的业务位于一个象限中。

(2) 由于评分等级带有折中性,使很多业务位于矩阵的中间区域,难以确定使用何种战略。

（3）仅仅假设公司的业务发展依靠的是内部融资,而没有考虑外部融资。举债等筹措资金的方式并不在波士顿矩阵的考虑之中。

（4）波士顿矩阵还假设这些业务是独立的,但是许多公司的某些业务是紧密联系在一起的。比如,假设金牛业务和瘦狗业务是互补的业务组合,那么如果放弃瘦狗业务,金牛业务也会受到影响。

（5）这种方法难以同时顾及两项或多项业务的平衡。因此在使用这种方法时要尽量获取更多资料,审慎分析,避免因方法的缺陷造成决策的失误。

（6）波士顿矩阵强调市场占有率,其背后的假设前提是企业使用了"成本领先战略"。当企业在各项业务上都准备采用(或正在实施)成本领先战略时,可以考虑采用波士顿矩阵,但是如果企业准备在某些业务上采用差别化战略,那么就不能采用波士顿矩阵了。

三、GE 矩阵

（一）GE 矩阵(GE Matrix)的基本原理

针对波士顿矩阵存在的很多问题,美国通用电气公司(GE)于 20 世纪 70 年代开发了新的投资组合分析方法——GE 矩阵(又称麦肯锡矩阵,或行业吸引力矩阵)。如图 6-2 所示,相比波士顿矩阵,GE 矩阵也提供了行业吸引力和业务实力之间的类似比较,但不像波士顿矩阵那样用市场增长率来衡量吸引力,用相对市场份额来衡量实力,这只是单一指标;GE 矩阵使用了数量更多的因素来衡量这两个变量,纵轴用多个指标反映行业吸引力,横轴用多个指标反映企业竞争地位,同时还增加了中间等级。由于 GE 矩阵使用多个因素,因此可以通过增减某些因素或改变它们的重点所在,使 GE 矩阵能够更容易地适应经理的具体意向或某行业的特殊要求。

GE 矩阵可以用来根据业务单元在市场上的实力和所在市场的吸引力对这些业务单元进行评估,也可以根据一个公司的业务单元组合,判断其强项和弱点。在需要对行业吸引力和业务实力作广义而灵活的定义时,可以以 GE 矩阵为基础进行战略规划,按市场吸引力和业务自身实力两个维度评估现有业务(或业务单元),每个维度分 4 级,共分成 16 格以表示两个维度上不同级别的组合。在图 6-2 中,圆圈表示战略业务单元,其大小表示市场的规模(通常还应表明其市场份额),箭头代表该战略业务单元的发展方向。

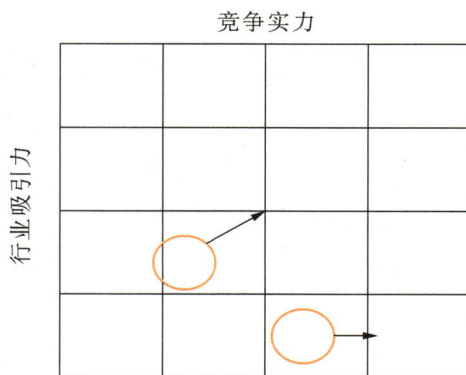

图 6-2   GE 矩阵示意图

（二）GE 矩阵的应用

GE 矩阵应用的关键是根据具体情况确定两个维度的评价指标,并根据公司业务或业务组合在矩阵中的位置确定各业务的不同发展战略。绘制 GE 矩阵,需要找出外部(行业吸引力)和内部(企业竞争力)因素,然后对各因素加权,得出衡量内部因素和外部因素的标准。

(1)定义各因素。选择评估业务(或产品)实力和市场吸引力所需的重要因素,在 GE 内部,分别称之为内部因素和外部因素。表6-1和表6-2列出的是一些经常被考虑的因素(可能需要根据各公司的具体情况作出一些增减)。确定这些因素的方法可以采取头脑风暴法或名义小组法等,关键是不能遗漏重要因素,也不能将微不足道的因素纳入分析中。

表6-1　与行业有关的因素(外部因素)的评估

	1=毫无吸引力	2=没有吸引力	3=吸引力一般	4=有吸引力	5=极有吸引力
市场增长率					
市场份额					
市场收益率					
竞争强度					
定价趋势					
进入障碍					
产品/服务差异化机会					
PETL 环境①					
行业投资风险					
产品/服务需求变动性					
市场分割					
市场分销渠道结构					
技术发展					

表6-2　企业竞争力(内部因素)的评估准则

	1=极度竞争劣势	2=竞争劣势	3=同竞争对手持平	4=竞争优势	5=极度竞争优势
业务单元自身实力和资产					
品牌/市场相对力量					
市场份额					
市场份额的成长性					
顾客忠诚度					
相对成本结构					
相对利润率					
分销渠道结构及产品生产能力					
技术研发与其他创新活动记录					

---

① 即政治、经济、技术、法律环境。——编者注

续 表

	1＝极度 竞争劣势	2＝ 竞争劣势	3＝同竞争 对手持平	4＝ 竞争优势	5＝极度 竞争优势
产品/服务质量					
融资能力					
管理能力					

（2）估测内部因素和外部因素的影响。从外部因素开始，纵览表 6－1（使用同一组经理），并根据每一因素的吸引力大小对其评分。若一因素对所有竞争对手的影响相似，则对其影响作总体评估，若一因素对不同竞争者有不同影响，可比较它对自己业务的影响和重要竞争对手的影响。在这里可以采取五级评分标准（1＝毫无吸引力，2＝没有吸引力，3＝吸引力一般，4＝有吸引力，5＝极有吸引力）。然后也使用五级评分标准对内部因素（见表 6－2）进行类似的评定（1＝极度竞争劣势，2＝竞争劣势，3＝同竞争对手持平，4＝竞争优势，5＝极度竞争优势），在这一部分，应该选择一个总体上最强的竞争对手作为对比的对象。

（3）对外部因素和内部因素的重要性进行估测，得出衡量实力和吸引力的简易标准。这里有定性和定量两种方法可以选择。

定性方法：审阅并讨论内外部因素，以在第二步中打的分数为基础，按强中弱三个等级来评定该战略业务单元的实力和行业吸引力如何。

定量方法：将内外部因素分列，分别对其进行加权，使所有因素的加权系数总和为 1，然后用其在第二步中的得分乘以其权重系数，再分别相加，就得到所评估的战略业务单元在实力和吸引力方面的得分（介于 1 和 5 之间，1 代表行业吸引力低或业务实力弱，而 5 代表行业吸引力高或业务实力强）。

（4）将该战略业务单元标在 GE 矩阵的网络图上。如图 6－2 所示，两坐标轴刻度可以是高中低或 1 至 5。根据经理的战略利益关注，对其他战略业务单元或竞争对手也可作同样分析。另外，在图上标出一组业务组合中位于不同市场或行业的战略业务单元时，可以用圆来表示各业务单元，图中圆的面积大小与相应单元的销售规模成正比。这样，GE 矩阵就可以提供更多的信息。

（5）对矩阵进行诠释。通过对战略业务单元在矩阵上的位置分析，公司就可以选择相应的战略举措。位于矩阵不同位置的战略业务单元应该采取不同的发展战略，如图 6－3 所示。归纳起来通俗地讲，就是“高位优先发展，中位谨慎发展，低位捞他一把”。

行业吸引力 \ 竞争力	高	中	低
高	尽量扩大投资，谋求主导地位	市场细分以追求主导地位	专门化，采取购并策略
中	选择细分市场大力投入	选择细分市场专门化	专门化，谋求小块市场份额
低	维持地位	减少投资	集中于竞争对手盈利业务，或放弃

图 6－3　GE 矩阵的战略选择图

第二节　多角化战略

企业的成长有两种方式,一种是做大做强原有的业务(大多数企业最初都只有单一业务),一种是在做好原有业务的基础上拓展新的业务,实现跨业务发展,这就形成了多角化经营。因此,多角化战略是企业最基本的成长战略之一。本节将介绍多角化战略的概念、类型、途径、利弊、动因等内容。

一、多角化战略的概念

多角化(diversification)又叫多样化、多元化,在中国也叫多种经营、跨行业经营。最早研究多角化主题的是企业战略管理之父——美国学者安索夫(I. H. Ansoff)。他于1957年在《哈佛商业评论》上发表的《多角化战略》一文中强调多角化是"用新的产品去开发新的市场"。由他首次提出的多角化经营概念主要针对企业经营的产品种类数量而言。但是这种以产品种类数量来定义企业多角化的看法是不准确的,因为高度相关的多种产品经营与高度不相关的、跨行业的多种产品经营,即使企业最终产品种类的数量相同,但表现出的多角化的程度是不一样的,显然后者的多角化程度更高,对企业经营的影响更大。

彭罗斯(E. T. Penrose,1959)在其出版的《企业成长理论》中定义的多角化是企业在基本保留原有产品生产线的情况下,扩展其生产活动,开展若干新产品(包括中间产品)的生产。并且这些新产品与原有产品在生产和营销中有很大的不同。他认为多角化包括最终产品的增加、垂直一体化的增加以及企业运作的基本领域数量的增加。他的定义弥补了安索夫多角化定义中的不足,更接近企业多角化经营的实质。但其不足之处在于,他将企业经营的一体化与多角化混为一谈,认为一体化是企业多角化的一种形式。

鲁梅尔特(R. P. Rumelt,1974)指出,多角化战略是通过结合有限的多角化实力、技能或目标,以与原来活动相关联的新的活动方式表现出来的战略。多角化的实质是拓展进入新的领域,强调培植新的竞争优势和壮大现有领域。

综上所述,多角化战略(strategy of diversification)是指一个企业同时在两个以上的行业从事经营活动,同时生产或提供两种以上基本经济用途不同的产品和服务的战略。

二、多角化战略的类型

企业多角化经营的形式多种多样,但主要可归纳为以下四种类型:

(1)同心多角化(concentric diversification)。这是指企业利用原有的生产技术条件,制造与原产品用途不同的新产品。如汽车制造厂生产汽车,同时也生产拖拉机、柴油机等。同心多角化经营的特点是,原产品与新产品的基本用途不同,但它们之间有较强的技术关联性。

(2)水平多角化(horizontal diversification),也称为横向多角化。这是指企业生产新产品销售给原市场的顾客,以满足他们新的需求。如某食品机器公司,原生产食品机器卖给食品加工厂,后生产收割机卖给农民,以后再生产农用化学品,仍然卖给农民。水平多角化经营的特点是,原产品与新产品的基本用途不同,但它们之间有密切的销售关联性。

（3）垂直多角化(vertical diversification),也称为纵向多角化。它又分为前向一体化(forward diversification)和后向一体化(backward diversification)。前向一体化多角经营,是指原料工业向加工工业发展,制造工业向流通领域发展,如钢铁厂设金属家具厂和钢窗厂等。后向一体化多角经营,是指加工工业向原料工业或零部件、元器件工业扩展,如钢铁厂投资于铁矿采掘业等。垂直多角化经营的特点是原产品与新产品的基本用途不同,但它们之间有密切的产品加工阶段关联性或生产与流通关联性。一般而言,后向一体化多角经营可保证原材料、零配件供应,风险较小;前向一体化多角经营往往会在新的市场遇到激烈竞争,但原料或商品货源有保障。

（4）整体多角化(integral diversification)。这是指企业向与原产品、技术、市场无关的经营范围扩展。如美国国际电话电报公司的主要业务是电信,后扩展到旅馆业经营领域。整体多角化经营需要充足的资金和其他资源,故一般为实力雄厚的大公司所采用。例如,以广州白云山制药厂为核心发展起来的白云山集团公司,在生产原药品的同时,还实行多种类型组合的多角化经营。该公司下设医药供销公司和化学原料分厂,实行前向、后向多角化经营;下设中药分厂,实行水平多角化经营;下设兽药厂,实行同心多角化经营;还设有汽车修配服务中心、建筑装修工程公司、文化体育发展公司、彩印厂、酒家等实行整体跨行业多角化经营。

除了上述分类之外,鲁梅尔特还将多角化经营战略分为专业型、垂直型、本业中心型、相关型、非相关型五种类型。

（1）专业型战略。企业专业化的比率很高(在95％以上)的,称为专业型多角化战略。这是把已有的产品或业务领域扩大化的战略,如由超级商场分化而来的自我服务廉价商店、小型零售店、百货店等。

（2）垂直型战略。某种产品的生产,往往只取从原材料生产到最终产品销售整个系统中的一个阶段,而每个阶段都有其完整的生产体系。垂直型战略就是或向上游发展,或向下游渗透。如一个轧钢厂生产各种钢材,它可能采取垂直型多角化战略,进一步向上游发展,投资发展炼钢、炼铁,甚至采矿业。

（3）本业中心型战略。企业专业化比率较高的多角化战略(在70％—95％之间),称为本业中心型战略,即企业开拓与原有业务密切有联系的新业务而仍以原有业务为中心的多角化战略。

（4）相关型战略。企业专业化比率低(低于70％),而相关比率较大的多角化战略。一般来讲,多角化战略的核心是经营资源。实行相关型多角化战略就是利用共同的经营资源,开拓与原有业务密切相关的新业务。

（5）非相关型战略。企业相关比率很低的多角化战略。也就是企业开拓的新业务与原有的产品、市场、经营资源毫无相关之处,所需要的技术、经营资源、经营方法、销售渠道必须重新取得。

三、企业多角化的途径

企业多角化途径存在两种选择,一是内部成长,即企业靠自己积累的资源或筹集的资金投资建厂成立新业务从而实现多角化经营;二是外部成长,即靠并购其他企业而实现多角化经营,其特征见表6-3。

表6-3　企业两种多角化途径的特征

成长方式	多角化途径	进入新产业的速度	组织及文化	对原有商誉的影响
内部成长方式	靠企业投资建厂	慢	建立企业内部的组织及文化	对原有商誉的扩展
外部成长方式	企业收购或兼并	快	吸收并改造被兼并企业的组织及文化	利用兼并企业的商誉提高原有企业的市场价值

案例6-1

美国企业多角化经营的历史进程

企业多角化经营的历史进程,以美国企业的发展历程最具代表性,美国企业采用多角化战略大致可分为四个阶段:

第一阶段是19世纪中叶至20世纪20年代。这一阶段大多数企业为单一产品企业,只有极少数企业实行多角化战略,如美国通用电气公司在发电照明系统的基础上延伸出电动机车、电烤箱及电冰箱等业务领域,其多角化特征为垂直结合。

第二阶段是20世纪20年代至40年代。企业多角化经营刚刚起步,1919年,在美国近百家大企业中,产品种类在5个以上的企业所占比重为23.6%,到1929年该数值上升为44%。但在第二次世界大战期间,美国企业多角化发展放慢了速度。

第三阶段是20世纪50年代至70年代。第二次世界大战后,美国企业多角化发展形成热潮,在60年代末到70年代达到最高峰。1949年美国大企业中实行多角化战略的企业占总数的29.8%,到1987年达到41.4%,这是因为二战后:①企业技术开发能力提高,大批军用技术转向了民用;②通信技术的进步及事业部体制的推广,大大提高了企业多角化经营的能力;③美国资本雄厚,世界市场机会很多,对多角化经营有巨大吸引力;④美国对反垄断法进行了修正,横向兼并几乎被禁止,导致出现了大量非同行业企业兼并的情况。

第四阶段是20世纪80年代以后。美国多角化战略开始退潮,出现了"归核化"。归核化的先锋美国通用电气公司(GE)提出了"数一数二"原则,把公司经营的60多个行业逐渐归并为13个核心行业,获得了极好的效益。1995年9月20日,美国电报电话公司宣布将"一分为三",当天该公司股票市值上升近百亿美元,使归核化达到高峰。1978年美国纽约证券交易所上市公司中采用多角化经营的企业占比高达63.8%,全部企业的平均经营方向达4.17个。而到1989年,这些企业中实施多角化战略的企业仅占36.1%,全部企业的平均经营方向也下降到了1.72个。

四、多角化战略的利弊分析

（一）多角化战略的优点

实施多角化战略所带来的战略利益有以下几点：

（1）协同效应。协同效应一般是指两个或多个活动、过程相互补充，获得的联合作用的效果大于两个或多个活动效果的简单叠加。相关多角化将协同作用根植于产品（如生产过程）或市场（如分销分部）之中。而对非相关多角化来讲，协同作用则表现在财务指标（如一个企业的正现金流被用来满足另一企业资金的需要）或管理能力（如一个公司将生产管理能力或财务管理能力转移到发展缓慢的业务领域中）上。

知识链接

协同作用的表现

（1）技术协同。企业在实行多角化经营时，可以充分利用贯穿于这些产品之间的核心技术、技术知识、诀窍等。这样可大大减少用于新产品研究开发的费用，并提高新产品开发的效率和成功的概率。

（2）生产协同。如果新老产品在生产技术、生产设备、原材料以及零部件的利用上具有共同性或类似性，那么在产品生产上就会获得协同性。

（3）市场营销的协同。当老产品的营销能够帮助建立新产品的销售渠道及稳定客户群时，往往新老产品市场营销方面会产生协同效应，从而会增加总的销售额。同时，由于面对共同市场，企业不需为新产品额外再增加更多的营销费用，从而使单位产品的营销费用降低。另外，品牌、商标、企业信誉的协同效应也是十分明显的。

（4）管理协同。如果企业老业务与新业务在管理的方法、经营技能及手段方面比较一致，就会取得管理协同效应。企业新老业务之间在管理上是否具有共享性是决定企业多角化战略能否取得成功的重要因素。如果新老业务在管理上差距很大，可能会引发两方面的问题：一方面管理人员要花许多精力去熟悉新业务，另一方面企业管理人员会将原有的一套管理经验和方法不自觉地应用于新业务上，往往容易造成管理上的失误。

（2）分散风险。企业多角化战略分散了投资风险。多角化战略一个重要的优点就在于减少企业利润的波动，因此，应当力争发展使企业风险最小、收益最大的产品组合。企业应选择在价格波动上不相关的产品组合，这将有利于分散风险。高度相关的产品组合不利于分散风险。例如，生产耐用消费品的企业兼营收益较稳定的食品加工业，以分散风险，增强适应外部环境的应变能力。那种高度相关的业务包括：所有产品的生命周期都处于同一阶段；所有产品都是风险产品或滞销产品；所有产品都存在对某一种资源的严重依赖等。

（3）增强市场竞争力。一般来讲，实施多角化战略的企业可以通过三种机制来增强市场竞争力。

第一,掠夺性的价格。实施多角化战略,使企业可凭借其在不同业务领域经营的优势,在某一业务领域实行低价竞争,甚至可以将价格定在竞争对手的成本以下,利用其他业务领域的利润对这一定价行动的损失进行交叉补贴,从而在这一时期挤垮竞争对手,迫使其退出此行业,为企业在此行业的长期发展创造一个良好的环境。

第二,互利销售。互利销售是指一个多角化经营的企业可以与其主要客户签订长期互相购买协议,本企业将产品卖给长期客户,长期客户也把它的产品卖给本企业下属子公司,以实现双方利益的最大化。企业实施多角化战略可以实现互利销售,从而扩大企业的市场份额。

第三,相互制约。两个实施多角化战略的企业有可能在多个市场上开展竞争,竞争接触面很大,这种在多个市场上的竞争会对每个企业都产生不利影响。如果一个企业在一个市场上采取进攻行为(如降价),很可能招致另一个企业在其他市场上采取报复行动。因此,通过相互制约,采取共存双赢的策略,双方都可以在一个相对比较缓和的竞争环境中生存。

(4)市场内部化效应。企业实施多角化战略,可以形成资本及人力资源的内部市场,从而形成对企业有利的发展。

企业在外部资本市场上筹集资金的成本较高,因此,实行多角化战略的企业可以在其内部建立资本市场,通过资金在不同业务领域之间的流动来满足各业务领域的资金需求,并根据不同投资项目的盈利前景,将资金进行合理分配。如有的公司建有内部银行,可为其下属子公司提供日常金融业务、调剂余缺等,大大降低了资本成本。

企业在外部人才市场招聘费用较高,而且不易招到合格的人才。而多角化公司的人才可在内部各业务部门之间流动,不仅可节省费用,还可更充分地掌握员工的信息。员工对公司文化也已有相当深入的了解。公司更容易作出其是否能胜任所聘职务的判断,从而作出正确决策。这样不仅节省费用,也提高了工作效率。

(5)有利于企业持续增长。当企业处在一个已经成熟,甚至正在衰退的业务领域时,继续在这样的行业中经营显然是不明智的。因此,为脱离现有业务,就必须要进入一个新的产业。实施多角化战略的企业,当一项业务衰退时还有许多新业务已经成长起来。一般情况下,如果多角化战略实施成功,可以保证企业较长时期的持续增长。

(二)多角化战略的缺点

(1)管理冲突。由于企业在不同的业务领域开展经营,因而企业的管理、协调工作被大大复杂化了。

(2)进入新的业务领域,面临新的风险。进入一个完全陌生的业务领域时,企业对其行业特性完全不了解,往往不具备在该业务领域经营的经验,缺乏必要的人才、技术资源,因此很难在开始就取得竞争优势。总的来看,实施多角化战略成功的少,失败的多,其中非相关多角化成功的少,相关多角化成功的多。

(3)分散企业资源。一个企业的资源,包括有形资源及无形资源是有限的,实施多角化战略必然要分散企业资源,从而对企业主业发展产生不利影响。如果企业主业并未获得真正的竞争优势就急于进入新的业务领域,不仅在新业务领域很难立即建立起竞争优势,其主业也会由于得不到充足资源的支持而陷入困境,导致经营失败。曾经红极一时的巨人集团就因为将大量资金用于写字楼开发,导致资金链断裂,使整个公司陷入困境。

（4）对企业管理者素质要求较高。实施多角化战略的企业对管理者素质要求较高,他们要比单一业务经营者有更敏锐的前瞻性战略眼光,更灵敏的市场嗅觉,要有很强的组织、计划、协调能力等。有些企业选择的新业务很有市场发展前景,业务选择很正确,企业的资源也足以支持新业务的发展,但由于企业管理者素质不够高,没有足够的能力应付比较复杂的经营局面,就会致使多角化经营失败。另外,也不宜过分强调和夸大多角化的协同效应,因为协同效应的实现要对企业资源进行协调,对生产组织及经营进行精心安排,这不仅对企业管理者素质提出了更高的要求,而且还会带来管理成本的提高。因此,企业多角化程度主要是由企业管理者的经营能力来决定,而不是由其他客观因素来决定的。

（5）对多角化战略分散风险的作用不能估计过高。当多角化的某项业务处于初创时期时,该项业务尚未形成利润流或利润流太小,此时该项业务没有对投资的风险起到分散的作用。因此,不要期望一项初创业务立即会产生分散风险的作用。当企业各业务密切相关时,企业多角化分散风险的作用就会降低或不明显。

案例 6－2

联想的多元化跃进[①]

2001 年 4 月,刚刚就任联想集团总裁的杨元庆宣布了联想从 2001 财年到 2004 财年的三年目标规划:联想计划在 2001 财年实现 280 亿元的营业额,以后计划年增长率达 50％;利润的年增长率将达到 40％。这样,到 2003 财年末,整个联想集团的营业额将达到 600 亿元。此外,在 5 至 10 年内,联想要跨入世界 500 强的行列。为此,联想设定的战略方向是"高科技的联想、服务的联想、国际化的联想",这标志着联想正式启动了一个"从单纯生产电脑的硬件厂商,向全方位、多元化的 IT 服务提供商转变"的计划。在这样的原则指导下,联想开始以成为 IT 领域内多元化发展、技术领先的国际大型企业为目标向前迈进。

2001 年 11 月初,联想集团宣布与英特尔联合推出了可以支持 3GHZCPU 的概念产品 Greenland,标志着联想在 PC 散热领域的技术实力已经迈入了国际先进行列。2002 年 3 月,联想推出了其在服务器核心技术领域的最新成果——万全慧眼(Sureye)服务器智能监控管理系统。据 IDC 数据显示,联想万全服务器首次进入全球服务器十强,这也是中国服务器厂商第一次进入世界先进行列。2002 年 8 月 27 日,由联想自主研发的每秒运算速度实测峰值达 1.027 万亿次的联想深腾 1800 计算机问世,同年 11 月,有关机构公布,联想深腾 1800 服务器排名全球第 43 位,成为首家有产品正式进入该排行榜前 100 位的中国企业。2003 年 7 月中旬,在信息产业部

---

① 根据《商学院》2007 年 6 月 20 日资料整理。

的支持下,联想与 TCL、康佳、海信、长城等国内企业在"关联应用"基础上联合发布了"闪联"标准组(IGRS),希望能够就此取得加入国际标准联盟的机会。

2002 年也是联想大举进军 IT 服务业的一年,这一年的 3 月,联想以 5500 万港元现金加上联想企业 IT 咨询业务,获得了汉普管理咨询公司 51% 的股份,同年 4 月 18 日,联想又宣布投资 2333 万元,牵手智软(中国)电脑系统开发有限公司,成立联想智软计算机科技有限公司,联想占该公司 70% 股权。

为摆脱"只会做 PC"的尴尬,2002 年联想和厦华集团共同成立了联想厦华移动通信科技有限公司,联想自此跨入无线通信设备制造业。

联想的多元化战略转型效果如何呢? 2004 年 2 月 18 日,联想在香港发布了 2003 财年的业绩,2003 财年,联想的营业额远未达到设定的 600 亿元目标,而且经营利润率持续下降。只有其主业 IT 产品(PC、笔记本、服务器)的盈利能力稳中有升。除 IT 硬件外的联想多元化业务全线亏损。

反思过去几年的多元化战略,对于自身能力和市场前景的误判与盲目乐观让联想一次又一次落入战略窘境。多元化的跃进之梦,使联想向不同竞争领域进发:消费 IT 群组要与 IBM、戴尔、惠普展开竞争;手持设备群组要与诺基亚、摩托罗拉、索爱、波导展开竞争;企业 IT 群组要与 EDS、BULL、IBM 展开竞争;IT 服务群组要与 IBM、HP、艾森哲、KPMG 展开竞争;就连企业 ERP 实施服务也要与 ORACLE、PEOPLESOFT 展开竞争。自身实力不强的联想一时间在若干领域同时与比自身竞争实力大得多的国际一流对手进行竞争,自身能力、管理水平和资源处处捉襟见肘,根本经不起市场风浪的考验,因此其失利是必然的。

五、采用多角化战略的动因

分析企业进行多角化经营的动因可以从外部环境和内部条件两个方面进行:

(一) 进行多角化经营的外部环境

(1) 社会需求的发展变化。社会生产力的发展促进了人们消费范围的扩大和消费欲望的增长,社会需求呈现多样性的发展趋势。任何产品都有其经济生命周期,企业原有产品将逐渐被市场淘汰,社会需求多样化发展会给予企业新的市场机会。这些外部原因迫使或诱使企业不断开发新产品、扩展经营范围,以多角化经营满足社会日益增长的需要。

(2) 新技术革命对经济发展的作用。新技术不断被发明并用于生产领域,使得新工艺、新材料、新能源和新产品层出不穷,同时也为企业多角化经营提供了物质技术基础。性能更优越的新产品逐渐替代原产品,新兴工业不断兴起,使许多企业在经营原产品的同时,逐渐向有高附加价值、前景较好的新兴产业发展。例如,在日本就出现了钢铁公司研究生物技术、食品企业兼搞机器人开发、纺织企业同时制造干扰素、钟表工业生产计算机的多角化经营现象。

(3) 竞争局势的不断演变。社会需求增长和新技术革命带来的影响,使企业外部环境发生了深刻变化。原生产企业扩大生产规模、新厂家加入竞争行列、企业经营手法不断变革，都使市场竞争日趋激烈。兵无常势、水无常形，守业必衰、创新有望。面对严峻的竞争局势，不少企业以变应变，扩展经营业务，以谋求在竞争中立于不败之地。

（二）进行多角化经营的内部条件

（1）企业在充分利用富余的经营资源时，会考虑采用多角化战略。企业的资金、人力、技术、设备加工能力、厂地、原材料、本厂的废料等有形资源及企业的信誉、形象、信息、商标等无形资源，都是促使企业考虑采用多角化战略的因素。企业的经营资源越富余，多角化经营的刺激因素就越强，企业就越具备采用多角化战略的内部条件。

（2）当企业的主导产品销售额增长缓慢，甚至出现负增长而企业又有余力时，企业会考虑采用多角化战略。当企业原有的主导产品已到达产品生命周期的成熟后期时，企业要想再延长产品的寿命，就必须在产品质量上下功夫，使产品呈现差别化，并加强广告宣传，以达到保持社会需求量及扩大销售额的目的。但有时这种产品差异化战略只能取得短期效益，要想取得较长期的效益及稳定的发展，就必须向新产品及新市场进军。这时企业应当考虑是否需要采用多角化战略，调整产品结构，向新兴的经营领域开拓。

（3）当企业达不到经营目标或者在原有的经营领域中收益性较差时，企业会考虑采用多角化战略。这时企业有一个很大的不满足状态存在，这是该企业下决心用多角化战略来改变企业面貌的必要条件。根据一般规律，一个企业如果不了解或没有认识到自己与经营目标存在着较大的差距，往往不愿意推行新的战略行动。即使打算采取新的战略行动，也总是尽可能从已有的、常用的、自己熟悉的行动模式中选择一种，以便更容易地解决问题。只有当企业领导人发现本企业状态与其经营目标存在很大差距，意识到非采取革新行动不可，而这一革新行动又不是其他常规方案所能代替的时候，企业才会考虑选择多角化战略。因此可以说，企业状态与经营目标值差距越大，诱发企业采用多角化战略的因素就越强。

（4）资源性企业为增加其收益性，也会考虑采用多角化经营战略。我国有相当一批大中型资源性企业（如煤炭、石油、有色金属等企业），其产品销售价格由国家限定，这些企业盈利较少，相当一部分主业处于亏损状态，有的资源性企业已面临资源枯竭，产量下降。因此，为使企业保持一定的收益性，提高其经济效益，决策者就会采用多角化战略。

第三节　归核化战略

20世纪90年代以来，美国企业的多角化经营热潮开始冷却，"回归主业"成为新的潮流。1978年美国纽约证券交易所上市公司中采用多角化经营的企业达63.8%，全部企业的平均经营方向达4.17个，而到1989年，这些企业中实施多角化战略的企业仅占36.1%。此后，欧洲很多国家、日本等发达国家也发生了类似的变化。战略学者将这种新的战略行动称为"归核化"，认为归核化战略与多角化战略相对，是对过度多角化的修正。下面，我们将具体讨论归核化战略的概念、类型、动因和实现途径。

一、归核化战略的概念、本质和分类

(一)归核化战略的概念

归核化战略(refocus strategy)是指一个企业围绕其核心竞争力而开展的适度相关多角化战略,它指导企业通过核心竞争力的协同关系获取竞争优势。

企业归核化的实质可以从两个方面来进行理解:

(1)从理论方面来讲,归核化战略就是根据自身的能力水平,围绕价值这个核心,处于过多业务经营状态的企业重新确定其内部规模和业务范围的一种经营战略。企业会将多角化经营中的弱势业务或伤害企业价值的部分予以剔除,使企业在适应不断演进的环境的同时,具备把握未来市场创新的能力,并将企业资源和能力用于尚处于发展中的主营业务和价值创造方面,借此提高企业效率,建立企业优势,实现价值最大化,降低企业经营风险。

(2)从实践方面来讲,所谓归核化就是企业对业务进行价值判断,采用企业重构的方式,通过资产剥离、分立以及集中、撤退等多种战略手段,以"回归主业"和业务重构的表现形式,降低企业多角化经营的程度,将企业战略的重点放到主营(核心)业务上来,重新恢复企业活力、提高企业价值的战略操作过程。

(二)归核化战略的本质

我国著名学者康荣平认为,归核化战略的要旨是:

(1)把公司的业务归拢到最具竞争优势的行业上;

(2)把经营重点放在核心行业价值链中自己优势最大的环节上;

(3)强调核心能力的培育、维护和发展。[①]

归纳以上对于归核化战略的理解,笔者认为,归核化从本质上体现了以下三点内涵:

第一,归核化不等同于专业化,归核化只是对企业过度多角化的一种修正和调整,并不是否定多角化,适度多角化才是归核化的本义。

第二,归核化的依据是企业在外部竞争环境下,根据自身能力特别是核心竞争力,进行能力与业务的匹配,产生最佳的投入产出比,以更好地实现企业的价值。归核化不仅依托于核心竞争力,同时也有助于对公司核心竞争力的强化。因为归核化使企业可以集中资源做好最大的强项——抓住最具优势的行业,把经营重点放在该行业价值链中优势最大的环节上,识别和培养核心能力。不难想象,如果当初诺基亚不能果断地出售其他业务,集中精力发展移动电话的研发能力,那么它是很难有机会称雄世界移动通信市场的。

第三,归核化也是一种企业成长战略,它使企业由粗放式增长转向集约式增长。企业成长可分为三个方向:①企业规模扩张带来的量的增长;②企业价值创造引起的质的改善;③企业速度演进推动的组织职能的高级化。归核化战略通过确定企业远景,并根据企业内资源和能力以及外部环境状况设立企业组织目标,以战略管理为手段来保证目标

[①] 康荣平:《新战略新在何处》,《人民日报》2001年2月16日第7版。

的实现,推动企业不断发展。如图 6-4 所示,归核化使企业在"量"上进行收缩的同时却使企业价值增大了。

企业发展规模的变化	企业价值降低	企业价值增大
企业扩张	过度的企业多角化经营	企业能力发挥积极作用
企业收缩	企业缺乏能力或主营业务衰退	企业归核化经营

图 6-4　企业发展的质-量分析矩阵

(三)归核化战略的分类

从不同的视角来看,归核化战略具有不同的分类方式,下面介绍三种对企业实践最具启发意义的分类方式:

1. 从企业竞争状况来分,可分为主动归核化和被动归核化

顾名思义,企业在经营状况还不错的情况下,前瞻性地制定并实施归核化战略的,称为主动归核化,通用电气公司是这一类企业的典型代表;企业在面临困境时,被动地制定并实施归核化战略的,则称为被动归核化,诺基亚公司是此类企业的典型代表。

2. 从企业规模来分,可分为紧缩型归核化和扩张型归核化

收缩企业价值链条,精简组织机构,对非核心业务进行剥离、出售,通过战略性外包进行资源外取的,我们称之为紧缩型归核化。例如,从 2002 年起,爱立信加紧进行早已开始的结构调整,把全球的 100 多个营销部门缩减到 30 多个,100 多个研发部门也缩减到 20 多个。同时,它对光纤、微电子等非核心业务进行了剥离、出售,也考虑了将企业的 IT 服务外包。这场"瘦身"运动的目标是降低成本,增强企业在核心领域的竞争力。中国很多国有企业在改革中剥离副业,也是一种紧缩型归核化。

案例 6-3

GE 剥离金融业务[①]

2015 年,美国通用电气公司(GE)对外宣布,未来将剥离大部分金融资产。金融业务曾是 GE 产生利润的现金牛(2014 年金融业务为 GE 贡献约 42% 的利润)。许多人不理解,GE 为什么大幅削减金融业务? GE 现任 CEO 杰夫·伊梅尔特没有详细回答这一问题,但他说过,GE 是一家优质的工业公司,围绕这个定位,GE 将变得"更为简单"。有人认为,去金融化是 GE 看清了全球工业领域服务化和智能化两大发展趋势后作出的明智选择。

① 改编自李全伟:《GE 去金融化的玄机》,《变频器世界》2015 年第 4 期。

（1）服务化：制造类企业向制造服务类企业转型已是大势所趋。GE 早已不是传统意义上的硬件制造和销售企业，其利润的主要来源是服务业。它创造的按使用量付费的设备租赁模式改变了全球制造业的产业生态，使 GE 掌握了卓越的竞争能力。GE 虽然可能逐渐剥离金融业务，但跟制造服务业相关的金融支持业务不仅不会被去掉，反而会有所加强。

（2）智能化：工业互联网将智能设备、人和数据连接起来，并以智能的方式利用这些数据。GE 是最早提出"工业互联网"的企业，早在 2013 年，GE 就预测，工业互联网将为全球 GDP 增加约 10 万亿—15 万亿美元，相当于再造一个美国。因此，GE 专注于工业互联网可以谋求更大的竞争优势，这可能是它为什么逐步抛弃金融业务的重要原因。

为了使企业的特有资源或能力在全球市场中有更大的发展空间，转化成现实盈利能力，企业扩张其核心价值链条，通过购并等手段来扩大自身实力的，我们称之为扩张型归核化。例如，华为、中兴公司在具备了很强的通信系统研发能力以后，在业务链条上从系统设备向终端设备和底层协议（通信设备最核心的技术）两端拓展，在市场领域方面则向全球扩张。近年来，这两家公司都取得了高速发展，且它们并没有进入自己不擅长的其他领域。由此，不难发现，虽然资源与业务相互适应的需要限制了公司可以开展的业务的范围，但却提高了多种经营战略真正创造价值的可能性。

3. 从企业的地域来分，可分为全球性归核化与区域性归核化

一般而言，跨国公司会根据自身实力与面对的具体环境，决定其实施战略的地理范围。在全球范围内普遍实施的，称之为全球性归核化战略；只在一部分区域实施，而在另外一些领域保持原有战略不变的，则称之为区域性归核化战略。

星巴克、沃尔玛、麦当劳、英国石油……这些公司来自不同的国家，不同的行业，但是它们有一个共同点：就是在全世界复制自己成功的商业模式，它们都在实施全球性的归核化战略。相比之下，一些公司在不同区域采取了不同的战略，并未在全球范围进行归核化。例如，爱立信虽然在全球很多地区实施了"瘦身"策略，但是由于中国市场的高速发展，其裁员计划几乎没有波及中国大陆。

二、归核化战略的动因

归核化战略流行的原因较为复杂，既包含了外部环境变化引起的动机，也有来自企业内部的原因。

（一）实施归核化战略的外部原因

1. 环境变化加剧和交易费用增加

20 世纪 90 年代以来，企业经营环境波动加剧，使多角化经营公司在资源配置方面效率降低，对市场变化反应迟缓，行动不灵活，难以应对环境的频繁变动，这时许多多角化经营的大公司都对自身进行了分拆，如美国 AT&T 公司分拆出了 NCB 公司和朗讯公司。

这种归核化在北美及西欧等国表现比较明显。

2. 全球化环境下,国际分工进一步深化和细化

经济全球化的发展从本质上讲是国际分工深化和细化的结果,企业的运行机制也相应发生了重大的变化。基于核心能力、着眼于"核心使命"实现的企业重构成为提升产业国际竞争力的一条重要途径。企业重构主要通过收购、兼并、分拆、外包、战略联盟等方式进行外部资源的有效整合,不再拘泥于传统的企业边界。因为随着信息技术的发展与外包业务的盛行,企业间业务的互联度越来越明显,传统的纵向一体化运营模式逐渐被横向一体化、虚拟一体化的运营模式所替代。企业更多地选择集中力量垄断具有竞争优势的关键环节,而一些辅助性的工作则完全被虚拟化,企业采取战略性外包的方式,将其交由合作者来完成。IBM 出售 PC 事业部,大量发达国家公司退出制造业或者将制造业外包,都体现了低技术产业或产业环节向中国等发展中国家转移的必然趋势,这归根到底是一种国际分工加剧的表现。

3. 垄断效率至上成为新的竞争规则

在新的国际分工形势下,许多行业正逐步呈现一种以巨型跨国公司为主导的全球垄断市场形态。例如,20 世纪 60 年代,全球共有 52 家大型汽车制造商,到 1997 年仅剩下19 家。在大型民航客机制造领域,全世界只剩下波音公司和欧洲空中客车公司。有专家预计,随着石油行业不断掀起并购浪潮,未来全球也将仅存 5 家—6 家巨型石油公司。在全球化背景下,企业要想在产业中拥有竞争优势,必须遵循新的游戏规则:许多公司在一个成熟行业中参与竞争,最终能够存活下来,起主导作用的只能是 3 家—5 家,这 3 家—5家企业占领和控制着本行业 60%—70% 的市场份额,即使是其中实力最弱的企业也要占据市场份额的 10% 以上。同时,这种 3 家—5 家公司控制市场的格局又因为受到潜在进入者等的影响而不断被新的企业所打破。目前看来,全球各产业的"霸主"已被为数不多的 3家—5 家超级跨国公司所垄断。为了成为霸主或者挑战霸主,归核化经营成为必然的选择。

(二)实施归核化战略的内部原因

1. 企业管理层更加重视股东的价值,即更加重视企业盈利而不是企业的增长

20 世纪 80 年代以后,世界市场竞争更加激烈,许多多角化经营的公司利润率过低,企业股东对管理层施加了更大压力,甚至有些职业经理人被解聘。因此,企业越来越看重一个公司管理团队提高股票价值的能力。一般来讲,公司多角化战略回报率较低,而归核化战略回报率较高。

2. 过度多角化使企业反思经营现状,对未来的绩效进行战略性思考

造成过度多角化的因素很多,但是都离不开对战术和短期经营绩效的过分注重,这导致高绩效难以持续。受这种"短视"的影响,很多公司都大举多角化。通用汽车在 20 世纪60 年代,西尔斯百货公司在 70 年代,IBM 公司在 80 年代,微软公司在 90 年代都曾出现过大致相同的情况:最初的产品或服务被证明是很受市场欢迎的,公司的增长势头强劲,股票价格一路飙升。成功的另一结果就是为公司向不同方向扩展业务提供了机会,公司出现了"我们将主宰世界"的主观愿望。但是,一段时间过后,原先各种各样的机会变成了各种各样的问题,目标没有实现,销售业绩平平,利润滑坡,媒体方面也开始出现负面报道,这些都是典型的不专注现象。彼得·德鲁克对此有过以下描述:"对整个企业及其基

本经济状况的分析显示,企业的亏损通常比任何人想象的都严重。人人称道的产品结果被证明只不过是明日黄花,或是管理人员自以为是的投资。谁也没有注意到的活动结果正是主要的开支项目,耗资之大已经危及公司的竞争力。行业里人人都认为重要的东西结果被证明对顾客没有多少价值。"其建议是,应当将"稀少的资源用在刀刃上"。[①]

　　根据以上分析可以看出,企业实施归核化战略的根本原因,在于企业经营出现了过度多角化的趋势。近年来,很多中国企业在经营过程中也逐步陷入了过度多角化的陷阱,引人深思。案例6-4中粮集团的实践表明,回归主业,避免过度多角化已经成为中国一些大型企业必须面对和解决的问题。

案例 6-4

宁高宁:中粮不搞过度多元化

　　中粮集团自1952年成立以来,已发展成为国内最大的粮食贸易、农产品及食品加工、生物质能源生产企业,并在房地产开发、金融服务等领域保持了较快的发展速度,在国内外业界有了一定的影响力。从2005年至今,中粮以战略转型为契机,重塑商业模式,不断提升核心竞争力。

　　2005年4月,中粮集团核心管理团队首次按照规范的战略分析方法,对公司战略、行业战略、地域战略等进行了研讨,理清了中粮在转型和发展方面的许多关键性问题,确立了"集团有限相关多元化、业务单元专业化"的发展战略。

　　中粮集团董事长宁高宁解释说,所谓有限,就是中粮今后不搞过度多元化,新进任何行业都要慎之又慎,集团的第一要务是发展好主营业务。所谓相关多元,就是中粮的业务虽然有分类和多元,但行业之间要具备相关、协同性,要有逻辑关系,能互相支持,形成合力。而专业化的业务单元,就是每一个业务单元要形成自身发展目标和行业竞争战略,找准行业标杆,明确自身定位,寻求符合自身发展的商业模式,在所在行业中取得行业领导地位。

　　通过资源分配,中粮集团把资源配置到有发展前景的业务单元,支持业务单元专业化的发展,并通过不断调整业务组合,逐步在米、面、油、酒、茶、肉等食品工业上、下游整条产业价值链上增强集团整体竞争力,提高了整体股东资金的回报率。

　　截至2015年底,中粮集团资产总额达719亿美元,336个分公司和机构覆盖140多个国家和地区,居中国食品工业百强之首,持续名列世界500强。

▎三、归核化战略的实现途径

　　多角化企业"归核化"的途径有两种:一是收缩,二是扩张。这里的收缩是指企业减少

---

① [美]阿尔·里斯:《聚焦:决定你公司的未来》,上海人民出版社2002年版,第4页。

业务范围(downscoping)。当然,企业减少业务范围也有可能缩小企业规模,起到紧缩(downsizing)的作用。这里的扩张并不是指企业通过并购来实现的外部扩张,而是指基于企业核心业务的内部扩张,如增加核心业务的投资,扩大生产规模等。

(一) 收缩

企业回归主业的收缩性途径主要包括直接出售(有的称剥离)、分离、股权切离(分拆上市)、战略性外包等。这些方法都可以剥离企业的非核心业务,使企业主营业务变得清晰,从而获得专业化或相关多角化经营的种种好处。

(1)直接出售(剥离)(divestiture)。剥离是最早产生的使企业收缩性重组的一种手段和方法。所谓剥离,是指企业将其所拥有的资产、产品线、子公司或部门出售给第二方,以获取现金或股票或现金与股票混合形式的回报的一种商业行为。直接出售分为资产出售和股份出售。剥离的主要作用是:降低企业无关多角化的程度,做到主业清晰,消除负协同效应,带来专业化经济,实现"4-2=3"的奇妙效果。

(2)分离(spin-offs)。企业分离可以被看作是一种特殊形式的剥离,但它与剥离之间又存在着很大区别。所谓分离,是指一个公司将它的某一个或某些子公司或部门独立出来成立新的公司,并将其资产和负债转移给新建立的公司,然后把新公司的股票按比例分配给母公司的股东,从而在法律上和组织上将子公司独立出去,形成一个与母公司拥有相同股东的新公司。原先的股东像在母公司里一样对新公司享有同样比例的权利,但是新公司作为一个新的法律实体可以拥有不同于母公司的经营理念和发展战略。在分离过程中,股权和控制权并不会发生转移。分离的作用除了可以使企业主业清晰外,它还可以消除负协同效应,释放"被压缩了的价值",改善激励机制,降低代理成本,消除内部冲突。

(3)股权切离(equity carve-outs)。股权切离又叫分拆上市,它是指母公司设立一个新公司,并把母公司资产的一部分转移到新公司去,母公司再将新公司的股权的一部分对外出售,从而获得现金收入的方式。认购这些股权的人可以是母公司的股东,也可以不是母公司的股东。股权切离相当于母公司全资所有的子公司部分普通股的首次公开发售。新设公司股权的公开首次发售就犹如母公司股权的二次发售。股权切离方式介于资产剥离和纯粹的分离之间,能使公司获得现金收入,也产生了新的法律实体。股权切离不仅可以使公司回归主业,而且还可以开辟新的融资渠道,获取资本溢价,推动股价上涨,有利于外部监督和降低激励成本。

(4)战略性外包(strategic outsourcing)。战略性外包也称归核性外包。与传统的企业外包相比,战略性外包旨在与接受外包方建立持久的战略合作关系,剥离非核心的业务或业务环节,使企业专注于核心业务,把资源和能力用于核心竞争力的培育和提升,并借助合作公司来协调和激发企业的核心业务,使企业能够更快更好地适应外部环境,获得更大收益。

> **知识链接** ●●●●
>
> ### 战略性外包 ABC
>
> **1. 何谓战略性外包**
>
> 战略性外包是指企业从战略的角度出发,将一些非核心的或者成本处于劣势的

业务转移到企业之外,使企业将有限的资源使用在那些有望取得长期成功,能够创造出独特价值,或者能使企业成为行业领先者的核心业务领域。战略性外包不仅是对企业业务流程和管理范围的重新调整,而且是对企业价值链中关键环节的重新组合。它是社会生产进一步细化,竞争加剧的产物。外包的实质是实现智力资源、服务资源、市场资源和信息资源的共享和优化配置,其核心是提高企业整体生产效率,以达到增加盈利的目的。

2. 战略性外包的优点

(1) 通过将非核心业务外包,企业把资源集中于自身的核心业务上,增强企业经营的灵活性,加快企业决策速度并降低管理成本。

(2) 通过外包以较低的成本获得更好的产品,从而降低企业一部分业务的成本。

(3) 可以使企业避免因过度的前后整合带来的对产业涉足过深的经营风险。

3. 战略性外包的主要模式

(1) 生产外包。最早出现的生产外包就是劳动密集型产业生产部分的外包。

(2) 销售外包。它有两种形式:一是销售代理,二是特许经营。现在许多企业用招募代理经销商的方式构建销售渠道。

(3) 脑力资源外包。主要包括研发外包、咨询外包和培训外包。企业可以将技术项目、咨询、策划和培训等工作委托给相应的专业机构来完成,借助企业外部脑力资源为本企业服务。

(4) 管理外包。企业将一部分管理职能交给外部专业公司来进行,比较常见的有财务管理、后勤管理、办公行政管理、人力资源管理等。企业节省了管理方面的开支,从烦杂的日常管理中解脱出来,专注于创造利润的部分,从而确保了市场优势。

(5) 物流外包。物流外包也叫第三方物流,物流代理企业将一切的物流活动交给专业的物流公司来完成。

(6) 客户关系外包。企业可以把那些并非核心业务活动或不能以较低成本自行处理的客户业务交给外包商加以管理,形成客户关系外包。此外还有IT应用服务外包等。

(二) 扩张

企业归核化是通过收缩来进行扩张的过程。但企业归核化的收缩性途径,只是一种静态的、非战略性的方法。实际上,公司必须不断地寻求获取新的竞争优势。如果公司对其核心业务不进行重新定义,不发展并更新企业的竞争优势以及与之相适应的业务组合,而只是回归到少数几个核心业务就觉得可以高枕无忧了,这将是非常有害的。因为竞争者可以通过改变游戏规则使这样的公司失去竞争优势。为此,企业需要通过资源的组合、交换和创新来更新和发展核心业务,在这个过程中,企业也可能会产生新的业务,形成扩张。

本章小结

确定公司的经营范围,建立良好的业务组合是公司战略的核心内容之一。波士顿矩阵和 GE 矩阵是最经典的业务组合分析工具,它们可以被用来帮助企业对是否进入、保留、发展或退出某项业务进行决策。

如果一家企业进入多个业务领域进行经营,这意味着它采取了多角化战略。多角化战略通过拓展业务领域谋求企业发展,同时达到规避风险的作用。多角化战略有多种分类方法,但是都可以归结为两种多角化途径:内部成长和外部成长。企业采用多角化经营的原因非常复杂,可以归纳为外部环境驱动和内部条件的达成。多角化对于企业的成长有利有弊,如果企业过度多角化将使经营陷入危机。因此,归核化战略作为对过度多角化的修正开始流行。

归核化战略从本质上讲是回归主业,充分发挥企业的核心能力。归核化战略可以按照不同的分类方法进行分类,企业可以通过收缩和扩张两种途径实施归核化战略。与多角化战略类似,我们可以从企业内外部两个方面分析企业采取归核化战略的动因。

思考题

1. 请分析业务组合对于企业长远发展的战略意义。
2. 波士顿矩阵和 GE 矩阵有何异同?它们的适用范围有何不同?
3. 请选择一家中国 A 股上市公司,通过研究其公开资料,运用本章所学分析其业务组合,指出其合理或不合理的部分。
4. 比较多角化战略和归核化战略的差异,说明其不同的适用范围。
5. 请列举一个过度多角化的实例,并说明理由。
6. 近年来很多跨国公司都开始采用归核化战略,请分析其原因。
7. 对于快速发展中的中国企业,你认为多角化战略和归核化战略的意义何在?

案例应用

万科的加减法

万科成立于 1984 年,前身名叫深圳现代科教仪器展销中心。万科最初主要从事的是摄像机、录像机、复印机等电器以及办公设备的进口贸易和销售。这么一家看似不起眼的公司从进口贸易到房地产,经历了很多行业,却自始至终保持着高速的成长。在 1995 年以前上市的 311 家公司中,能够在营业收入和净利润两项综合排名上保持持续上升的只有 3 家,万科是其中之一。从 1991 年到 2004 年,万科经营收入的年均复合增长率达到 25%,利润的年均复合增长率达到 31%。回顾万科的成长,它经历了从加法到减法的发展过程。

1. 万科的加法

1984 年到 1989 年,为了公司的生存与发展,在趋利动机的驱使下,万科多方拓展销售业务,进行多角化发展,先后涉足工业、贸易、房地产、零售业、证券投资及文化产业。万科借助深圳的政策优势和区位优势在最初的多角化经营中大获成功,很快发展成为一个集工、贸、技于一体的综合型企业。

1989 年在深交所 IPO 成功上市以后,尝到多角化甜头的万科先后进入了连锁零售、电影制片及激光影碟等领域,且对其房地产业务也进行了全国性散点式扩张。1991 年万科确定综合商社发展模式,公司利润来源呈现出多角化主导的特点。万科麾下的四大主业除了文化传播稍弱以外,房地产、商贸和工业的利润相当。

2. 万科的减法

1989 年至 1997 年,万科房地产业务利润持续高速上升,但受市场竞争环境影响,商贸(进出口、零售)、文化传媒、工业制造等业务利润却逐步下降,部分业务利润日趋萎缩。在这种被动的局势下,在看到中国住宅业广阔前景的情况下,万科确定了专业化的发展思路。

对于这一战略转变,万科董事长王石先生有非常深刻的解释[①]:现实中多元化是新兴企业的主流,因为新兴企业创业之初首先要解决的是生存问题,哪个行业有空子、能赚钱,就干哪行。而国家在从计划经济向市场经济转轨的过程当中,每年的行业政策都有变化,利润空间也不一样。新兴企业很容易随着政策的倾斜而转行,从而形成多元化的格局。但随着企业的发展,企业规模、专业化程度、行业市场占有率会受到多元化的影响。万科之所以决定做减法,是因为企业的发展需要集中资源。否则,在一个日渐成熟的市场中,公司的资金、人力、经验,都将难以应付各行各业越来越激烈的竞争。

1993 年起,万科加大了在房地产领域的投资,1995 年,房地产业务利润在公司整体利润中所占的比重增长到 75% 以上。而万科的业务调整则开始于 1996 年,当年 4月,万科转让深圳怡宝食品有限公司,随后又协议转让属下两个工业项目——深圳万科工业扬声器制造厂及深圳万科供电服务公司,这标志着万科业务调整的开始。经过一系列股权转让,到 1998 年,公司历时多年的专业化战略调整已全部完成,万科成为了专一的房地产公司。

1998 年以后,随着新一轮房地产市场高潮的到来,万科加快了在房地产领域扩张的步伐,积极开拓以珠江三角洲区域、长江三角洲区域和泛渤海区域的房地产业务,进入成都、武汉等内陆中心城市,实现跨越式发展。此时,万科开始进行多元融资,利用国际资本,在国内运用并购(如并购浙江老牌房地产企业南都地产)等手段,确保了企业的高速发展,使之成为中国最成功的企业之一。

【案例讨论】

1. 万科业务组合过程中主要受哪些因素的影响?
2. 试述万科的归核化战略对一般企业的借鉴意义。

---

① 王石、缪川著:《道路与梦想:我与万科 20 年》,中信出版社 2006 年版,第 176 页。

第七章
一体化战略与企业集团

学习目标

- 掌握公司一体化战略的概念及其两种基本类型:纵向一体化和横向一体化
- 理解纵向一体化和横向一体化的优缺点
- 认识企业集团的概念及其存在的优势
- 了解企业集团的组织机构与管控模式

总部设在法国巴黎的道达尔公司(TOTAL)是全球四大石油化工公司之一,在全球超过130个国家和地区开展润滑油业务,员工超过10万人,营业收入2120亿美元,2015年在世界500强企业中排第11位。该公司采用典型的纵向一体化战略,整个集团业务贯穿了石油和天然气产业的上中下游。

在上游,道达尔公司的油气储量相当于110亿桶石油,是非洲最大、中东第二大生产商,并在欧洲、东南亚、拉美排名第四。道达尔公司也是世界上最大的液化天然气生产商之一。此外,道达尔公司在天然气储运、发电、销售方面也有较强实力,是法国最主要的天然气储运企业,是英国最主要的天然气发电厂家和天然气电力销售商。道达尔在南美有3656兆瓦的发电能力,同时它还是当地最大的天然气管线作业公司之一。

在中下游业务中,道达尔公司拥有28家炼油厂,每天生产量约为266万桶,销售量约为375万桶,是欧洲第一、世界第五大生产商。道达尔的销售网络分布于16676个分别以道达尔、菲纳、埃尔夫为品牌的加油站中,在欧洲有12%、非洲有20%的市场占有率。在欧洲市场外,该公司正将业务集中于高增长地区(非洲、地中海沿岸和亚洲),在经营范围方面,它们则将业务集中到了特种产品领域如燃料油、液化石油气、航空油料、润滑油、蜡、沥青和溶剂等。

在化工方面,阿托菲纳公司是道达尔公司的化工部,它是全球第六大化工企业,业务主要包括基础化工及聚合物、中间体及特殊聚合物以及特种化工。石油化工厂则通过与公司的炼油业务合并而获得增长。

事实上,道达尔的上述战略布局并无新意,它几乎是所有大型石油天然气公司的共性,包括壳牌、埃克森在内的大型石油公司均采用纵向一体化战略。

第一节　一体化战略

与多角化战略一样,一体化战略(integrative strategy)也是一种企业成长战略,它是企业在其产品价值链上不断向深度和广度发展的一种战略。在石油化工、奶制品、烟草、制药、服装等很多上下游连接紧密的产业中,有大量企业采用一体化战略。本节将重点介绍一体化战略的概念,两种典型的一体化战略——纵向一体化和横向一体化,及其差异和优劣比较。

一、一体化战略的概念及其分类

一体化战略又称一体化增长战略,是指企业利用社会化生产链中的直接关系来扩大经营范围和经营规模,在供产、产销方面实行纵向或横向联合的战略。

通过一体化战略,企业可以获得发展并扩大自身价值,这体现在经过扩张后的公司市场份额和绝对财富的增加。这种价值既可以成为企业职工的一种荣誉,又可以成为企业进一步发展的动力。企业能通过不断变革来创造更高的生产经营效率与效益。一体化扩张后,企业可以获得过去不能获得的崭新机会,避免企业组织的老化,使企业总是充满生机和活力。

一体化可分为纵向一体化(也称垂直一体化)和横向一体化(也称水平一体化)。纵向一体化又可分为后向一体化(backward integration)和前向一体化(forward integration)。下面将对两种一体化战略分别进行介绍。

二、纵向一体化战略

在经济学上,沿产业链占据若干环节的业务布局叫作纵向一体化(vertical integration strategy),又叫垂直一体化,是指企业将生产与原料供应,或者生产与产品销售联合在一起的战略形式,是企业根据物质流动的方向,在两个可能的方向上扩展现有经营业务产业链的一种发展战略,是将公司的经营活动向后扩展到原材料供应或向前扩展到销售终端的一种战略体系。

纵向一体化战略的目的是加强核心企业对原材料供应、产品制造、分销和销售全过程的控制,使企业能在市场竞争中掌握主动,从而增加各个业务活动阶段的利润。

(一)后向一体化战略

后向一体化战略是指企业自己供应生产现有产品或服务所需要的全部或部分原材料或半成品,如钢铁公司自己拥有矿山和炼焦设施,纺织厂自己纺纱、洗纱,葡萄酒厂从事葡萄种植等。

当企业产品在市场上有明显优势,希望扩大规模、扩大生产的销售,但由于原材料或零配件供应不上,或其成本过高,影响企业发展时,企业可以依靠自己的力量扩大经营范围,由自己来生产原材料或零配件,也可以兼并原材料或零配件供应商,或与供应商合资办企业,形成统一的经济组织,统一规划产品的生产和销售。位于常州新北区电子产业园的天合光能有限公司(NYSE:TSL)是一家在美国纳斯达克上市的高科技公司,案例 7-1 生动地描述了该公司是如何通过以后向一体化为主的纵向一体化战略来赢得竞争优势的。

案例 7-1

天合光能:垂直一体化的胜利

太阳能是一种既丰富又无污染的可再生能源。它主要有两个应用领域,一个是光能转化成热能,如太阳能热水器、太阳能灶等;另一个是通过太阳能电池将光能转化成电能,也就是我们所说的太阳能光伏产业。天合光能的主营业务就属于光伏产业。

光伏产业垂直链条的组成是:硅材料—硅棒—硅片—电池—组件—系统安装。天合光能最初涉足的业务正是链条的末端——组件和系统安装。由于太阳能发电系统的成本仍然高昂,一台能满足家庭日常电器需要的 200W 的光伏系统,市场价为 15000 元,如果燃煤发电成本为 1,则光伏发电为煤电的 11 倍—18 倍,竞争实力明显较弱。这也意味着,在这个行业,谁能做到低成本,谁就具备了较强的竞争优势,而垂直一体化战略是实现低成本的关键。

从 2004 年起,天合光能开始实施产业链垂直一体化的发展战略,到 2007 年第一季度正式建成并扩大了组件安装和单晶生产基地,业务涵盖硅棒、硅片、电池、组件的生产和系统集成,此外,公司还进一步优化和控制了从硅棒到组件整个生产过程中的工艺,经过协同优化的工艺将会进一步降低成本,同时也将整体提高产品质量和公司盈利能力。这一模式在业内被认为是当时最有竞争优势的产业模式,在其他一流太阳能垂直一体化企业如 REC 和德国的 SolarWorld 公司也都得到了充分验证。当时在全球光伏行业中,能够做到垂直一体化的企业不多,而天合光能是其中一家。

随着光伏产业的快速成长,与下游大量订单相对应的是日益短缺、价格不断攀高的硅材料。而就光伏产业的成本构成而言,70% 的成本是硅料。为了突破这一瓶颈,天合光能将上市募集到的 9800 多万美元的大部分用于收购原材料和加强工厂建设,计划到 2015 年建成能生产 1 万吨太阳能级多晶硅的生产基地。

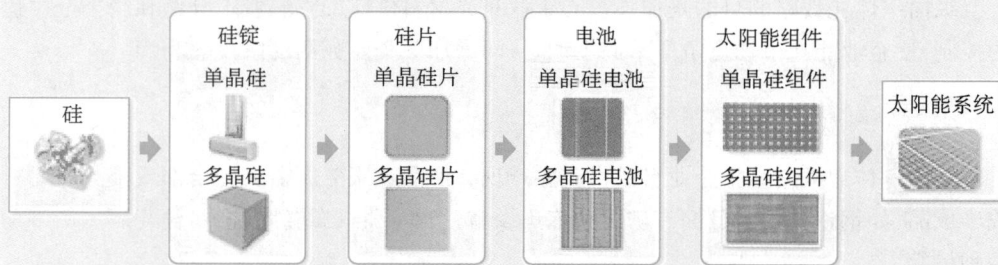

图 7-1　天合光能的垂直产业链

全球光伏产业的平均增长速度是45％，中国是100％，而天合光能连续三年达到了平均476.32％的增长速度。上市后，天合光能的市值增加了200％，超过10亿美元，天合光能能够获得如此快速的发展，其成功的垂直一体化战略功不可没。

（二）前向一体化战略

前向一体化战略是企业自行对本公司产品做进一步深加工，或者对资源进行综合利用，或建立自己的销售组织来销售本公司的产品或服务的战略。如钢铁企业自己轧制各种型材，并将型材制成各种不同的最终产品便属于前向一体化。

又例如，可口可乐公司会不断地收购本国及外国的分装商，并不断地提高这些分装商的生产与销售效率。目前可口可乐（中国）公司，已经收购了中国23个瓶装厂，它们分布在哈尔滨、北京、上海、广州、西安等地。这些瓶装厂中，相当一部分是可口可乐公司与中国粮油进出口总公司合资建立的股份制企业。

实施前向一体化战略的有效方式之一就是特许经营。在美国，在约50个不同产业中的约2000家公司以特许经营方式销售其产品或服务，美国每年以特许经营方式实现的销售额大约为1万亿美元。

知识链接

什么是特许经营？

特许经营是指特许经营权拥有者以合同约定的形式，允许被特许经营者有偿使用其名称、商标、专有技术、产品及运作管理经验等从事经营活动的商业经营模式。

特许经营一词译自英文 franchising，目前国内对 franchising 这个词的翻译和理解大致有两种：一种译为特许经营。认为特许经营组织与连锁店、自由连锁、合作社等类似，属于所有权不同的商店的范畴。这种译法与西方市场营销学的界定是一样的，是一种常用的翻译方法。另一种译为特许连锁，认为特许连锁是连锁店的一种组织形式，与公司连锁、自由连锁并列为连锁的三种类型。

在我国，商务部令2004年第25号《商业特许经营管理办法》第二条对特许经营的描述是："通过签订合同，特许人将有权授予他人使用的商标、商号、经营模式等经营资源，授予被特许人使用；被特许人按照合同约定在统一经营体系下从事经营活动，并向特许人支付特许经营费。"

虽然不同国家、不同组织对特许经营有不同的定义，但一般而言，特许经营有如下特征：

第一，特许经营是特许人和受许人之间的契约关系；

第二，特许人将允许受许人使用自己的商号和（或）商标和（或）服务标记、经营诀窍、商业和技术方法、持续体系及其他工业和（或）知识产权；

第三，受许人自己对其业务进行投资，并拥有其业务；

第四，受许人需向特许人支付费用；

第五，特许经营是一种持续性关系。

（三）纵向一体化的优点

纵向一体化是企业经常选择的战略体系，是希望通过建立起强大的规模生产能力来获得更高的回报，并通过面向销售终端的方略获得市场各种信息的直接反馈，从而不断改进产品和降低成本来取得竞争优势的一种方法。纵向一体化战略具有以下优点：

（1）具有经济性，有助于实现经济效益。纵向一体化策略最主要的是实现了采购、生产制造、销售等联合经营的经济性。

第一，联合经营提高了经济效益。通过把生产的上下游工序放在一起可以降低成本，如把炼铁、炼钢、轧钢连在一起，当铸铁炼好了以后，铁水温度尚未降低就紧接着炼钢了，钢水炼好了以后紧接着就轧钢了，工序紧凑连接，节省了加热费用，也减少了运输费用。

第二，加强了企业内部的控制及协调。如果企业是纵向一体化的，则企业可以对供、产、销、人、财、物统一安排调度，提高了管理效率及运作经营效率，降低了成本。

第三，加强了信息搜集及处理的能力，做到及时准确。纵向一体化经营后，联合体统一搜集及处理信息，要比过去每个企业单独、重复搜集信息节约费用。有一个专门的信息部门进行搜集整理加工，使企业的每个部门都能得到及时准确的信息，为更科学地决策创造了条件。

第四，节约了交易费用。纵向一体化企业可以节约谈判、营销、订合同等交易费用，尽管企业内部交易过程中也有许多问题要协商解决，但其费用要低得多。

第五，稳定的供应链管理。纵向一体化使企业上下游紧密衔接、配合，建立长期稳定的专业化供应链关系，从而大大提高企业整体效率及效益。

第六，可以合理避税。在全球实行纵向一体化战略的跨国公司，如果在某个国家要缴很高的所得税，则该企业可以通过高价购买国外零部件、低价向国外卖出产品的方法来转移利润，合理避税。

（2）有助于开拓新技术。在某些情况下，纵向一体化提供了进一步熟悉上游或下游经营相关技术的机会。这种技术信息对基础经营技术的开拓与发展非常重要。如许多领域内的零部件制造企业发展前向一体化体系，就可以了解零部件是如何进行装配的，进而优化零部件生产提高整机的技术水平。

（3）确保供给和需求。纵向一体化能够确保企业在产品供应紧缺时得到充足的供应，或在总需求很低时能有一个畅通的产品输出渠道。也就是说，纵向一体化能减少上下游企业随意中止交易的不确定性。当然，在交易的过程中，内部转让价格必须与市场接轨。近年来，中石油频频出手购买国外的油田或石油公司，就是为了获得更多的原油资源。

（4）削弱供应商或顾客的价格谈判能力。如果一个企业在与它的供应商或顾客做生意时，供应商和顾客有较强的价格谈判能力，而且它的投资收益超过了资本的机会成本（为了得到某种东西所必须放弃的东西），那么，即使这种一体化的投资不会带来其他的益处，企业也值得去做。因为一体化削弱了对手的价格谈判能力，这不仅能降低采购成本（后向一体化），或者提高价格（前向一体化），还可以通过减少谈判的投入而提高效益。面对国美、苏宁等家电大卖场的强势地位，一些家电企业纷纷投资组建自己的销售网络，其目的正是为了削弱下游家电大卖场的价格谈判能力。

（5）提高差异化能力。纵向一体化可以通过在管理层控制的范围内提供一系列额外价值，来提高本企业区别于其他企业的差异化能力。例如云南玉溪卷烟厂为了保证生产出高质量的香烟，对周围各县的烟农进行扶持，使他们专为该卷烟厂提供高质量的烟草。同样，有些企业在销售自己技术复杂的产品时，也需要拥有自己的销售网点，以便提供标准的售后服务。

（6）提高进入壁垒。企业纵向一体化战略可以使企业把关键的投入资源和销售渠道控制在自己的手中，使行业的新进入者望而却步，从而防止竞争对手进入本企业的经营领域。企业通过实施一体化战略，不仅保护了自己原有的经营范围，而且扩大了经营业务，同时还限制了所在行业的竞争程度，使企业的定价有了更大的自主权，从而获得较大的利润。例如20世纪90年代的IBM公司就是采用纵向一体化战略的典型。该公司生产微机的微处理器和记忆芯片，设计和组装微机，研发微机所需要的软件，并直接销售最终产品给用户。IBM采用纵向一体化的理由是，该公司生产和研发的许多微机零部件和软件都有专利，只有在公司内部生产研发，竞争对手才不能获得这些专利，从而形成进入障碍。

（7）进入高回报产业。企业现在合作的供应商或经销商能获得较高的利润，这意味着它们经营的领域属于十分值得进入的产业。在这种情况下，企业通过纵向一体化，可以提高其总资产回报率，并可以制定更有竞争力的价格。一些国内的制药企业如双鹤药业等纷纷进入药品零售领域，看中的正是这一领域丰厚的利润。

（四）纵向一体化的缺点

尽管纵向一体化有上述优点，但是决策者必须依据企业的实际能力和竞争环境来确定其是否适合在此时、在此行业开展这种战略，换言之，纵向一体化也存在一定的局限性，主要表现为：

（1）增加商业风险。纵向一体化会提高企业在行业中的投资，提高退出壁垒，从而增加商业风险（行业低迷时该怎么办？），有时甚至还会使企业无法将其资源调往更有价值的地方。另外，由于投资的设施成本高，所以全过程一体化的企业对新技术的采用更保守一些，比部分一体化企业或非一体化企业要慢一些。

（2）代价昂贵。纵向一体化迫使企业依赖自己的内部资源而非外部资源，这样做所付出的代价可能会随时间的推移变得比外部寻源还昂贵。产生这种情况的原因有很多。例如，纵向一体化可能切断来自供应商及客户的技术流动。如果企业不实施一体化，供应商经常愿意在研究、工程等方面积极支持企业。再如，纵向一体化意味着通过固定关系来进行购买和销售，上游单位的经营激励可能会因为实行内部销售而非外部竞争有所减弱。反过来，从一体化企业内部某个单位购买产品时，企业不会像与外部供应商做生意时那样激烈地讨价还价。因此，内部交易会减弱员工降低成本、改进技术的积极性。

（3）不利于平衡。实施纵向一体化战略时经常会出现价值链各阶段生产能力不平衡的现象的，价值链上各个活动最有效的生产规模可能大不一样，在每一个活动的交接处都能完全达到自给自足也是很少见的。对某项活动来说，如果它的内部能力不足以供应下一阶段需要的话，差值部分就需要到外部去购买。如果内部能力过剩，就必须为过剩的部分寻找顾客；如果产生了副产品，还必须对其进行处理。

（4）需要不同的技能和管理能力。尽管存在纵向关系,但是在供应链的不同环节可能需要不同的成功关键因素,这需要管理者谨慎地考虑这样做是否具有很大的商业意义。因为无论是前向一体化还是后向一体化都会带来不少棘手的问题,这些问题和管理者原来擅长做的事情或许很不相符,并不像他们想象的那样都能够给企业的核心业务增加价值。例如,很多制造企业会发现,投入大量的时间和资本来开发营销技能和特许经营技能以前向一体化进入零售批发领域的做法,并不是总如它们想象的那样能够给它们的核心业务增值,而且拥有和运作批发零售网络会带来很多棘手的问题。

（5）降低企业经营的灵活性。后向一体化进入零配件的生产可能会降低企业的生产灵活性,延长对设计和模型加以变化的时间,延长企业将新产品推向市场的时间。如果一家企业必须经常改变产品的设计和模具以适应购买者的偏好,那么它通常会发现后向一体化,即进入零配件的生产领域会导致负担加重,因为这样做必须经常改模和重新改进设计,必须花费时间来实施和协调由此所带来的变化。从外部购买零配件通常比自己制造便宜一些,简单一些,使企业能够更加灵活、快捷地调节自己的产品以满足购买者的需求偏好。世界上绝大部分汽车制造商虽然拥有自动化的技术和生产线,但它们还是认为,从质量、成本和设计灵活性的角度来讲,从专业制造商那里购买零配件而不是自己生产会获得更多的利益。

三、横向一体化战略

（一）横向一体化战略的概念

横向一体化战略(horizontal integration strategy)也叫水平一体化战略,是指为了扩大生产规模、降低成本、巩固企业的市场地位、提高企业竞争优势、增强企业实力而与同行业企业进行联合的一种战略。究其实质是资本在同一产业和部门内的集中,目的是扩大规模、降低产品成本、巩固市场地位。国际化经营就可以看作横向一体化的一种表现形式。

当今战略管理的一个最显著趋势是将横向一体化作为促进企业发展的战略,横向一体化在很多产业中已成为最受管理者重视的战略。在欧美等发达国家,20世纪90年代兴起的新一轮并购热潮正是众多企业纷纷采用横向一体化战略进行扩张的结果,参见案例7-2。

案例7-2

一浪高过一浪

二战以后,全球企业并购浪潮一浪高过一浪。20世纪90年代后期至21世纪初期,全世界企业兼并形成了新的浪潮,此次兼并浪潮具有以下特点:

（1）跨国兼并。联合国的世界投资报告显示,这一时期全球的跨国并购额迅速增加,见表7-1。

表 7 - 1　1995 年—2000 年全球跨国并购额（单位：亿美元）[①]

1995 年	1996 年	1997 年	1998 年	1999 年	2000 年
1866	2270	3049	5316	7860	11438

（2）以同行业的横向兼并为主。在 2001 年的十大并购事件中，9 项是同业并购，涉及银行、保险、钢铁、食品、计算机硬件、电信和航空等多个行业。

（3）并购数额特别巨大，超巨型并购众多。近年来，并购额的纪录一破再破：1998 年 5 月，戴姆勒与克莱斯勒汽车的合并案为 400 亿美元；8 月，BP（英国石油）兼并阿莫科案 540 亿美元；12 月，埃克森石油兼并莫比尔案 770 亿美元。1999 年 10 月，MCI 兼并斯普伦特案 1290 亿美元。2000 年 1 月，美国在线与时代华纳合并案 1600 亿美元；12 月，沃达丰兼并曼内斯曼案 1900 亿美元。

这次全球并购热潮是以横向并购成就在全球市场中的行业领先地位为目标的。由于市场占有份额与盈利能力存在正向关系，这驱使各跨国公司奋力争夺在刚刚出现的全球市场中的领先地位。由于大多数行业的生产能力已存在全球性过剩，所以兼并而非新建成为主要的战略手段。

（二）横向一体化战略的优点

（1）实现了规模经济。兼并收购同类企业，可以使企业规模扩大，成本降低，并可获得竞争对手的技术专利、品牌等无形资产。

（2）减少了竞争对手。通过兼并收购，减少了竞争对手数量，降低了行业内竞争强度，为企业发展创造了一个良好环境。

（3）巩固了市场地位，提高了竞争优势。兼并收购使企业规模扩大，如果运作得好，就可以巩固企业在行业中的竞争地位，甚至成为行业内数一数二的企业，提高企业的竞争优势。联想收购 IBM 个人电脑事业部不仅减少了竞争对手，而且使自己一跃成为了全球第三大个人电脑制造商。

（三）横向一体化战略的缺点

（1）协调工作量大，使管理成本增加。一般来讲兼并收购一个企业后，两个企业在历史背景、人员组成、业务风格、管理思想、管理理念、管理体制、企业文化等各方面所需的协调工作量相当大，企业融合需要相当长的时间。

（2）质量难以保证。兼并收购后，尽管兼并企业会派干部及员工到被兼并企业去参与管理及生产经营工作，但由于上一条涉及的原因，产品质量难以一下子达到兼并企业的要求，因此造成成本增加。

（3）法律的限制。水平一体化有可能造成行业内的垄断，因此有的国家法律对此作出了限制，如美国的反垄断法。中海油收购优尼科的搁浅除了政治原因，法律障碍也是非

---

① 数据来源：联合国贸发会议（UNCTAD），《2001 年世界投资报告》。

常重要的原因。

综上所述,"大就是好,更大就更好"已不再是真理。人们现在已意识到,卓越企业之所以卓越,不在于企业规模的大小,而在于不断创新。

第二节　企业集团

谈到企业集团(enterprise group),自然让人想起日本的三菱、住友,美国的洛克菲勒、摩根这样的大型垄断集团。在我国,随着改革开放的深入,企业集团成为一种重要的企业群落,在竞争领域发挥着日益重要的作用。是否发展成为企业集团,是决定企业发展方向的一项重大战略决策。本节将依次阐述企业集团的概念、特征、独特优势、企业集团的类型以及企业集团的组织机构和组织管控模式。

一、企业集团的概念和特征

(一)企业集团的概念

"企业集团"这个词,最初是日本人在二战后开始使用的。实际上,这种经济组织形式早在19世纪末20世纪初的欧美等工业化国家就出现了,其最初形态是卡特尔(在同行业内的同类企业间为避免竞争,在一定时期内达成产量和价格的协议,采取统一行动),以后是辛迪加(在同行业内的同类企业的产品都由一个统一的销售机构去销售,企业不能自行销售其产品,但各企业仍是独立法人),后来又出现了托拉斯(其特点是各企业的生产销售活动全部都统一起来,每个企业已不是法人,而是托拉斯的股东)。最后出现的联合企业是康采恩,它是以一个大型企业为核心,各企业仍是独立法人,但康采恩总部要对各企业的投资及产品开发进行协调。

什么是企业集团呢?企业集团是以一个实力雄厚的大型企业为核心,以产权(资本)联结为主要纽带,把多个企业、事业单位联结在一起,具有多层次结构的、以母子公司为主体的、多法人的经济联合体。

(二)企业集团的特征

企业集团具有以下四个特征:

(1)具有产权(资本)的联结性,即母公司与子公司之间不是靠行政手段相联结,它们之间是以产权为纽带联结起来的。

(2)具有多层次性。一般来讲一个完整的企业集团分四层:第一,集团公司,又叫母公司,或控股公司;第二,控股层:集团公司控股的子公司;第三,参股层:集团公司参股的子公司;第四,协作层:由与集团公司有互惠性稳定协作关系的关联企业组成。

(3)具有非法人性,即企业集团不是法人,它是一个多法人的经济联合体。

(4)组织规模化,即要达到一定规模才能叫企业集团。

二、企业集团的优势

企业集团的广泛存在表明其相比单一企业在很多方面具有独特的优势,主要表现为:

(1)企业集团为资本的进一步集中提供了有效的形式。当资本集中到一定程度时,垄断组织数量不多,规模巨大,为避免两败俱伤,它们往往选择相互参与、相互控股或采用其他方式联合起来。例如,在汽车工业领域,日产、丰田、美国通用、菲亚特、雷诺、奔驰等大型汽车公司都已经开始相互持股。同时,出于生产、经营、垄断市场及其他方面的考虑,大企业也往往投资成立子公司,或向其他中小企业控股。中小企业为了自身生存发展需要及其他一些原因,也往往会向其他企业控股。这样,资本便往往以一种非合并的方式得到了集中,形成集团的强大力量。

(2)企业集团有利于推动国民经济的结构性调整和经济效益的提高。企业集团通过资本的联结纽带,促使企业集团成员密切协作,围绕某一新兴产业领域或新的系列产品在扩大规模的基础上进行生产,提高了生产的集中度。同时,企业集团这种企业联合组织还有利于发展专业化分工协作,为企业提供了组织保障,从而提高专业化程度。如采取产品系列生产、零部件扩散等以大企业为核心的承包制。这种生产方式可以实现企业间的优势互补,生产要素的优化组合,充分发挥存量资产的优势,形成单个企业难以具备的综合优势,大大提高集团的综合经济效益。

(3)企业集团具有技术创新的优势。现代科技需要大量的投入,但单一企业往往缺乏足够的进行技术创新的人才,也缺乏雄厚的资金,难以具备技术创新的基础。而企业集团可以集中企业成员的技术资源、人才资源,资金也较为充裕,通过发挥群体优势,联合开发,统一引进,可以有效地提高技术水平,促进技术创新。

(4)企业集团使企业资源得到优化配置。一方面,企业集团拥有资金优势和技术优势,可以从事那些耗资大、生产周期长的生产项目以及新兴产业的生产和经营;另一方面,通过集约化生产,企业集团可以大幅度提高劳动生产率,获得协同效应。当今世界的大型跨国集团大多富可敌国,牢固地占居着其所处行业的领先地位便是明证。

(5)企业集团有利于增强竞争力。基于上述(2)、(3)、(4)点,企业集团能够优化资源配置,提高经济效益,同时具备技术创新优势,这些确保了企业集团的竞争能力。

(6)企业集团使有效分散经营风险成为可能。张瑞敏在形容海尔集团时提到"东方不亮,西方亮",企业集团通常进行多角化经营,有助于分散经营风险。

三、企业集团的类型

企业集团的类型分为两种:垂直型企业集团和横向型企业集团。

(一)垂直型企业集团

垂直型企业集团组织形式见图7-2。

目前我国企业集团大多采用垂直型,其优点是产权关系明确、组织关系简单。但这种垂

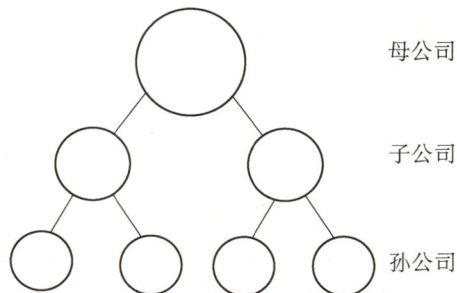

母公司

子公司

孙公司

图7-2　垂直型企业集团

直型企业集团的层级不能太多,一些特大型国有企业集团,其集团层级分到七层,母公司的领导人说不清第七层公司共有多少个,对其公司名称更不甚了了,人员、财务均控制不住。因此对于特大型企业集团来讲层级最多分到四层,最好只分到三层,这样有利于母公司在人员、财务方面的控制,使企业集团获得健康发展。

(二)横向型企业集团

横向型企业集团组织形式见图7-3。

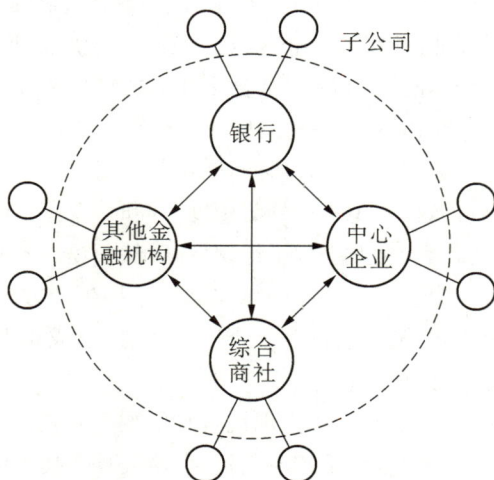

图7-3　横向型企业集团

这种企业集团又叫财团型企业集团,它是以大银行和金融机构为主,有的也包括工业企业和综合商社。其核心层由3个—5个大型企业(或企业集团),如银行、其他金融机构、综合商社、中心企业等组成,每个企业(企业集团)还有自己的分公司。这3个—5个大型企业(集团)法人相互呈环状持股,多元经营,经营范围几乎涉及各行各业。这类企业集团规模都十分庞大,实力极为雄厚,但其数量较少,通常一个国家仅有几家或十几家,然而,仅这几家到十几家的企业集团便能掌握整个国家的经济命脉。例如,在日本有三菱、三井、住友、芙蓉、第一劝业银行、三和等六大企业集团;在美国有摩根、洛克菲勒、杜邦、花旗银行、波士顿、梅隆、芝加哥、克利夫兰、加利福尼亚、得克萨斯等十大垄断财团。我国目前暂时还没有这种形式的企业集团。案例7-3中的三菱集团就是典型的横向型企业集团。

案例7-3

日本最大的企业集团:三菱集团

三菱集团的第一家公司是岩崎弥太郎于1870年创立的造船厂。1873年,造船厂更名为三菱商会,从此三菱就成为日本企业的代表之一。此后,三菱集团从相关的产业逐步入手,实现了连续的发展,从海洋运输业到进行海洋运输业不可缺少的燃料——炭业的发展以及造船业的发展,之后转型为三菱重工业。与此同时,三菱也开始进入重化学工业领域。三菱集团自成立之初至二战前,先后涉足采矿、造船、银行、保险、仓储和贸易等行业;随后,又经营了纸、钢铁、玻璃、电气设备、飞机、石油和房地产等业务。它创办了一系列的企业,在日本工业现代化的过程中扮演了重要的角色。

1946 年,根据当时战后政府的政策,三菱被分割成许多独立的公司。这些新的独立公司在各自不同的领域里发展壮大。随着美国对日本战后政策的变化,这些公司又开始密切合作并最终形成了一个松散的实体,称为三菱集团或三菱系列,三菱的总经理会议,即著名的星期五会议成为连接这些实体的重要纽带。

目前,参与星期五会议的成员企业共有 29 家,它们共同组成了“三菱金曜会”。这些成员中就包括了一系列鼎鼎有名的大公司,包括三菱电机、三菱重工、尼康、麒麟麦酒、三菱汽车、三菱地所、三菱东京 UFJ 银行等。

三菱集团还没有三菱广告委员会这个组织。它的成员是星期五会议成员以外的17 家公司,其中包括三菱精工、东洋制作所、三菱综合研究所等企业。此外也存在被看作是准三菱系统的公司。

三菱系统的这些公司能够进行较为紧密的合作,各个公司在自己分工负责的领域内,可以为其他兄弟公司提供好的产品或较低的价格。例如日本邮船就是三菱重工船舶部门的订货大户,三菱电机则为三菱重工提供机电产品,三菱制钢、三菱伸铜、三菱铝业和三菱材料等公司,则可为三菱的船舶和航空航天部门提供可靠的原材料。三菱银行和东京海上等公司可以提供贷款和特殊保险服务(如航天发射保险)。尼康公司负责的光学产品、三菱树脂负责的新材料等,对高科技重工产品而言,均是必不可少的组成部分。

可以看出,透过大集团的协作和分工,三菱重工能够从兄弟企业和团体获得资金、技术、原材料、上游产品、金融服务、销售等多种支持。这对于企业的发展是非常有利的。

横向型企业集团的优点:

(1)可以实现长期稳定的发展。由于核心层是企业之间法人环状相互持股,因此可以做到“一荣俱荣,一损俱损”。

(2)造就了强大的经理层。这种企业集团的领导机构是由几个大型企业的经理组成的经理会,它是企业集团的最高权力机构,对企业集团的重大事项作出决策。

(3)防止外界吞并。由于这种企业集团实际上是由几个企业集团组成的,实力雄厚,在产业界形成了一定的垄断,因此外界很难对其收购兼并。

横向型企业集团的缺点:

(1)无法向社会筹集资金。由于该类企业集团主要是内部法人相互持股,向社会发放股票很少,因此它无法向社会筹集资金。

(2)个人股东的利益受损。由于这类企业集团主要是内部法人相互持股,企业集团内各公司所得利润又都变成投资,不再分红,因此,个别的个人股东老分不到红利,个人股东利益受到损害。

（3）形成了一定垄断，妨碍了市场自由竞争。由于这种企业集团势力强大，在产业界形成一定垄断，因此不利于开展市场自由竞争。

四、企业集团的组织机构与管控模式

（一）企业集团的组织机构设置

企业集团战略与大企业战略是一样的，企业集团要做大做强，可采用多角化战略、一体化战略、并购战略、国际化战略、战略联盟等。在企业集团的建设中，组织机构的设置是很重要的问题，考虑这个问题时有以下几点需要注意：

1. 分清投资中心、利润中心、成本中心的界限

投资中心主要是指母公司，更具体地说，母公司的董事会是投资中心。特大型企业集团的第一级子公司也有一定的投资功能。投资中心是指能把握投资方向、投资回收、投资规模、投资类型、资金积累以及利润分配和再投资的管理层次，是掌握有投资决策权的管理层次，评价其业绩的指标是投资报酬率。

利润中心主要是指子公司，它是能同时控制生产和销售，既要对成本负责，又要对利润负责，但没有责任（或没有权力）决定资产投资水平的管理层次。评价其业绩的指标主要就是利润或销售利润率。它是管理人员有权对供货来源和市场选择进行决策的单位。

成本中心是指不形成或者不考核其收入，只考核其所发生的成本和费用的管理层次。成本中心分为两种：

① 标准成本中心：典型代表就是工厂、车间、工段、班组等。考核这些组织的指标就是产品质量，成本及劳动生产率。

② 费用中心：典型代表就是企业职能管理部门。对于这些部门的考核指标就是费用。

这里强调要分清上述三个中心的界限，主要是因为在目前中国企业集团的建设中有这样一种倾向，即成本中心想成为利润中心，利润中心想成为投资中心，企业集团内分散主义、本位主义较为严重，这种倾向对建设健康运作的企业集团十分不利。

2. 企业集团内母公司与子公司组织机构的设置方案

一般来讲，母公司与子公司组织机构设置的方案有以下四种：

方案Ⅰ：母公司职能部门设置齐全，子公司职能部门设置较简单。

方案Ⅱ：母公司职能部门设置较简单，子公司职能部门设置齐全。

方案Ⅲ：母公司职能部门设置齐全，子公司职能部门设置也很齐全。

方案Ⅳ：母公司职能部门设置较简单，子公司职能部门设置也较简单。

① 方案Ⅰ的优缺点。方案Ⅰ的优点在于：强化了母公司的职能和权力，弱化了子公司的职能和权力，母公司可以控制住子公司，子公司不会有离心倾向。方案Ⅰ的缺点在于：子公司好像是一个车间，子公司法人地位得不到保障，不能独立地面对市场进行经营。权力过于集中在母公司，不利于调动子公司的积极性及主动性。子公司功能不全，活力不强。由于权力过于集中在母公司，使母公司最高层忙于日常事务而无暇顾及其他。

② 方案Ⅱ的优缺点。方案Ⅱ的优点在于：母公司任务明确、单纯。子公司功能齐全、发育完善、活力强，能充分地调动起自身的积极性和主动性。方案Ⅱ的缺点在于：子公司

会出现独立倾向,搞得不好会出现离心倾向。公司凝聚力、向心力不强。对子公司高层领导人的素质要求较高。

③ 方案Ⅲ的优缺点。方案Ⅲ的优点在于:子公司功能齐全、发育完善、活力强,母公司功能也齐全,发育也完善,活力也很强,调动了母子公司双方的积极性,体现了集权与分权相结合的原则,有利于培养、造就经营管理人才。方案Ⅲ的缺点在于:对母子公司双方的干部素质要求都较高。对集权与分权的变化角色认识掌握要好,掌握不好,容易产生争权扯皮的现象。若母公司与子公司设置了名称相同的职能部门(实际上职责、权力是不同的),而干部素质不高,就会导致职能部门设置重复,造成机构臃肿,管理成本增加。

④ 方案Ⅳ的优缺点。方案Ⅳ的优点在于:母子公司职能部门机构设置都较为简单,母子公司管理人员精干,管理效率提高,符合"精简、高效"的原则。方案Ⅳ的缺点在于:母子公司功能都不齐全,发育不完善,活力也不强,此方案仅适合于集团内产品较为单一,管理较为简单的小型企业集团。

上述四种方案各有其优缺点,采用什么方案视企业集团具体情况而定。

3. 矩阵式企业集团

之前提到的三个中心的管理体制虽在一定程度上有效地调动了子公司的积极性,但同时也可能导致子公司出现滥用权力的状况,或子公司各自为战,相互之间联系较差,不能密切合作,使集团母公司的决策指令得不到很好的贯彻。此外,由于整个集团的资源可能得不到很好的整合和利用,信息衰减及信息反馈不及时的情况就会比较严重。因此,目前有的企业集团采用矩阵式管理体制,有的企业集团采用网络式管理体制。

例如,英荷壳牌集团在组织管理方面奉行简政放权的原则,保证业务公司具有足够的灵活性,长期以来主要按地理位置来安排公司的组织结构。集团建立了四个洲级的地区总公司,并在有关国家或地区建立分公司。每个分公司都要从事勘探开采、炼油、销售等业务,总部的后勤服务部门则负责向分公司提供法律、财务、信息以及其他各项服务。这样分公司往往要接受多部门多层次的管理和领导。为此,集团于1995年对传统的矩阵结构进行了调整。这次调整的主要内容是按公司的主要业务范围建立商业组织,从过去按地区和部门多头管理转变为按业务范围进行直接管理,目的是让下属分公司的主管在享有更大自主权的同时,必须对集团的经营状况直接负责,从而确保集团经营战略得以实施,并在对下属公司实行有效的管理和制约的同时,最大限度地发挥一线企业的主观能动性。

(二) 企业集团的组织管控模式

企业集团能否达成战略目标不仅取决于子公司、孙公司的战略绩效,同时还取决于企业集团能否通过有效的手段对这些下属公司进行有机整合,而这个有效手段就是恰当的组织管控模式。

所谓组织管控模式是一个以战略为导向,以组织结构为框架,以管理控制系统为保障,以流程和指引为支持,实现组织价值最大化的动态系统。管控的内容主要包括三个方面:人、财和业务运作。反过来看,组织管控模式也是一个适当向下属公司授权的过程,根据授权程度的不同,组织管控模式可以分为三类,由小至大分别为:运营型管控模式、战略型管控模式和资本型管控模式。表7-2详细描述了这三种管控模式的异同。

表 7 - 2   三种组织管控模式

	资本型管控模式	战略型管控模式	运营型管控模式
集权程度	弱	中	强
总部与下属机构的关系	● 以财务指标进行管理和考核 ● 总部无业务管理部门	● 以战略规划进行管理和考核 ● 总部一般无具体业务部门	● 通过总部业务管理部门对下属机构的日常经营运作进行管理
发展目标	● 投资回报 ● 通过投资业务组合的结构优化,追求公司价值最大化	● 业务组合的协调发展 ● 投资业务的战略优化和协同 ● 战略协同效应的培育	● 各下属机构经营行为的统一与优化 ● 组织整体的协调成长 ● 对行业成功因素的集中控制与管理
管理手段	● 财务控制 ● 并购	● 财务控制 ● 战略规划与控制 ● 人力资源控制	● 财务/战略控制 ● 运用控制 ● 人力资源控制
适用方式	● 大集团 ● 多种不相关产业的投资运作	● 相关型或单一产业领域内的发展	● 单一产业领域内的运作,一般局限于某一地域内

企业集团对于组织管控模式的选择应考虑以下因素:

● 组织战略。如果是采用专业化战略,一般应采用运营型管控模式。如果采用多角化战略,则应考虑采用战略型管控模式和资本型管控模式。

● 各公司所处的区域位置。如果集中在单一区域,可以采用运营型管控模式。区域位置越大,越不适宜采用运营型管控模式。

● 产业相关性。当集团的产业相关性很小时,一般应采取资本型管控模式。如果是单一产业,则可考虑采用运营型管控模式。

● 子公司的规模。子公司的规模较小时,集团可以对其进行较多的控制,宜采用运营型管控模式。随着子公司规模的变大,集团过多干涉其运营活动就不再适宜了,可以采用战略型管控模式或资本型管控模式。

● 子公司的发展阶段。对于刚刚成立、尚处于创业阶段的子公司,集团应承担更多的管理职能。当公司不断成长,甚至进入成熟阶段时,集团对子公司的控制可以逐步放松。

● 子公司的能力。如果子公司的专业能力和管理能力都很强,集团可以考虑采取资本型管控模式或战略型管控模式。如果子公司的能力较弱,集团应采取运营型管控模式。

本章小结

一体化战略是企业的一种成长战略,它分为纵向一体化和横向一体化。

企业沿产业链上下游布局称为纵向一体化,它又分向产业链上游发展的后向一体化和向产业链下游发展的前向一体化。纵向一体化具有有利于经济性的实现、便于控制协调等优点,但同时也存在增加商业风险、代价昂贵等缺点。横向一体化是指企业在同行业中扩大规模的战略。横向一体化具有实现规模经济、减少竞争对手、巩固市场等优点,也存在增加管理成本、质量难以控制和存在法律限制等缺点。

企业集团是企业实施成长战略的结果,是通过产权纽带联结在一起的经济联合体。企业集团的存在说明其具有特有的优势,企业集团包括垂直型企业集团和横向型企业集团两大类。

企业集团在进行组织机构设置时应分清成本中心、投资中心和利润中心的区别,并根据公司战略、业务的分布和性质、子公司的规模、发展阶段和能力等因素选择恰当的组织管控模式。

思考题

1. 请简要分析一体化战略与多角化战略的异同,并通过实例加以说明。
2. 请简要分析纵向一体化战略和横向一体化战略的优缺点,并通过实例加以说明。
3. 请简要分析前向一体化与后向一体化的异同,并通过实例加以说明。
4. 企业集团存在的原因是什么?
5. 以你熟悉的某企业集团为例,说明其类型,并阐述其主要的组织构架,辨别其投资中心、利润中心和成本中心,以及它采用的组织管控模式。

案例应用

花旗集团的成长史

花旗集团(Citigroup)是当今世界资产规模最大、利润最多、全球连锁性最强、业务门类最齐全的金融服务集团。作为全球卓越的金融服务公司,花旗在全球100多个国家为约2亿客户服务,服务对象包括个人、机构、企业和政府部门。它为客户提供广泛的金融产品服务,从消费银行服务及信贷、企业和投资银行服务,到经纪、保险和资产管理等,非其他任何金融机构可以比拟。现汇集在花旗集团下的企业主要有花旗银行、旅行者人寿和养老保险、美邦、Citi-financial、Banamex 和 Primerica。在花旗的历史上,有三个重要的名字:花旗银行(Citibank)、花旗公司(Citicorp)和花旗集团(Citigroup),它们代表着花旗三个不同的历史时期。

1. 花旗银行

花旗银行是1955年由纽约花旗银行与纽约第一国民银行合并而成的,合并后改名为纽约第一花旗银行,1962年改为第一花旗银行,1976年3月1日改为现名。

纽约花旗银行的前身是纽约城市银行(City Bank of New York),由斯提耳曼家族于1812年创立,经营与拉丁美洲贸易有关的金融业务。1865年,该行取得国民银行执照,改为纽约花旗银行。19世纪末20世纪初,斯提耳曼家族和洛克菲勒家族牢牢地控制了该行,将它作为美孚石油系统的金融调度中心。1929年—1933年的世界经济危机以后,纽约花旗银行脱离了洛克菲勒财团,自成系统。当时,由于业务每况愈下,它也曾一度依附于摩根公司。到了 20 世纪 40 年代,纽约花旗银行借第二次世界大战之机,大力恢复和扩充业务。战后,纽约花旗银行业务继续扩展。20 世纪 50 年代,美国爆发了大规模的企业兼并浪潮,纽约花旗银行在竞争中壮大起来,于 1955 年兼并了摩根财团的第二大银行——纽约第一国民银行,随后更名为第一花旗银行,此时该行资产急剧扩大,实力增强,地位迅速上升,成为当时美国第三大银行,资产规模仅次于美洲银行和大通曼哈顿银行。

2. 花旗公司

美国银行法对银行与证券业务实行严格的分业管理,规定商业银行不许购买股票,不允许经营非银行业务,同时,对分支行的开设也有严格的限制。为了规避法律的限制,1968 年花旗银行走出了公司战略决策的重要一步——成立银行控股公司,以其作为花旗银行的母公司。花旗银行把自己的股票换成其控股公司即花旗公司的股票,而花旗公司资产的 99％是花旗银行的资产。数十年来,花旗银行一直是花旗公司的"旗舰银行"。20 世纪 70 年代花旗银行的资产一直占花旗公司资产的 95％以上,80 年代以后虽有所下降,但也在 85％左右。花旗公司共辖 13 个子公司,提供银行、证券、投资信托、保险、融资租赁等多种金融服务(按照当时法律要求,其非银行金融业务所占比例很小)。通过这一发展战略,花旗公司走上了多元化金融服务的道路,并在 1984 年成为美国最大的单一银行控股公司。

3. 花旗集团

1998 年 4 月 6 日,花旗公司与旅行者集团宣布合并,合并组成的新公司称为"花旗集团",其商标为旅行者集团的红雨伞和花旗集团的蓝色字标的结合。

旅行者集团的前身旅行者人身及事故保险公司(The Travelers Life and Accident Insurance Company)成立于 1864 年,一直以经营保险业为主。在收购了美邦经纪公司(Smith Barney)后,其经营范围扩大到证券经纪、投资金融服务领域。1997 年底,它又以 90 亿美元的价格兼并了美国著名的投资银行所罗门兄弟公司,成立了所罗门美邦投资公司,该公司其时已居美国投资银行的第二位。

花旗公司与旅行者集团合并组成的花旗集团,成为美国第一家集商业银行、投资银行、保险、共同基金、证券交易等诸多金融服务业务于一身的金融集团。合并后的花旗集团总资产达 7000 亿美元,净收入为 500 亿美元,在 100 多个国家有约 1 亿客户,拥有 6000 余万张信用卡的消费客户,已经成为了世界上规模最大的全能金融集团之一。

【案例讨论】

1. 从花旗集团的发展过程分析其成长为企业集团的必然性。
2. 结合本章所学谈谈本案例给你带来了哪些启发。

第八章
并购与战略联盟

学习目标 ···

- 掌握并购和战略联盟两种战略手段的基本概念
- 理解企业实施并购的动因,了解并购的实施过程
- 能够根据企业战略联盟产生的背景分析战略联盟的优势
- 了解建立战略联盟的关键环节

美国通用汽车公司的全球战略联盟

国际企业之间的竞争往往表现为既竞争又合作，在激烈竞争的同时，跨国巨头之间也会通过战略联盟的方式实现共同目标。以美国通用汽车(GM)为例，在第33届东京国际车展上，它就通过与不同竞争对手合作达成了不同战略联盟。

1. 与丰田共同开发环保车技术

在第33届东京汽车展上，通用汽车公司与丰田汽车公司共同对外宣布：双方已达成协议，将在今后的5年里，共同进行电动车(EV)、混合动力汽车(HV)以及燃料电池汽车(FCEV)等先进的汽车环保技术的研究开发，使两家公司将来依然能在汽车行业同时处于领导地位。

2. 与铃木、五十铃合作推出三款先进环保概念车

通用汽车、铃木及五十铃三大汽车公司的董事长在第33届东京车展上共同为其合作开发的三款先进环保概念车揭幕。这些概念车全部采用了当今先进的环保技术。铃木展示的电动跑车是一款双座环保概念车，采用铃木公司的设计风格，并配备通用汽车生产的电力驱动系统及紧急情况下使用的备用内燃机。通用汽车在铃木公司的协助下开发生产的 Triax 是一款革命性概念车。它配备一组可供选择的驱动系统，包括高效内燃机及混合动力系统或纯电动系统。

通用汽车与铃木公司的首次合作可追溯到1981年。通用汽车公司董事长史密斯指出，铃木公司在小型车方面处于全球领先地位。通用汽车正是要利用铃木公司这一优势，将其发展成为通用汽车在全球生产小型车的资源中心。谈到五十铃公司，史密斯表示十分看好该公司在卡车及柴油发动机方面的领先技术。他强调说："我们与五十铃的合作关系始于1971年。1998年，我们将所持该公司的股份追加到49%。现在，五十铃已经成为通用汽车在全球范围内开发柴油发动机及商用车的技术中心。我们将更好地利用五十铃在卡车生产方面的强劲实力，进行我们在轻型商用车领域的生产开发计划。"

3. 通用与菲亚特汽车公司的联盟

意大利菲亚特集团与通用汽车公司在2000年共同对外宣布，两家公司通过转换股权的方式组建起了战略联盟。

根据双方达成的协议，菲亚特集团用其子公司菲亚特汽车公司20%的股份交换通用汽车公司约5.1%的普通股。据悉两家公司转换的股票市值约为24亿美元。

通用汽车公司与菲亚特集团都强调，建立联盟后两家公司之间的竞争将依然激烈。菲亚特集团董事长保罗·弗雷斯科说："这是一项双方都想各自保持独立的公司之间的合作，在欧洲我们仍将积极地展开竞争。"

业内人士认为，通过允许双方在全球范围内共享汽车零配件和工厂设施这种形式的联盟，将有助于削减设计和制造新型汽车所需的巨额成本。当然，这种联盟在欧洲和拉美市场显得尤为重要，因为在那里，小型而价廉的汽车受欢迎程度远远超过美国市场。

第一节　企业并购

上一章曾经提及,企业并购是企业进行扩张的重要战略手段,本节将专门介绍企业并购的概念及其实质,归纳企业并购的类型,结合并购理论分析企业并购动因。从实践看,并购的成功率并不高,为了提高并购成功率,企业需要在并购实施过程中注意若干环节,本节最后将对这些环节进行阐述。

一、企业并购的概念

所谓并购是合并与收购的合称,国外学者通常将合并与收购结合在一起研究,缩写为M & A,即 Merger and Acquisition,我们将其翻译为并购。其中,所谓合并是指两家或者更多的独立企业、公司组成一家企业,通常由这些公司中某一家占优势的公司吸收其他公司。所谓收购是指一家企业用现金或者有价证券购买另一家企业的股票或者资产,以获得对该企业的全部资产或者某项资产的所有权,或对该企业的控制权。

因此,企业并购是指一个企业购买另一个企业的全部或部分资产或产权,从而影响、控制被收购的企业,以增强自身竞争优势,实现经营目标的行为。并购的实质是在企业控制权运动过程中,各权利主体依据企业产权作出的制度安排而进行的一种权利让渡行为。并购活动是在一定的财产权利制度和企业制度条件下进行的,在并购过程中,某一或某一部分权利主体通过出让所拥有的对企业的控制权而获得相应的收益,另一个权利主体则通过付出一定代价而获取被转让部分的控制权。企业并购的过程实质上是企业权利主体变换的过程。

二、企业并购的类型

企业并购有多种类型,从不同的角度有不同的分类方法。下面分别从并购双方所处的行业、并购的方式、并购的动机、并购的支付方式对其进行分类。

(一) 按并购双方所处的行业状况划分

(1)横向并购。这是指处于同行业、生产同类产品或生产工艺相似的企业间的并购。这种并购可以使企业扩大生产规模、节约共同费用,取得规模经济效益,提高设备使用效率,便于采用先进技术设备和工艺,便于统一技术标准、加强技术管理和技术改造,从而提高市场份额,增强企业竞争能力及盈利能力。

(2)纵向并购。这是指生产和经营过程相互衔接、紧密联系的企业之间的并购。其实质是通过处于生产同一产品的不同阶段的企业之间的并购,实现纵向一体化。纵向并购除了可以使企业扩大生产规模,节约共同费用之外,还可以促进产品生产过程中各个环节的密切配合,加速生产流程,缩短生产周期,节约运输、仓储费用和能源,以便取得规模效益及协同效应,同时也分散了风险。

纵向并购又分为三种:一是前向并购,即向下游企业的并购,向本产品的下游加工企业,向本产品的运输及贸易企业的并购;二是后向并购,即向上游企业的并购,向本产品的原材料、零部件的供应企业并购;三是前后向双向并购,即向上下游企业的并购,既向本产品的原材料、零部件的供应企业并购,又向本产品的下游加工企业并购。

(3) 混合并购。这是指处于不同产业部门、不同市场,且这些产业部门之间没有特别的生产技术联系的企业之间的并购。混合并购包括三种形态:一是产品扩张性并购,即生产相关产品的企业间的并购;二是市场扩张性并购,即一个企业为了扩大竞争地盘而对其他地区生产同类产品的企业进行的并购;三是纯粹的并购,即生产和经营彼此毫无关系的产品或服务的若干企业之间的并购。

纵向并购能够促进本企业业绩的迅速增长,实现多角化经营,分散经营风险,达到稳定地获得较高利润的目的。另外,通过这种方式可以使企业的技术、原材料等各种资源得到充分利用。

(二)按是否通过中介机构划分

(1) 直接并购。它是指并购公司直接向目标公司提出并购要求,双方经过磋商,达成协议,从而完成并购活动。如果并购公司对目标公司的部分所有权提出要求,目标公司可能会允许并购公司取得目标公司新发行的股票;如果是对全部产权的要求,双方可以通过协商,确定所有权的转移方式。由于在直接并购的条件下,双方可以密切配合,因此相对成本较低,成功的可能性较大。

(2) 间接并购。这是指并购公司直接在证券市场上收购目标公司的股票,从而控制目标公司。由于间接并购方式很容易引起股价的剧烈上涨,同时可能会引起目标公司的激烈反应,因此会提高并购成本,增加并购难度。

(三)按并购的动机划分

(1) 善意并购。并购公司提出收购条件以后,如果目标公司接受收购条件,这种并购称为善意并购。在善意并购的情况下,收购条件、价格、方式等可以由双方高层管理者协商进行并经董事会批准。由于双方都有合并的愿望,这种方式的成功率较高。

(2) 恶意并购。如果并购公司提出收购要求和条件后,目标公司不同意,并购公司只有在证券市场上强行收购,或者在未与目标公司的经营管理者商议的情况下,提出公开收购要约,以实现目标公司控制权的转移,这种方式称为恶意并购。在恶意并购的情况下,目标公司通常会采取各种措施对并购进行抵制,证券市场也会迅速作出反应,股价会迅速提高。因此,恶意并购过程中,除非并购公司有雄厚的实力,否则很难成功。

(四)按支付方式划分

(1) 现金收购。即并购公司向目标公司的股东支付一定数量的现金从而获得目标公司的所有权。现金收购存在资本利得税的问题,这可能会增加收购公司的成本,因此在采用这一方式的时候,必须考虑这项收购是否免税。另外,现金收购会对收购公司的流动性、资产结构、负债等产生影响,所以应该综合进行权衡。

(2) 股票收购。即并购公司通过增发股票的方式获得目标公司的所有权。并购公司不需要对外付出现金,因此不至于对公司的财务状况产生影响。但是增发股票会影响公司的股权结构,原有股东的控制权会受到冲击。

（3）综合证券收购。这是指在并购过程中,并购公司不仅可以以现金、股票的方式进行支付,而且还可以认股权证、可转换债券等多种方式的混合完成支付。这种兼并方式兼具现金收购和股票收购的特点,并购公司既可以避免支付过多的现金,保持良好的财务状况,又可以防止控制权的转移。

三、企业并购动因分析

产生并购行为最基本的动机就是寻求企业的发展。寻求扩张的企业面临着内部扩张和通过并购发展两种选择。内部扩张可能是一个缓慢而不确定的过程,而通过并购发展则要迅速得多,尽管它会带来自身的不确定性。具体到理论方面,并购最常见的动机就是协同效应(synergy effects)。并购交易的支持者通常会以达成某种协同效应作为支付特定并购价格的理由。

知识链接

协同效应与并购

协同效应是指并购后的公司竞争力增强,净现金流量超过两家公司预期现金流之和,或者合并后公司业绩比两家公司独立存在时的预期业绩高。并购产生的协同效应包括:经营协同效应(operating synergy)和财务协同效应(financial synergy)。

企业产生协同效应的原因主要有以下三个方面:

一是范围经济:并购者与目标公司核心能力的交互延伸。

二是规模经济:合并后产品单位成本随着采购、生产、营销等规模的扩大而下降。

三是流程/业务/结构优化或重组:减少重复的岗位、重复的设备、厂房等而形成的节省。

Mark Sirower 曾经给出一个判断并购价值的公式:并购战略的价值＝协同效应－溢价

所谓溢价是指并购者付出的超过公司内在价值的价格。如果溢价为零,那么并购价值＝协同效应。如果没有协同效应,那么并购溢价就是并购方送给目标公司的礼物。

并购战略最大的挑战之一是:付出的溢价是事前的和固定的,但协同效应却存在高度的不确定性。而并购战略一旦失败,就会付出高昂代价,无论是金钱,还是声誉。所以,在成熟的资本市场中,股东或投资者判断一项并购对自身是否有利的两个关键指标,就是潜在的协同效应和并购溢价。当并购方的出价远高于公司的内在价值,而溢价又没有潜在协同效应来支撑的时候,投资者、社会公众以及其他的利益相关者就会怀疑并购方的并购动机。如果并购方不能给出合适的解释,这种怀疑就会被投资者当成事实。而当并购涉及国际政治因素时,这种并购更会给怀疑论者提供一个可以被利用的理由。某种意义上看,中海油并购优尼科正是掉入了这种陷阱之中。

在具体实务中,并购的动因归纳起来主要有以下几类:

1. 扩大生产经营规模,降低成本费用

通过并购,企业规模得到扩大,能够形成有效的规模效应。规模效应能够带来资源的充分利用和整合,降低管理、原料、生产等各个环节的成本,从而降低总成本。面对跨国公司的猛烈冲击,我国钢铁、煤炭、装备工业等行业的国有企业纷纷通过兼并重组,提高企业规模,发挥规模效应,积极参与国际竞争。

2. 提高市场份额,提升行业战略地位

规模大的企业,随着生产力的提高,销售网络的完善,市场份额将会有比较大的提高,从而确立了企业在行业中的领导地位。例如,惠普与康柏电脑的重组确保了两家老牌 PC 企业在该市场领域较大的份额,使其能共同应对戴尔的强有力竞争。案例 8-1 中,雀巢公司也是通过并购这一战略手段来实现其营养食品获取全球领导地位的战略目标的。

案例 8-1

雀巢宣布完成并购美国最大婴儿食品公司

雀巢公司 2007 年 9 月 3 日宣布,雀巢并购美国最大婴儿食品公司——嘉宝公司一事于近期正式完成。雀巢目前已经开始将嘉宝整合进雀巢婴儿营养业务部。雀巢公司全球版图因这笔交易再度扩张。

2007 年 4 月,瑞士上市公司雀巢首度传出将要并购嘉宝品牌的消息,公司决定以 55 亿美元的价格,买下这个美国最大的婴儿食品制造厂。后者此前为瑞士诺华制药集团旗下的子公司,在美国的婴儿食品市场占有率接近 80%,而美国也是全世界最大的婴儿食品市场。

根据当时媒体的报道,雀巢公司的这项并购案将以现金支付方式完成交易。买下嘉宝后,雀巢仍将确保该公司在美国婴儿食品市场第一品牌的地位。雀巢公司高层称,并购将确立雀巢在婴儿食品界的领导地位,并为雀巢营养食品获取全球领导地位迈出决定性一步。

受收购嘉宝公司业绩拉动,下半年雀巢营养食品部规模将扩大,全年营业额超过 100 亿瑞士法郎(83.3 亿美元)。所谓营养食品范围包括健康食品、医学营养品、婴儿食品与奶粉等。在此带动下,雀巢公司称原定的 2007 年全年增长 5% 至 6% 的目标将可能被突破,全年营业额可望首次超过 1000 亿瑞士法郎(约合 833.3 亿美元)。

3. 获得充足廉价的生产原料和劳动力,增强企业的竞争力

通过并购实现企业规模的扩大,成为原料供应商的主要客户,能够大大增强企业的谈判能力,从而为企业获得廉价的生产资料提供可能。同时,高效的管理、对人力资源的充分利用和企业的知名度都有助于企业降低劳动力成本,从而提高企业的整体竞争力。

4. 实施品牌经营战略,提高企业的知名度,以获取超额利润

品牌是影响价值的重要因素,同样的产品,甚至是同样的质量,名牌产品的价值远远高于普通产品。并购能够有效提高品牌知名度,提高企业产品的附加值,使企业获得更多的利润。TCL 收购法国汤姆逊公司的一个重要目的就是要利用汤姆逊在欧美市场的品牌影响力为自己赢取更多的利润。

5. 获取先进的生产技术、管理经验、经营网络和专业人才等各类资源

并购活动收购的不仅是企业的资产,而且获得了被收购企业的人力资源、管理资源、技术资源、销售资源等。这些都有助于企业整体竞争力从根本上得到提高,对公司发展战略的实现有很大帮助。

6. 通过收购跨入新的行业,实施多元化战略,分散投资风险

这种情况出现在混合并购模式中。随着行业竞争的加剧,企业通过对其他行业的投资,不仅能有效扩充企业的经营范围,获取更广泛的市场和利润,而且能够分散本行业竞争带来的风险。企业在决定开拓新的行业和市场时,若重新建立一个企业,需要经过筹备、组建、投资等相当漫长的周期。若通过并购,企业就能迅速地进入一个新的行业,同时还可以利用原企业的生产经营经验及原有的市场优势。这不仅为企业争取了时间,同时还大大节约了管理费用,降低了成本。企业要进入新的经营领域,经验往往是有效进入障碍,见图8-1,尤其是对要进入高技术领域的企业更是如此,而通过并购企业可以获得"时间差"以及被并购企业的经验,从而打破行业进行壁垒。最初只生产电冰箱的海尔就是通过并购的方式陆续进入了空调、冰柜、洗衣机、微波炉等行业的。

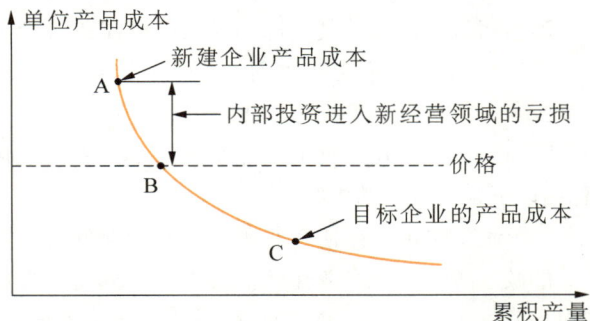

图8-1   企业经验曲线

四、企业并购策略的实施要点

一般来说,企业并购都要经过前期准备、方案设计、谈判签约和接管整合四个阶段,如表8-1所示。

表8-1   企业并购的四个阶段

序号	阶段	主要工作
1	前期准备阶段	● 企业发展战略与并购策略的制定 ● 目标企业的搜寻、调查与筛选 ● 目标企业的评估
2	方案设计阶段	● 目标企业的定价与支付方式的制定 ● 融资方式的制定与安排 ● 税务筹划与安排 ● 并购会计处理方法的选定 ● 并购程序与法律事务安排

续　表

序号	阶　段	主　要　工　作
3	谈判签约阶段	● 协商与谈判 ● 签约与公布
4	接管整合阶段	● 交接与接管 ● 整合

在以上整个并购流程中,目标公司分析(以便评估)、目标公司的价值估算和并购后的整合策略最为关键。

(一)目标公司分析

在收购一家公司之前,必须对其进行全面分析,以确定其是否与公司的整体战略发展相吻合,了解目标公司的价值,审查其经营业绩以及公司的机会和障碍所在,从而决定是否对其进行收购,用多少资金来收购以及收购后如何对其进行整合。

审查过程中,可以先从外部获得各方面有关目标公司的信息,然后再与目标公司进行接触。如果目标公司配合,可以请求获取其内部的详细资料,以便对其进行周密分析。分析的重点一般包括:产业、法律、运营、财务等方面。

1. 产业分析

任何公司都处在某个产业中,公司所处的产业状况对其经营与发展有着决定性的影响。产业分析主要包括以下几个方面的内容:

① 产业总体状况。产业总体状况包括产业所处生命周期的阶段及其在国民经济中的地位、国家对该产业的政策等。各个产业在经济发展的不同时期在国民经济中的地位是不同的,一定时期内一些处于领导地位的产业,会对国民经济发展发挥巨大作用,这些产业很容易受到国家重视,得到政策的扶持。如果位于这些产业中,企业容易从中受益。

② 产业结构状况。这可以根据波特的五力模型来进行分析。五种竞争力量构成了产业结构的状况。公司所处的行业结构状况对公司的经营有着重要影响。如果一个公司所处的行业结构不好,即使经营者付出很大努力,也很难获得一个好的回报。

③ 产业内战略集团状况。产业内各竞争者可以按照不同的战略地位划分为不同的战略集团。一个产业中战略集团的位置、战略集团之间的相互关系对产业内企业的竞争有着很大的影响。如果一个产业内各战略集团分布合理,公司处于战略集团的有利位置,将对公司经营十分有利。

通过以上对目标公司所处产业状况的分析,可以判断对目标公司的并购是否与公司的整体发展战略相符,以及并购后是否可以通过对目标公司的良好经营为公司获取收益。

2. 法律分析

对目标公司的法律分析,主要包括以下几个方面:

① 审查公司的组织、章程。在对公司的组织、章程的审查过程中,应该注意那些对收购、兼并、资产出售等方面作出的规定,如在并购中经过百分之几以上的投票认可方能进行并购的规定,以及公司章程和组织中有无特别投票权和限制。另外,对公司董事会会议记录也应当进行审查。

②审查财产清册。应审查公司对财产的所有权以及投保状况,对租赁资产应看其契约条件是否有利。

③审查对外书面合约。应该对被收购公司使用外界商标、专利权,或授权他人使用的约定,以及租赁、代理、借贷、技术授权等重要契约进行审查,注意在目标公司控制权转移之后这些合约还是否有效。

④审查公司债务。注意其偿还期限、利率及债权人对其是否有限制,例如是否规定了在公司的控制权发生转移时,债务将立即到期。

⑤审查诉讼案件。对公司过去的诉讼案件进行审查,看是否存在对公司经营有重大影响的诉讼案件。

3. 经营分析

对目标公司的经营分析,主要包括对目标公司的运营状况、管理状况和重要资源等的分析。

①运营状况。通过对目标公司近几年经营状况的了解,分析其利润、销售额、市场占有率等指标的变化趋势,对今后的运营状况作大致的预测,同时找出问题所在,为并购后的管理提供基础。

②管理状况。调查分析目标公司的管理风格、管理制度、管理能力、营销能力,分析其并购后是否能与母公司的管理相融合。

③重要资源。通过分析目标公司的人才、技术、设备、无形资产等资源,以便在并购后充分保护和发挥这些资源的作用,促进并购后公司的整体发展。

4. 财务分析

对目标公司的财务分析十分重要,主要是为了确定目标公司所提供的财务报表是否真实地反映了其财务状况。这一工作可以委托会计师事务所进行,审查的重点主要包括资产、负债和税款。审查资产时应注意各项资产的所有权是否为目标公司所有;资产的计价是否合理;应收账款的可收回性,有无提取足额的坏账准备;存货的损耗状况;无形资产价值评估是否合理等。对债务的审查要做到查明有无漏列的负债,如有应提请公司调整。另外,应查明以前各期税款是否足额即时缴纳,防止并购后由收购公司缴纳并被税务部门罚款。

(二) 目标公司的价值估算

在并购实施过程中,收购方必须对目标公司的价值进行估算,从而为公司的出价提供基础。另外通过估算目标公司的价值及其现金流量,可以决定相应的融资方法。由于公司是市场经济中的一种特殊商品,其价值是由多种因素决定的,公司的盈利能力只是它的使用价值,因此目标公司的定价是一个十分复杂的问题。一般在公司的并购中,目标公司的价值估算可以用净值法、市场比较法和净现值法三种方法进行。

(1) 净值法。所谓净值法是指用目标公司的净资产价值作为目标公司价值的方法,净值法是估算公司价值的基本依据。一般在目标公司不适合继续经营,或收购的主要目的是为了获取目标公司资产时会使用这种方法。使用这一方法的关键是正确估计目标公司资产和负债的实际价值,因此必须在保证获取的目标公司资产负债信息准确的基础上进行。目标公司的资产和负债净值计算出来之后,两者相减即得出其净值,该净值将被看作目标公司的价值。

（2）市场比较法。市场比较法是以公司的股价或目前市场上有成交记录的公司的价值作为标准，估算目标公司价值的方法。

（3）净现值法。如果收购公司的目标是为了继续对其进行经营，那么对目标公司的价值估算就应该以采用净现值法为宜。净现值法是通过预计目标公司未来的现金流量，再以某一折现率将其折现为现值来评估目标公司价值的方法。这一方法将收购公司的利润资本化作为目标公司的价值，它是基于目标公司未来的获利能力，而不是基于其资产价值来估算其价值的。这符合公司这一特殊资产的本质，因为在收购后对目标公司继续经营的情况下，目标公司的使用价值是其获利能力，而非其资产本身。传统上用目标公司以往年度的会计盈余为基础估算公司价值的方法，忽略了货币的时间价值，且没有反映目标公司未来的盈利能力、经营风险，因此无法反映收购后目标公司继续运营的价值。由于上述原因，净现值法是一种非常常用的方法。

以上三种方法在估算目标公司的价值时经常被采用，这三种方法适合于不同的场合，并不存在优劣之分，在并购时可以灵活使用，也可以同时使用几种方法。

（三）并购后的整合策略

企业并购的目的是通过对目标企业的运营来谋求企业的整体发展，实现企业的经营目标，因此，通过一系列程序取得目标企业的控制权，只是完成了并购目标的一部分。在收购完成后，必须对目标企业进行整合，使其与企业的整体战略、经营协调相一致，互相配合。对目标企业的整合具体包括：战略整合、业务整合、制度整合、组织人事整合和企业文化整合。

1. 战略整合

如果被并购企业的战略不能与收购企业的战略相配合，甚至相互融合，那么两者之间很难发挥出战略的协同效应。只有在并购后对目标企业的战略进行整合，使其符合整个企业的发展战略，才能使收购方与目标企业相互配合，使目标企业发挥出比以前更大的效应，促进整个企业的发展。因此，在并购以后，必须在整个企业的战略基础上，规划目标企业在整个战略实现过程中的地位与作用，然后对目标企业的战略进行调整，使整个企业中的各个业务单元之间形成一个相互关联、互相配合的战略体系。

2. 业务整合

在对目标公司进行战略整合的基础上应继续对其业务进行整合。根据它在整个体系中的作用及它与其他部分的关系，需要重新设置其经营业务：将一些与本业务单元战略不符的业务剥离给其他业务单元或者与其他业务单元合并；将整个企业其他业务单元中符合本单元战略规划的业务规划到本单元中，通过整个运作体系的分工配合以提高业务单元之间的协作，发挥其规模效应和协作优势。相应地，对目标公司原有的资产也应该重新进行配置，以适应业务整合后生产经营的需要。

3. 制度整合

管理制度对企业的经营与发展有着重要的影响，因此并购后必须重视对目标公司制度的整合。如果目标企业原有的管理制度良好，收购方则不必加以修改，可以直接利用目标企业原有的管理制度，甚至可以将目标企业的管理制度引进到收购企业中，对收购企业的制度进行改进；假如目标企业的管理制度与收购方的要求不相符，则收购方可以将自身的一些优良制度引进到目标公司之中，例如，存货控制、生产过程、销售分析等方面的制度。通过这种制度输出,可以对目标公司原有资源进行整合,使其发挥出更好的效益。尤其是收购后买方拟将目标公司纳入自己的整体,为了沟通和整体性管理的需要,买方应该逐步将规划与控制制度引入到目标公司中。

在新制度的引入和推行过程中,常常会遇到很多方面的问题,例如,引入的新制度与目标公司某些相关的制度不配套,甚至互相冲突,影响了新制度作用的发挥。在很多情况下,引入新制度还会受到目标公司管理者的抵制,他们通常会认为买方企业的管理者并不了解目标企业的实际情况,而盲目地改变了目标企业的管理制度。因此,在对目标企业引入新制度前,必须详细调查目标企业的实际情况,在对各种影响因素作出细致的分析之后,再制定出周密可行的策略和计划,为制度整合的成功奠定基础。

4. 组织人事整合

在收购后,目标公司应该根据其调整后的战略、业务和制度对其组织和人事进行重新整合。公司应根据并购后对目标企业职能的要求,设置相应的部门,安排适当的人员。一般在收购后,目标企业和买方在财务、法律、研发等方面的专业部门和人员可以被合并,以发挥规模优势,降低这方面的费用。如果并购后,双方的营销网络可以共享,则营销部门和人员也应该相应地加以合并。总之,通过组织和人事整合,可以使目标企业高效运作,发挥协同优势,使整个企业的运作系统互相配合,实现资源共享,发挥规模优势,降低成本费用,提高企业的效益。

5. 企业文化整合

企业文化是企业经营中最基本、最核心的部分,企业文化影响着企业运作的各个方面。并购后,只有买方与目标企业在文化上达成一致,才意味着双方真正的融合。因此对目标企业文化的整合,对于并购后整个企业能否真正协调运作有关键的影响。在对目标企业的文化进行整合的过程中,应深入分析目标企业文化形成的历史背景,判断其优缺点,分析其与买方文化融合的可能性。在此基础上,公司应当吸收双方文化的优点,摒弃各自的缺点,使之成为一种优秀的、有利于企业战略实现的文化,并积极地在目标企业中推行,使双方实现真正的融合。

第二节　企业战略联盟

战略联盟(strategic alliance)是 20 世纪 80 年代开始兴起的一种企业合作方式,在理论界最早由美国 DEC 公司总裁简·霍兰德和管理学家罗杰·奈格尔提出。目前,战略联盟已经成为企业重要的战略手段。本节将介绍什么是战略联盟,战略联盟产生的背景有哪些,并分析战略联盟的特点和形式,以及企业战略联盟的优势,最后探讨成功建立战略联盟的关键环节。

一、企业战略联盟的概念

企业战略联盟就是两个或两个以上的企业为了达到共同的战略目标而采取的相互合作、共担风险、共享利益的联合行动。战略联盟的概念具有以下内涵:

第一,战略联盟建立在各方有相近的"战略愿景"的基础上,谋求的是较为长远的战略上的共同利益。

第二,战略联盟企业之间的关系是一种合作伙伴关系,它超越了一般市场交易关系,但也没有达到合并的程度,它是介于市场交易和企业一体化之间的一种"中间组织"。企业在密切合作的同时,仍保持各自的独立性和平等地位。

第三,战略联盟关系的建立和维持主要有两种方式:股权参与或契约联结。股权参与就是通过相互持股或共同出资建立一家新企业(如合资)等方式,使联盟各方紧密结合在一起;契约联结则主要靠签订各种协议来保护各成员企业间的利益或约束彼此的行为。另外联盟各方虽不一定签署正式协议,但在承诺和信任的基础上,通过默契合约的方式来维系各方的合作行为,也可被视为契约联结。

第四,联盟企业间的合作并不一定是全方位的,在大多数情况下各企业只在某些领域进行合作,而在其他领域有可能仍形成竞争的局面。

第五,战略联盟一般是在大型跨国公司之间进行的,由于行业竞争的结果,在一个产业中往往只剩下几个大型企业或大型跨国公司,从而形成寡头竞争的局面,若再全面竞争下去,只会"几败俱伤"。此时,只有建立战略联盟,才能使跨国公司进一步发展。战略联盟的出发点是为了取得"双赢"或"多赢"的效果。

第六,尽管战略联盟主要为巨型跨国公司所采用,但它的作用决不仅限于跨国公司,作为一种企业战略手段,它同样适用于小规模经营的企业。

二、企业战略联盟产生的背景

企业战略联盟的出现绝不是偶然的,它是时代发展的产物,案例8-2描述了跨国战略联盟兴起的历程,对于我们分析企业战略联盟产生的背景大有裨益。

案例8-2

跨国战略联盟的兴起

跨国战略联盟由于其具有巨大的竞争优势,从20世纪80年代开始就迅速在全球得到了推广和发展。据统计,到20世纪90年代初,全球实行跨国联盟的企业数量已比20世纪80年代中期增长了6倍。而且随着技术开发成本的不断上升和市场风险的不断增大,采用跨国战略联盟进行经营活动的企业越来越多。20世纪90年代以来,实施战略联盟的跨国公司主要集中于半导体、信息技术、电子、生物工程、汽车制造、食品饮料、航运及银行等行业,其战略合作范围覆盖了从科研和开发到生产、销售和服务的全过程。据统计,在世界150多家大型跨国公司中,以不同形式结成战略联盟的已达90%。美国国际商用机器公司和日本理光公司联营销售其计算机、和日本钢铁公司共同开发系统设计、与日本富士银行共同推销其财务管理系统等,在竞争激烈的日本市场上,通过采用这种战略联盟形式,它获得了极大的经济效益。

归纳起来,战略联盟产生的大背景主要有以下几个方面:

(一)全球经济一体化

全球经济一体化为跨国公司的经营提供了很好的机会,因为只有全球市场才能满足它们的巨大胃口。不过更为激烈的国际竞争也给跨国公司的经营带来了困难,迫使它们不得不寻找新的更为有效的竞争武器。尽管各跨国公司在调整过程中的具体目标各不相同或各有侧重,但它们多数都采取了战略联盟作为实现战略调整的手段和方法。例如,在世界经济一体化的背景下,面对日益深化的国际分工,各国企业间的相互依赖和协作的关系日益密切,促进了企业战略联盟的形成和发展。图8-2说明了在汽车行业各主要生产国的企业之间相互参股、结成联盟的情况。国际战略联盟除了具备协调一致的网络功能外,联盟内成员进入退出壁垒小,保持了较高的灵活性。

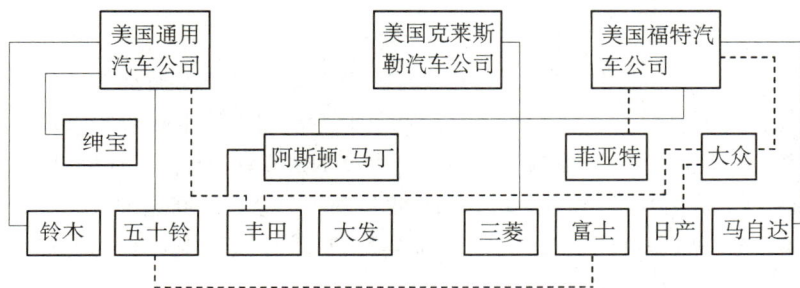

图8-2　汽车行业跨国公司战略联盟(实线表示参股控制;虚线表示联营)

(二)科学技术的飞速发展

近50年来科学技术的发展速度超过了有史以来的任何时期,而科技革命所带来的影响也是前所未有的,科研成果不断地将产品推向高科技化和复杂化,一种新产品的研发和问世往往涉及越来越多的技术领域,经过越来越多的生产和经营环节。因此,无论从技术上还是从成本上讲,单个公司依靠自身的有限能力是无法面对当今科技发展的要求的。战略联盟可以把各种研究机构和企业联成一体,为着共同的战略目标组成灵活网络,成效大于各单一成员相加之和。例如,为了将自己拥有主要知识产权的国际无线电通信3G标准TD-SCDMA尽快商业化,大唐电信集团组建了TD-SCDMA联盟,联盟内包括了研发和生产手机、核心网、基站等无线电通信各子系统的企业。

(三)实现总体战略目标

战略联盟以一种全新的思维和观念,为企业的扩张、全球战略目标的实现提供了一条新的途径,传统的与所有权密切相关的股权安排经营模式正在被新兴的以合作为基础的战略联盟模式所代替。采用战略联盟形式进行合作,既可以保存原有资源,又能在共享外部资源的基础上,相互交换经营所需的其他资源,从而实现其全球战略目标。当今世界最为经典的战略联盟非微软与Intel组成的软硬件联盟莫属,这两家公司的伟大合作使整个PC市场几乎都被它们垄断了。

(四) 分担风险并获取规模和范围经济

剧烈动荡的外部环境对企业的产品研发提出三点基本要求:不断缩短开发时间、降低研究开发成本、分散研究开发风险。通过建立战略联盟,扩大信息传递的密度与速度,可以避免单个企业在研发中的盲目性以及因孤军作战引起的重复劳动和资源浪费,从而降低风险。正如 IBM 前总裁郭士纳所言,即使是像 IBM 这样有实力的公司也难以独自从事研发工作。

(五) 防止竞争损失

为避免丧失企业的未来竞争优势,避免在诸如竞争、成本、特许及贸易等方面引起纠纷,企业间可以通过建立战略联盟,加强合作,达到理顺市场、共同维护竞争秩序的目的。

(六) 提高企业的竞争力

在产品技术日益分散化的今天,已经没有哪家企业可以长期拥有生产某种产品的全部最新技术了,单纯一个企业已经很难掌握竞争的主动权。战略联盟的出现使传统的竞争对手发生了根本的变化,企业为了提高自身生存的成功率,需要与竞争对手进行合作,即为竞争而合作,靠合作竞争。图 8-2 同样也反映了当今企业间这种既竞争又合作的关系。企业建立战略联盟可使其处于有利的竞争地位,或有利于其实施某种竞争战略,最终的目的则是提高企业竞争实力。

三、企业战略联盟的特点

企业战略联盟具有以下四个基本特点:

(一) 边界模糊

战略联盟是介于企业一体化与市场交易之间的一种"中间组织",联盟内的交易不是企业内部的交易,因为这种战略联盟交易的进行不完全依赖于某一个企业的治理结构;联盟内的交易也不同于市场上的交易,因为交易的进行并不完全依赖于市场的价格机制,战略联盟模糊了企业和市场的具体界限。

(二) 平等的合作伙伴关系

联盟企业之间的协作关系表现在:

(1) 相互往来的平等性。联盟成员均为独立法人实体,彼此没有行政层级关系,而是遵循自愿、平等、互利、互惠原则,独立进行决策,不必受其他成员企业决策的影响。

(2) 合作关系的长期性。联盟关系不是企业之间一次性的交易关系,而是相对稳定的长期合作关系。

(三) 经营收益的协同性

每个联盟成员企业都有自己的核心资源和特定优势,但没有哪个企业的技术能在所有方面都居于世界领先水平(尤其是在高新技术行业中)。通过战略联盟,可以将各企业的优势结合起来,使每个环节都能达到世界一流水平,这是任何单独企业所无法实现的。借助战略联盟企业可实现技术上的优势互补,产生战略协同效应,每个成员都能获得与其在联盟中的地位和贡献相适应的收益,这种收益是靠单独一个企业的经营所难以获得的。

(四)组织形式呈网络型

企业战略联盟有时并不是一个独立的经济实体,其结构相对松散,当外部环境出现发展机会时,企业可以迅速组成战略联盟并使其发挥作用;当外部环境发生变化,企业战略联盟不再适应要求时,也可迅速将其解散。

另外,一个公司可以同时和若干个公司结盟,其间其盟友又可以再同其他若干公司结盟,因而战略联盟常呈网络状。自 20 世纪 80 年代以来,这种模式已成为企业战略联盟较普遍的组织结构模式。

四、企业战略联盟的形式

企业战略联盟的形式多种多样,下面重点介绍几种常见的企业战略联盟形式。

(一)合资

由两家或两家以上的企业共同出资、共担风险、共享收益而形成新企业,是目前发展中国家尤其是亚非等地普遍采取的形式。合作各方将各自的优势资源投入到合资企业中,使其发挥单独一家企业所不能发挥的效益。

(二)研发协议

为了某种新产品或新技术,合作各方签订一个研发协议。由于汇集了各方优势,可以大大提高研发成功的可能性,加快研发速度。同时,各方共担研发费用,可以降低各方研发成本与风险。

(三)定牌生产

如果一方有知名品牌但生产能力不足,另一方有剩余生产能力,则有生产能力的一方可以为品牌方定牌生产。这样,有生产能力的一方可充分利用闲置生产能力,谋取一定利益,而拥有品牌的一方,则可以降低投资费用或并购所产生的风险。

(四)特许经营

具有重要无形资产的企业,可以与其他各方签署特许协议,允许其使用自身品牌、专利或专用技术,从而形成一种战略联盟。拥有资产的一方不仅可获取收益,还可利用规模优势加强对无形资产的维护;受许可方获得的好处则是便于扩大销售、谋取收益。

（五）相互持股

合作各方为加强相互之间的联系而持有对方一定数量的股份,这种战略联盟中各方的关系相对更加紧密,而双方的人员、资产则无需完全合并。

（六）技术交流协议

联盟成员间相互交流技术资料,通过学习知识来增强企业竞争实力。

（七）产业协调协议

联盟成员建立全面协作与分工的产业联盟体系,一般多见于高科技产业中。

▎五、企业战略联盟的优势

企业与现实的或潜在的竞争对手结盟,通常可以实现以下战略目标:

第一,合资或结成其他战略联盟是克服市场进入壁垒的有效途径。例如,在 20 世纪 80 年代中期,摩托罗拉开始进入日本移动电话市场时,由于日本市场存在大量正式、非正式的贸易壁垒,使得摩托罗拉公司举步维艰。1987 年,它与东芝结盟制造微处理器,并由东芝为其提供市场营销帮助,此举大大提高了摩托罗拉与日本政府谈判的地位,最终获准进入日本的移动通信市场,成功地克服了日本市场的进入壁垒。1984 年,美国的长途电话业解除管制后,美国电报电话公司(AT&T)获得了产品经营的自由,进入了个人电脑市场。当时 IBM 采取的反击措施是与 AT&T 在长途电话行业的主要竞争对手 MIC 结成联盟,并收购了 MIC20％的股份,通过 MIC 在长途电话行业的低价战略来钳制 AT&T 的发展。与此类似,日本的几家规模较小的汽车公司如马自达、铃木和五十铃,在进入美国市场时都采取了与美国汽车企业联营的办法来克服进入壁垒。

第二,结盟可以分担巨额的产品开发费用和固定资产投资,降低风险。全球性行业的技术和资金密集性质要求新产品开发要有巨额的产品开发费用和固定资产投资的支持。据估计,开发一架新型民用客机的科研和设计费用约为 10 亿美元;微处理器生产厂用于研发设计的投资通常也要超过 10 亿美元。企业在这样的行业里单枪匹马地发展,所冒的风险实在太大。摩托罗拉与日本东芝结盟的动机之一便是与之分担建立微处理器制造厂的高额固定成本开支。

第三,结盟可以实现优势要素的互补,增强企业的竞争实力。一个明显的例子是法国汤普逊公司与日本 JVC 合作生产、销售录像机。双方按照协议规定相互交换自己的特长:JVC 向汤普逊提供产品技术和制造工艺,而汤普逊向 JVC 提供其在欧洲市场上的成功营销经验。这是一种机会均等、互惠互利的合作。另一个例子是 AT&T 与日本电气公司(NEC)在 1990 年达成的相互交换技术的协议:AT&T 向 NEC 提供计算机辅助设计技术,而 NEC 则向 AT&T 提供计算机芯片技术。大多数成功的战略联盟形式都是为了实现双方优势要素的互补而签订平等互利的协议。在案例 8-3 中,新浪网早期的发展就是借助战略联盟,迅速增强了自身的竞争实力。

新浪巧妙的战略联盟谋略

新浪目前已经成为全球最大的中文门户网站,也是中国最成功的互联网公司之一。回顾新浪自成立以来的快速成长历程,巧妙运用战略联盟丰富自己的网站内容,提升品牌知名度是其重要的成功经验。

1998 年 12 月 1 日,四通利方宣布并购海外最大的华人网站公司"华渊资讯",成立全球最大的华人网站"新浪网",此后便开始与一系列机构建立战略联盟关系。

1999 年 3 月 18 日,新浪与中国足球协会联合推出"中国足球职业联赛"官方网站。

2000 年 11 月 28 日,新浪与硅谷动力合作,联手推出新浪硅谷商城。

2001 年 1 月 15 日,新浪与中国著名的娱乐网站——中国娱乐网正式宣布结成战略联盟。双方将借助新浪网的平台资源和中国娱乐网的互动娱乐资源,联合推出面向宽带用户的影视娱乐平台。

2002 年 4 月 18 日,新浪宣布与电信增值运营商 263 网络集团进行战略合作,推出新浪热线。此次双方由竞争走向合作,开启了互联网盈利的新模式。同时它也标志着整个互联网产业内部优势重组、合作分工趋势的形成。至此新浪三大业务构架也正式形成。

2002 年 5 月 17 日,新浪与世界最大的化妆品集团欧莱雅及女性权威刊物《中国妇女》杂志社,共同建立了新浪女性频道"伊人风采"。

2002 年 12 月 3 日,新浪与 NIKE 公司进行战略合作,欲打造网上第一体育社区。

2003 年 1 月 13 日,新浪与世界著名的移动电话制造商摩托罗拉公司在无线网站方面建立战略合作伙伴关系。双方还将在提供无线资讯和创建无线社区功能方面进行战略合作。

2003 年 7 月 8 日,新浪与华旗资讯、迈世亚科技合作,力图建立国内最大的收费邮箱市场。

2003 年 4 月 15 日,新浪与中国搜索联盟结成战略合作关系,共同开拓搜索引擎服务市场。

2004 年 2 月 20 日,新浪携手韩国网络游戏公司 Plenus 在华启动游戏门户服务。

……

新浪的战略联盟谋略最主要的目的是为了弥补自己的战略缺口,实现自己为客户提供全面服务的目标。新浪在分析自己的外在竞争环境和评估自身的竞争力及资源时,发现如果仅仅依靠自有资源和能力是很不够的,只有通过实施战略联盟,巧借他力,才能实现自己的战略目标。此外,实施战略联盟也有利于新浪利用联盟方强大的品牌效应、忠诚的顾客等有利因素来扩大自己的市场占有率,最终提升新浪的核心竞争力。

第四,结成战略联盟有助于企业建立行业技术标准。在一些行业中,一个企业的技术标准能否成为行业标准,对企业的竞争成败起着关键性的作用。例如,飞利浦与松下结盟,共同制造和销售飞利浦的数字式高密磁盒(DCC),在松下的帮助下,DCC系统成为了新的行业技术标准。在当时,索尼公司也正在开发高密磁盒技术,且也在努力使其成为新的行业标准。两家企业的这两种技术相互替代,最终只能有一种得以普及成为全行业的技术标准,另一种必然要被逐出市场,意味着约10亿美元的巨额投资将化为乌有。因此,飞利浦与松下结盟的战略意义非常重大,大大提升了企业在这场激烈竞争中的地位。

六、建立战略联盟的关键环节

战略联盟作为企业的一种竞争战略,有利也有弊。企业要想通过结盟来增强自身的竞争实力,就要注意发挥结盟带来的各种有利因素,避开结盟可能带来的种种弊端,趋利避害,扬长避短。一般而言,决定战略联盟成功与否的关键环节有:合作伙伴的选择、联盟的组织结构以及对联盟的有效管理。

(一)合作伙伴的选择

选择适当的合作伙伴是建立战略联盟的首要关键环节。适当的合作伙伴具有以下主要特征:

第一,它必须能够有助于企业实现其战略目标,如进入市场,分担新产品开发的风险,获得至关重要的技术、技能资源等。换句话说,合作伙伴必须具有企业急需但又缺乏的资源要素。

第二,双方对结盟的意图是一致的,即都希望增强自身的长期竞争实力。如果各方对结盟的意图相距甚远,同床异梦,那么联盟破裂的可能性就很大。

第三,合作伙伴不能是机会主义者。与机会主义者结盟,企业要冒失去技术、市场以及从对方处获益甚少的巨大风险。企业要注意选择有良好合作声誉的企业作为合作伙伴。

为了选择一个适当的合作伙伴,企业首先要广泛调查每个可能的合作对象,然后对其进行筛选。这就要求企业搜集尽可能多的有关这些企业的信息,包括从第三方搜集相关信息,如寻求曾与其有过业务往来的企业、银行的协助,或询问这些企业以前的员工等。另外,在作出决定之前,要尽可能详细地了解对方。为了确保选到合适的合作伙伴,与对方管理人员进行面对面的会谈通常也是必不可少的。

(二)联盟的组织结构

在选定合作伙伴以后,企业应该做好联盟的组织工作,将联盟建立在双方平等互利的基础上,防止对方的机会主义行为。这通常需要注意以下几点:

第一,在设计联盟的组织结构时要防止不应转移的技术发生转移。具体地讲,就是要通过签订协议,严密规定组织产品的开发、设计、制造、销售及售后服务的全过程,保护技术秘密,防止发生泄漏。例如,在通用电气公司和斯奈克玛(Snecma)结盟共同制造民用客机引擎时,为了防止发生意外的技术转移,通用电气公司采取了严密的防范措施,仅允许斯奈克玛参与最后的成品组装工作。同样,波音和日本企业为开发767客机而结盟时,波音仅仅让日本企业共享了生产技术,而没有让其参与研究开发、设计、营销等影响波音公司竞争地位的战略环节。当然,波音也不会向日本企业提供与767客机无关的技术信息。

第二,在联盟协议中加入相关保护性条款。例如TRW有限公司和日本的汽车零部件供应商结盟,共同生产汽车零部件并供应给设在美国的日资汽车组装厂。在联盟协议中,TRW规定了详细的保护性条款,禁止联盟企业与TRW竞争,向美国的美资汽车制造商,如通用汽车、福特、克莱斯勒等供应零部件。这类合同条款排除了日本公司通过结盟而进入TRW的原有市场、成为其竞争对手的可能性。

第三,结盟双方预先同意相互交换技术等优势要素,从而确保双方都有利可图,将联盟建立在平等互利的基础之上。要做到这一点,最常用的办法是签订交叉许可协议。例如,在摩托罗拉与东芝结盟时,摩托罗拉向东芝许可转让了它的微处理器技术,作为交换,东芝也向摩托罗拉转让它的内存贮器芯片技术。

第四,在结盟时,可以要求对方实际投入一定的资源,以减少对方的机会主义行为,防止自己投入过多而收获其少。施乐和富士结盟制造复印机并供应给亚洲市场就是这方面的一个例子。尽管富士起初要求双方签署一项技术转让协议或者某种非正式安排,但施乐则坚持要求双方成立一个股权对等的合资企业。这样就使双方都作出了实际投入,为了获得较高的投资回报率,双方便会努力合作。同时,施乐向富士转让复印机技术时,也就没有了后顾之忧。

(三)战略联盟的管理

一旦选定了合作伙伴并建立了适当的联盟组织结构,企业面临的任务就是要从战略联盟中获取最大的收益。这就要求企业对联盟实施有效的管理以确保联盟成功运行。管理战略联盟是一项非常复杂的任务,涉及很多因素。其中,需要考虑的一个重要因素是文化差异。管理人员在与合作伙伴交往时,必须要考虑到这种差异。另外,成功地管理一个联盟还需要在来自不同企业的管理人员之间建立良好的人际关系。管理人员之间的私人友谊和相互信任能使他们在工作中协调一致,减少摩擦和冲突。这种私人关系网可以在公司之间形成一种非正式的管理网络,它常常有助于解决双方合作中产生的问题。

决定公司从结盟中获益大小的一个重要因素是该公司向合作伙伴学习的能力高低。美国研究人员发现,日本公司常常非常努力地向合作伙伴学习,而很少有西方公司愿意认真向日本公司学习。西方公司常常将联盟看作是纯粹的成本、风险分担的措施,而不认为它是一种向竞争对手学习的机会。

企业不仅应采取措施以确保能从合作伙伴处学到知识,而且应当建立使这种知识在本企业内部推广应用的制度。一种可行的途径就是告知本企业员工对方的长处和短处,并使他们充分意识到获取对方的优势要素对本企业竞争地位的重要性。

本章小结

并购是企业成长发展的一种重要方式,它通过获得被收购公司的全部或部分产权来控制、影响被收购公司,使其为达成本企业的战略目标服务。并购的分类方法较多,无论何种并购,其主要动因都是为了扩大企业规模获得规模效应;扩大企业市场份额,提高市场地位;获取廉价的生产原料和劳动力;获得品牌、技术、管理、网络、人才等资源;实施多角化战略;降低风险等。

统计数据表明,成功的并购不到所有并购行为总量的一半,因此正确地推动和实施并购非常关键。其中对被收购公司的选择和分析,对目标公司的价值评估以及并购后的整合至关重要。

企业战略联盟兴起不到40年,却已经成为企业重要的战略手段。战略联盟是全球经济一体化、科学技术快速发展背景下企业提高竞争力的一种必然选择。战略联盟的形式多种多样,企业通过合作,分担风险,共享收益来实现共赢的局面。

战略联盟的优势表现为降低了企业进入新市场的门槛;使联盟内部的企业可以分担研发等成本,降低了投资风险;帮助企业获取互补型资源以增强竞争力;有助于企业建立行业技术标准。实施战略联盟的关键环节包括:合作伙伴的选择、联盟的组织结构以及对战略联盟的有效管理。

思考题

1. 请简要说明并购对于企业成长的意义。
2. 请以一起实际的并购案为例,说明该并购案的类型、动因。
3. 为什么大多数并购案都以失败告终? 请举例说明。
4. 企业战略联盟的实质是什么? 为什么战略联盟能够在20世纪80年代以后大行其道?
5. 请举一实例分析该战略联盟形成的原因,联盟参与方能够通过该联盟获得哪些收益?

案例应用

思科的并购战略

1. 思科是"微软第二"吗

思科公司无疑是当今最成功的IT企业。在计算机工业历史上,它增长最快,盈利最多,并已成为面向未来的网络产业领袖。微软公司股价从上市到市值达1000亿美元,用了近11年,而思科只用了8年半;当微软这只"龙头股"一路下跌之际,思科又趁机超过了微软,一度成为全球最有价值的企业。"赢者通吃",似乎已成为IT产业的规则。微软公司正是靠Windows而一举占有了全球九成以上的市场。那么,思科是否也在走技术垄断的道路? 在未来,思科是否会成为微软第二?

思科公司的回答是否定的。思科(中国)公司副总经理林正刚解释道:"我们在路由器上确实占有很高的市场份额,但这与微软在操作系统上的情况不同。微软的Windows源码始终没有公开,因此别人无法在这个领域和它竞争。而我们对于路由器的制作标准是公开的,别人也可以制作,所以我们不存在技术垄断。"

2. 思科如何在并购中壮大

思科的成功,不靠技术垄断,又靠什么? 不搞技术垄断,又如何保持技术优势?它成功的企业并购战略或许是它取得成功的重要原因之一。

在思科看来,像网络产业这样日新月异的高技术领域,什么都由自己开发是不可能的。而客户又越来越希望从一个或几个厂商那儿采购所有产品。确实,在追求便利高效的时代,能够提供系统集成的产品,将注定在市场上拥有很强的竞争力。而收购则是一家公司扩大自己产品线最迅速的方式。1993年,思科总裁约翰·钱伯斯就构思了企业未来的产品框架,并建议用并购来填补空白。这个方案立即被付诸实施。

思科公司在一个财政年度内进行10次并购,使公司的销售额增长了44%,利润增长了55%。思科并购的速度是惊人的。在美国,人们甚至称思科为"并购引擎"。从1993年到2000年,这架"引擎"就像它的路由器那样按照互联网的时间在运行——它花费近200亿美元并购了51家公司,其中,仅1999年就它收购了21家公司。思科在1999年收购Cerent公司时,收购价格高达72亿美元,然而,整个收购谈判过程却只花了三天零两个半小时。

思科的收购已经成为一种文化和科学。每年连续不断的收购,使思科的竞争优势不断地获得提升。思科在其通过收购参与竞争的15个市场中的14个里已达到了数一数二的地位。思科通过大量成功的并购,不但改变了自己的形象,而且填补了其生产的空白,从而成为高技术产业领域的一个样板。

3. 思科并购的是什么

思科公司衡量一次并购是否成功的标准,第一条就是所购公司员工的续留率,其次是新产品的开发情况,最后才是投资的回报率。几年来,思科已网罗了一批优秀人才。每一次被收购的公司都与思科融合得很好。思科购买的很多公司的老总均选择继续留在思科,并且身居要职,这在互联网上界是较少有的。通过并购,思科减少了自己的竞争对手,同时又获得了新的市场领域的技术和人才,它将这些资源有机地融入自己的产品/服务体系中,这正是思科成功的秘诀。

【案例讨论】

1. 思科在并购过程中是如何进行战略性思考的?
2. 从战略的角度分析,思科为何不收购势均力敌者?
3. 思科是如何具体实施并购战略的?

第九章
企业国际化战略

学习目标

- 掌握企业国际化战略的含义
- 了解企业国际化战略的规划及实施步骤
- 了解企业国际化战略的模式
- 了解中国企业实施国际化战略的经验

ABB公司全称为阿西亚·布朗·勃法瑞集团，组建于1987年，是由两家百年企业——瑞典的ASEA和瑞士的BBC合并而成的，总部设在瑞士的苏黎世，为一家主营电气工业、加工工业和铁路工程的全球性集团公司。ABB集团业务遍布全球100多个国家和地区，2015年该公司销售收入达360亿美元，相当于秘鲁这样中等规模国家的年产值。

ABB集团董事会由来自瑞士、瑞典、德国、美国和卢森堡等国的9人组成，在世界各地设有工厂和分支机构，销售收入也来自世界各地。2015年360亿美元的销售总额中，其中34%来自欧洲，美洲占29%，亚洲、中东、非洲占37%。ABB共有约13万名员工在全球各个地方工作，其中欧洲有约45%、美洲有约23%，亚洲、中东、非洲有约23%。

很难简单回答ABB属于哪个国家。该公司的财务报表一律使用美元，工作语言采用英语，总部仅100多名管理人员，而生产、销售却遍布全球。正如ABB公司总裁珀西·巴内维克所说："ABB公司既没有地理重心，也没有民族轴心，与此相反，ABB是许多民族公司在世界范围内协作的联盟，到处为家。"

第一节　企业国际化战略概述

自 20 世纪中叶以来,世界经济进入经济全球化新时代,企业单纯依靠国内业务的高效管理已无法获得真正的、持久的成功。渴望做大做强的企业若想在全球范围内保持竞争优势,必须进行国际化经营。

一、企业国际化和企业国际化战略的概念

企业国际化(corporate internationalization)是指国内企业参与国际分工与经济一体化进程,逐步发展为一个国际企业或跨国公司的过程。企业国际化经营是相对于国内经营而提出的,是企业融入世界经济一体化的发展过程,其发展结果或表现形式为国际企业或跨国公司。在当前错综复杂的国际经营环境中,企业若想成功实现国际化经营,在国际市场竞争中取得有利地位,必须以战略管理作为企业经营管理的核心内容。

企业国际化战略(corporate internationalization strategy)是指企业在面对严峻的国际经营环境和国际市场激烈的竞争时,为谋求生存和不断发展而作出的总体性、长远性的投资谋划和方略。企业国际化战略是企业在正确分析和估量国际外部环境和企业内部条件的基础上,寻求企业在国际经营目标、经营结构、资源配置等方面与外部环境之间保持动态平衡的战略,它能够帮助企业在激烈的国际市场竞争中求生存、求发展。

二、企业国际化的产生和发展历史

经济全球化的发展促使企业的国际化经营发生了质和量的变化,同时企业国际化经营也加快了经济全球化的进程。因此,经济全球化与企业国际化密不可分,经济全球化的微观主体就是那些进行国际化经营的企业,我们可结合经济全球化的进程来考察企业国际化的产生与发展。

企业国际化的萌芽产生于资本主义生产方式准备时期。当时,重商主义盛行,西欧国家通过不等价交换和其他暴力方式,向全球进行殖民扩张,大量掠夺殖民地的财富,进行资本原始积累。英、荷、法等国为保证其在殖民地贸易中的垄断地位,统治阶级与殖民者、冒险家结合,通过建立贸易公司在殖民地进行掠夺性的商业活动,为资本主义生产方式的确立创造了条件。例如,英国的东印度公司、哈德逊湾公司(The British Hudson's Bay Co.)等均为此时建立的国际化公司雏形。

国际化企业的形成正式产生于资本主义生产方式确立后。当时,为保证市场的稳定和原料的供应,许多企业开始进行国际化经营。例如,美国的胜家缝纫机公司(Singer),在 1851 年取得缝纫机专利后,为防止外国企业仿造,开始在海外设立工厂。一战前,美国在海外拥有的制造业子公司达 122 家,欧陆国家拥有 167 家,英国拥有 60 家。

二战后,全球范围内的直接投资(foreign direct investment,FDI)规模迅猛增长,特别是 20 世纪 50 年代以来,国际企业得到迅速发展。从那以后,企业国际化的发展分为以下

三个阶段:

第一阶段,1945 年至 20 世纪 70 年代初。本阶段的明显特征是美国企业占据主导地位。二战后,美国作为战胜国,综合国力得到空前增强,而大部分欧洲和日本的公司由于受到战争的重创,还没有参与世界性的跨国投资与竞争的实力和精力。美国凭借其雄厚的经济、资金和技术优势,帮助其国内企业进行横跨拉丁美洲、亚洲和欧洲的国际化经营。据统计,1956 年,世界最大的 200 家国际企业中,美国有超过总量 70% 的 144 家,占有绝对优势地位。

第二阶段,自 20 世纪 70 年代初开始至 80 年代末。西欧和日本企业的经济实力在战后的几十年中得到快速恢复与发展,实力逐渐增强,也开始实施国际化战略。至 20 世纪 70 年代初,西欧和日本的对外直接投资年增长率均达到 20% 左右,远高于同期美国 11.1% 的年增长率。此时,西欧和日本的国际企业数量和规模也都有所提高,经济实力和竞争能力迅速增强。此外,一些发展中国家借 20 世纪 70 年代石油和某些原材料价格上涨,经济实力获得增强,也开始对外直接投资。因而,在这一时期美国国际企业相对优势大大下降,国际直接投资与国际企业呈现多极化的格局。

第三阶段,自 20 世纪 90 年代初期至今。20 世纪 90 年代以来,世界经济全球化趋势加剧,企业国际化经营被看作企业进入国际市场的重要战略,因而得到空前发展。国际企业的地区与行业分布不均,最大的 100 家国际企业中大约有 90 家属于美国、日本与欧盟,有一半以上集中于电子电器设备、汽车以及石油勘探与分销行业。2002 年,非金融类的国际企业数量占全球国际企业总数的不到 0.2%,而其海外分支机构的数量、资产和雇员人数却分别占到了全球国际企业的 14%、12% 和 13%。20 世纪 80 年代后,发展中国家的国际企业虽然得到了迅速发展,在全球对外直接投资存量中的比重由 20 世纪 80 年代中期的低于 6% 增至 2003 年的 10%,但总体实力与发达国家相比仍相去甚远。

2015 年,中国(包括台湾和香港)的世界 500 强上榜公司达到 106 家,日本、德国、英国、法国等国家企业入榜数量位列其后,而美国公司则以 128 家的优势继续领跑。

三、企业国际化的动机

企业为什么要开展国际化经营?各企业由于所处行业、规模、产品特点、技术水平、管理水平等方面的差异,开展国际化经营的动机也各不相同。大致而言,企业国际化经营的动机主要有以下几种类型:

(一)市场指向型

寻求新的市场机会是企业跨国经营最常见的驱动因素。对于那些已取得某些竞争优势的企业而言,通过开拓海外市场来提高市场占有率、增加盈利能力、实现规模经济、增强品牌的国际知名度,可以进一步扩大企业的生存能力和竞争优势。例如,雀巢、拜耳和福特等许多欧美跨国公司在发展到一定程度后,由于本国市场难以继续容纳其在食品、烟草、化工制品、汽车等产业不断提升的大批量加工制造能力,便开始积极进行国际化扩张,时至今日,它们已经成为跨国公司中响当当的品牌。

（二）规避贸易壁垒型

当企业把产品出口到某外国市场时，往往会遭到高额关税、低进口配额、进口管制等各种各样的贸易保护手段的抵制。贸易壁垒使企业在外销市场遭遇挫折，可能由于高关税保护而失去其价格竞争优势，或者根本就很难进入市场。为保护产品出口市场，企业可通过直接投资，将生产基地转移到进口国，以绕过关税壁垒，实行本地生产、本地销售，从而形成企业国际化经营。

（三）劳动力指向型

有些企业进行国际化经营主要是为了利用东道国相对低廉的劳动力。在工业发达国家，劳动力要素越来越昂贵，已不适宜生产劳动密集型产品，加之资本密集型的新兴行业在技术革命与革新的推动下迅速发展和涌现，相关企业就倾向于将劳动密集型的传统行业和新产品转移到世界上劳动力价格低廉的地区，主要是发展中国家和地区。同时，发展中国家和地区普通技术水平的劳动力也已能很好地满足那些生产工艺规范、生产操作简单的传统产品的生产需要。例如，日本企业将服装、鞋类、家用电器、照相器材等行业的生产基地由本国转移到东南亚的一些国家和地区，就是劳动力指向型投资，目的是为利用当地的廉价劳动力，取得丰厚的利润。

图 9 - 1　迁往越南的中国纺织企业

（四）自然资源指向型

企业为获得竞争优势，需要有充足的自然资源、人力资源、技术资源以及财务资源等。若国内市场缺乏某种自然资源，而在其他国家（或地区）比较便宜或限制较少，或某类资源移动性较差，企业便会为了获得该类资源而到该国或地区从事国际化经营。例如，某些大型跨国钢铁公司，通过在澳大利亚等原料产地设立铁矿子公司或分支机构，在控制原料产地的同时也控制下游市场，从而获得高额利润。

（五）全球战略一体化型

某些大型跨国公司进行国际化经营主要是为了实现全球经营战略，达到总体战略优化和提高全球竞争优势的目的。这类企业资金雄厚、技术先进、管理水平高，通过在世界范围内配置生产基地，可以实现公司内部的水平分工与垂直分工、多元化经营等目标。

除了这些主要的驱动力之外，利用各国不同的优惠政策、规避管制与税收也是企业跨国经营的主要驱动力之一，跨国公司总是倾向于通过内部交易将利润转移至低税率国家。另外，现实中，有些国家的整个产业可能被进口国裁定高额反倾销税，抑或被限制进口配额。因此，为了规避这些制裁，这些国家的企业可能投资第三国，利用第三国的配额和原产地优势绕道出口到目的国。

在知识经济时代，人力资源及其所处的创新环境对于高新技术企业尤为重要，是不可替代、难以转移的资源。因此，获取高质量的知识资源和优秀的创新人才成为很多高技术跨国公司在海外设立研发机构的重要原因。例如，微软公司、IBM公司等跨国高技术公司在中国、印度等发展中国家建立研究院，目的正在于此。

最后需要强调的是，企业跨国经营的目的往往不限于某一两种因素，可能是上述多种因素综合权衡的结果。

第二节　企业国际化战略模式及选择

企业国际化战略往往是一个多元化的复杂结构体系，包括公司战略、业务竞争战略和职能战略三个层次。处在最高层次的是公司战略，它是将公司作为一个整体来考虑，为确定公司整体战略目标和经营领域、使公司有效调动和使用各种资源而制定的战略。在公司战略的指导下，各战略事业单位针对某项主业而制定的发展战略是某个既定领域内的业务竞争战略。为贯彻、实施和支持公司战略与业务竞争战略，各职能部门在特定职能管理领域制定的战略，是职能战略。本节将介绍几种常见的公司战略，其中，会重点关注市场进入战略及全球经营战略。

一、企业国际化市场进入战略模式及选择

企业要进入国际市场，战略的选择是一项至关重要的决策，行动前一定要充分论证其可行性，根据企业产品的生命周期、规模经济效益、品牌与广告支出等内在因素，以及社会文化差异、东道国管制状况、世界经济环境等外部因素，选择最适宜的进入方式。

一般而言，企业开拓海外市场的进入模式大致可以分为贸易型市场进入模式、契约型市场进入模式、投资型市场进入模式和战略联盟型市场进入模式四大类。这四种全球化经营战略同时也展现了企业国际化的纵向成长轨迹。

（一）贸易型市场进入模式

贸易型市场进入模式是指通过向目标国家或地区出口商品从而进入该市场的模式。这

种模式费用低、风险低,利润回报速度快。中小企业在国际化经营起步时期最常使用这种模式,从生产国的直接出口开始,同时出口能力也是衡量企业全球竞争力十分重要的指标之一。

贸易型市场进入模式分为间接出口与直接出口两种类型。间接出口是指本国企业与国外市场无直接联系,而是通过本国的中间商经销或代理其产品出口,因而不涉及国外业务活动,不必专设机构或雇佣专职人员经营出口,从而节省费用,并且不承担出口风险。不具备进出口经营权的企业若想打入国际市场,适宜采用间接出口方式。

企业凭借自己的营销力量,在国际市场上建立自己的营销网络,直接经营产品的方式就是直接出口方式。采用此方式,企业需要建立出口部门和国外营销渠道,要派出销售人员,投资和风险比间接出口要大,但有利于企业与国外的用户建立密切的联系,掌握国际市场行情,掌握产品流通领域的主动权。本方式适宜于产品出口量大或市场规模大,并有充分力量支持出口业务活动的企业。

知识链接

间接出口和直接出口的主要方式

间接出口的主要方式:

(1)通过专业国际贸易公司:企业将产品卖给或委托专业国际贸易公司进行出口销售。

(2)"搭便车"出口:企业利用另一个出口企业已建立的国外销售渠道和经营能力出口。

(3)出口管理公司:出口管理公司是专门为中小企业提供出口贸易服务的公司,它们收取一定佣金,采用代理的形式帮助企业出口。

(4)外国企业驻本国机构:国外大型批发商、零售商、原材料采购商和国际贸易公司在东道国设立的采购处,它们可以负责将东道国商品出口到本国或其他国家和地区。

直接出口的主要方式:

(1)企业驻外办事处:负责销售本企业产品,并完成为企业搜集市场信息、为客户提供维修服务等任务。

(2)国外销售子公司:较驻外办事处更具独立性,可帮助企业更深入进行国际化经营。

(3)直接销售给最终用户:适用于大型设备或专有技术出口。

(4)国内出口部:专门从事国际销售,是国内销售部门的分支机构。

(二)契约型市场进入模式

契约型市场进入模式是指企业通过与目标国家或地区的法人之间订立长期的非投资性的合作协议而进入目标国家的模式。在该模式中,企业输出技术、技能、劳务和工艺等资源,是一种"非股权安排"。企业无需在国外进行大规模资金、技术投入,即可顺利进入该国市场。目前,国际上常见的契约型市场进入方式有授权经营类(普通授权经营、特许经营)、服务合同类(技术协议、服务合同、管理合同)、建设或生产合同类("交钥匙"工程、合同生产、分包)等。

契约型市场进入方式的主要类型

1. 许可证贸易：许可方与被许可方签订一项许可证协议，许可方在一定条件下，允许被许可方使用其发明的专利、专有技术或商标。

2. 特许经营：特许者将自己所拥有的整套知识产权以特许经营合同的形式授予被许可者使用。

3. "交钥匙"工程：国际企业与东道国用户签订协议，为其设计建造整体工程，工程完工并可投入使用时将其移交给东道国用户。

4. 管理合同：具有管理优势的国际企业经由合同安排委派其管理人员到国外企业承担经营管理任务，收取一定的管理费用。

5. 国际BOT方式：国外企业承接项目所在地政府的大型基础设施或工业项目的设计、建设，在固定期限内可通过运行该项目获得收益，待期限结束后，将该项目转让给项目方所在地的政府。

案例9-1

麦当劳在欧洲的特许经营

麦当劳在全球所有的快餐店中，约70%采用的是特许经营方式。在欧洲，特许经营店的候选经营者须在店内工作两年，并接受培训。所签特许经营合同为期20年，启动费用约为455000美元至768500美元之间。作为特许者麦当劳会收取特许经营店总销售额的5%作为基本特许使用费，8.5%作为店铺租金，3.75%作为被许可人的广告贡献费。即使这样，麦当劳在欧洲的一般门店每年仍可获得约20万美元的利润。

（三）投资型市场进入模式

投资型市场进入模式是通过直接投资进入目标国家或地区的一种模式，即企业在目标国家或地区，建立受本企业控制的分公司或子公司，并将资本连同本企业的管理、技术、销售、服务以及其他技能一起复制过去的模式。采用本模式，企业的国际化要以控制企业经营管理权为核心，主要方式有独资经营、合资经营、新建、兼并和收购等。

（四）战略联盟型市场进入模式

战略联盟是指企业在世界范围内与对自己发展有利的企业结成合作伙伴。联盟以合作代替对抗，为了应付市场冲突、成本节节上升等问题或对竞争者的资源部署采取应对措施，联盟成员彼此间有效地合作，实现资源共有、风险共担、利益共享。采用这种在竞争中合作、在合作中竞争的模式，已经成为世界经济发展的一种必然趋势。战略联盟一般包括非正式合作、契约性协议、合资经营、股权参与、国际联合等形式。例如,2015 年 10 月,法国电力集团(EDF)与其中方合作伙伴中广核集团(CGN)共同签署战略投资协议,共同承诺将合作建设英国欣克利角核电站。

二、企业国际化全球经营战略模式及选择

无论何种方式的企业国际化经营均要面临一个基本的战略两难问题,即全球化(globalization)与本土化(localization)。全球化是指国际企业为提高效率,应克服不同市场、地域差异所带来的影响,在世界范围内从事相类似的经营;本土化是指国际企业应对所有经营所在国的独特市场需求作出反应。如何化解全球化、本土化两难的境地,成了企业国际化经营的基本战略导向,并将影响到企业的组织设计、管理体系和生产、销售、财务等各领域的职能战略。

倾向于全球化经营的公司非常重视国家或地区的差异,它们往往会采用以下四种经营战略:

(一)多国战略(multinational strategy)

多国战略是在企业内部实行资产和责任分权,将海外经营视为相互独立的业务,通过人际协调和信息沟通来控制海外子公司的战略模式。该战略从全球化角度出发,将满足当地需求置于首要位置,是差异化战略在国际领域中的应用。企业为密切满足不同地区顾客的需求,将广告、包装、销售渠道与定价等均按当地标准进行适当调整,针对世界不同国家生产、销售独特的产品。

不仅是有能力建立海外子公司的大型国际企业,即使是只出口产品的小公司,也可通过调整产品以适应不同国家的市场,来实施多国战略。若企业在许多国家拥有生产和销售单位,采用多国战略则需将其海外子公司视为独立业务部门,各国的子公司可以根据需要自己进行管理经营,除拥有当地生产设施、营销战略资源和分销体系之外,也可多利用当地的原材料资源,并且主要雇佣当地员工。多国战略实质是根据不同地域市场的消费者需求差异,实行的差异化战略。为使每一种产品都适应当地的要求(如不同的包装规格和色彩),企业必然要花费额外的成本支出,因此需要对产品制定较高的价格来抵补这种由差异化产生的额外成本。

(二)国际战略(international strategy)

国际战略是指在众多资产、资源、责任和决策分散的情况下,母公司仍旧具有较高控制权,将海外经营视为本土公司,通过正规的管理计划和控制系统控制海外子公司的战略模式。采用该战略的企业会在全球范围内分布或配置价值链活动(如制造、研发及销售),使其高效、低成本运行,发挥区位优势。虽然这些海外子公司在产品研发、生产销售等方面具有较大自主权,但在新产品、新工艺、新观念上,仍对母公司具有很强的依赖性。

国际战略的核心是发挥区位优势:国际企业应接近高质量原材料的低成本来源地,寻求世界范围的低成本融资,与世界某一地方的经营共享在世界其他地方取得的发现与创新等。例如,耐克公司在全球范围选择具有不同区位优势的地区进行全球经营。它在美国设立研发部门,在韩国、中国台湾地区、中国大陆生产化纤、橡胶和塑料成分,在印度、中

国大陆和菲律宾进行装配,最终将产品配送到美国、欧洲和其他国际市场。

(三) 全球战略(global strategy)

全球战略是指将大多数战略性资产、资源、责任和决策集中于母公司,海外业务被视为统一的市场传送渠道,母公司严密控制决策、资源的战略模式。采用本战略的公司,企业研发和制造活动更多地集中于母国,而非在世界进行分散活动。例如,美国波音公司在母国进行绝大多数的生产与开发活动,然后利用相同的销售力量在全球销售产品,并统一以美元结算。

有时出于经济或政治因素的考虑,采用国际战略的公司也会在主要经营国建立销售或生产单位,但母国总部仍然保持对当地战略、营销、研发、财务和生产的控制。例如,可口可乐认为有人的地方就会有人"口渴",就会产生对饮料的购买需求。因此,为使产品能让消费者伸手可及,可口可乐公司与分销商、装瓶厂合作,形成"全球装瓶厂"这样庞大、复杂的分销体系。这一分销体系中大约有 2 万名直接员工和 100 万名相关人员,同时为产品生产、质量控制过程、设计包装工艺和营销战略等提供技术和后勤支持。通过控制全球范围的行业价值链,可口可乐向顾客提供了其他饮料公司无法提供的广泛的产品销售区域、以及购买的便利性。

(四) 地区战略(regional strategy)

地区战略是指企业在特定的地区管理原材料筹供、生产、营销及一些辅助性活动,而非拥有世界范围的产品和世界性的价值链的战略模式。采用这种战略不仅能使企业获取类似实施跨国战略和国际战略的成本优势,还会为企业适应地区反应提供灵活性。管理者通过划分地区来解决地区竞争地位、产品组合、促销战略和资本来源等地区性的问题。例如,遵循地区战略的公司拥有一系列产品用于满足北美市场,同时它也拥有另一系列产品来满足墨西哥和南美市场。

贸易集团的迅速发展迫使越来越多的企业采用地区战略。像欧盟和北美自由贸易区这样的地区性贸易集团,其成员国内部顾客的需要与企业的期望趋于一致,政府与行业对产品的要求和规定差异不大,适宜采用地区战略。其实质为介于多国战略与全球战略之间的战略。

以上四种全球经营战略模式各有特色,企业在选用时需结合自身内部组织、资源状况与外部市场经营环境的具体情况,采用恰当的战略。

表 9-1   全球经营战略模式比较

战略模式	特　征	母公司控制	子公司地位
多国战略	资产、资源、责任和决策分散	通过人际协调和信息沟通松散控制	相互独立的业务
国际战略	资产、资源、责任和决策分散	通过正规管理集中控制	视为本土公司
全球战略	资产、资源、责任和决策集中	严密控制	视为统一的市场传送渠道
地区战略	资产、资源、责任和决策在某一区域内相对集中	区域内控制较强	区域内的本土公司,区域外的独立业务部门

第三节　中国企业实施国际化战略的经验及模式

在当前经济全球化的大趋势下,中国企业无论是主动还是被动,都必须进入国际化的大市场中,开展国际竞争与合作。中国企业经历改革开放30多年,国际化经营初具规模,企业也认识到进行国际化经营的重要意义。但由于在国际化过程中存在诸多问题,中国企业应采用何种国际化战略模式,成为了企业非常关注的问题之一。

一、中国企业国际化经营的发展历程

自新中国成立至改革开放前,我国开展的跨国经营活动多是由政府间的协议确定的,而且多是出于政治考虑的对外经济技术援助行为。真正意义上的企业国际化经营,开始于20世纪70年代改革开放之初。

(一)中国企业国际化经营的发展历程

1. 第一阶段:加入WTO以前的发展进程

1979年8月,国务院颁布的经济改革15项措施中,首次提出允许出国办企业,这为中国企业国际化经营奠定了必要的政策基础。同年11月,北京友谊商业服务公司与日本东京丸一商事株式会社在东京开办了"京和股份有限公司",是中国对外开放以来建立的第一家海外合资企业,标志着中国企业国际化经营的真正开始。

在这一阶段,企业虽被授予一定的经营自主权,但仍处于政府的严格限制与监控下,国际经营限制较多。例如,企业若要进行国际经营,无论何种出资方式、多少出资金额,都必须上报国务院批准;只有具备外贸权的进出口公司和各省市的经济技术合作公司才有资格进行境外投资经营等。个别企业开始对外进行小规模投资,经营范围主要集中于饮食、承包建筑工程、金融保险和咨询服务等行业。

1985年7月,原国家对外经济贸易部颁布的《关于在国外开设非贸易性合资经营企业的审批程序和管理办法(试行)》,扩大了可从事境外投资活动的企业范围,下放并简化了部分境外投资审批权限和审批手续。例如,只要有资金来源,具有一定技术水平和专业专长,有合作对象的,均可申请到国外开设合资经营企业;100万美元以下的一般性投资项目,省、市、自治区人民政府和国务院各部委可以直接审批等。在此背景下,许多大型企业开始采用合资经营、独资经营、合作生产等各种形式,在发展中国家和地区及少数发达国家进行较大规模的投资活动,中国企业国际化经营出现了第一次高潮。

20世纪90年代初,我国经济出现发展过热、结构失衡、物价飞涨等现象。国家自1993年起开始实行经济结构调整,清理和整顿海外投资业务,对新投资项目实行严格审批,并对已有投资项目进行重新登记,由此海外投资速度开始放缓。

2. 第二阶段:加入WTO以来的迅速发展

2000年,国家明确提出"走出去"战略,鼓励和支持对外投资,带动出口,建立跨国企业并树立国际品牌。原外经贸部先后向 100 多家企业颁发了"境外加工贸易企业批准证书",这一举措推动了海外投资的快速发展。

2001 年底,我国成功加入 WTO 一事又极大地刺激了国内企业进行国际化经营的积极性,同时也为企业国际化经营提供了更广阔的领域和舞台,企业国际化经营出现迅速发展的势头,规模和质量均有较大发展。据 2011 年统计,中国加入 WTO 10 年间,中国贸易规模从 2001 年的 5000 亿美元发展到 2011 年的 3 万亿美元,2011 年外资流入超过 1000 亿美元,我国企业对外投资也超过 500 亿美元,中国正在逐渐成为世界经贸大国。

(二)现阶段中国企业国际化经营的特点

经过多年国际化经营的实践,随着经济全球化进程不断加快和中国经济的快速发展,中国企业国际化经营能力不断增强,对外投资规模不断扩大。中国经济全面融入国际经济体系,仅国有资本就达到 10 万亿元。中国现已成为世界第一出口国、主要对外投资国。

(1) 采用并购方式进入国际市场逐渐成为一种趋势。国内企业进行国际化经营时,一改传统"绿地投资"方式,转而采用收购兼并的方式,提高了进入国外市场的效率。2006 年,我国以并购方式实现的对外直接投资达 47.4 亿美元,占同期对外直接投资总量的 36.7%。例如中石化收购俄罗斯联邦乌德穆尔特石油公司,中国蓝星集团总公司收购法国罗迪亚公司等。

案例 9-2

中国企业跨国收购

2000 年 4 月,浙江万向公司收购美国舍勒公司;2001 年 8 月,万向公司收购美国上市公司 UAI;2001 年,浙江华立集团收购飞利浦 CDMA 手机芯片核心技术;2002 年 9 月,TCL 收购德国电器企业施耐德公司旗下的施耐德、杜阿尔等 5 个品牌;2004 年 12 月,联想以 17.5 亿美元收购 IBM 的 PC 业务;2008 年 1 月,雅戈尔以 1.2 亿美元收购美国 KELLWOOD 的男装业务;2010 年 3 月,吉利公司收购沃尔沃汽车公司;2012 年 1 月,三一重工收购德国普茨迈斯特公司;2012 年 5 月,大连万达集团收购美国 AMC 影院公司;2014 年,中粮集团收购新加坡来宝公司等。

(2) 通过代工方式进入国际市场。"代工"可简单理解为"代为生产加工",企业主要通过 OEM 方式定牌加工,生产完成后,再贴上相应公司的商标进行销售。过去几十年,由于中国劳动力、土地等资源具有成本优势,代工方式成为中国企业进入国际市场的主要方式之一。尤其是中国加入 WTO 以后,代工这一方式成功带动了珠三角、长三角等地方的经济发展,现在,在广东东莞、江苏苏州等地聚集了一大批代工企业,其加工产品主要以电子、家电、家具、玩具等轻工业产品为主。典型的如富士康,它为苹果电脑等若干跨国公司组装电脑、手机等产品。广东的格兰仕公司最初也是由代工发展起来的,后来它成为了全球第一大微波炉制造商。随着中国劳动力、土地、环境以及社会成本的急剧升高,中国的代工企业面临着转型的压力。

（3）进入领域进一步拓宽。中国企业投资地域从原先的欧洲、美国等发达国家和地区，扩展到了亚太、非洲、拉美等 160 多个国家和地区。此外，对外投资的行业也由一般出口贸易、餐饮和简单加工扩大到了营销网络、航运物流、资源开发、生产制造和设计研发等多种行业领域，一些金融服务行业内的并购成为"走出去"的亮点。

案例 9-3

除了中国队，他们都上场了①

2014 年夏天，在巴西举办的世界杯足球赛场上，除了梅西、C 罗等世界足球明星之外，最引人注目的莫过于一只单手捧着足球、学名叫犰狳的可爱动物了，这是本届世界杯的吉祥物福来哥（Fuleco），它是由中国的孚德公司设计制造的。

除了孚德公司以外，共有 30 多家中国公司为此次世界杯的顺利召开提供了产品或服务。其中，比赛用球由中国公司缝制，制冷设备由美的集团提供，英利公司为比赛场馆提供了太阳能照明板，三一重工等中国企业提供了场馆建设用工程机械，城市轨道交通车辆由中国北车集团制造，同方威视公司为世界杯 12 个赛场中的 9 个提供了安检设备，数量累计达到 600 台，而华为公司则负责比赛场馆内外的通信网络建设。可以说，除了中国足球队没有资格登上世界杯赛场外，这些企业都代表中国悉数"上场"了。

（4）国际化经营能力不断增强。企业在经营过程中，开始采用专业化、集约化和规模化的经营模式，以增强参与国际经济合作与竞争的能力，从而出现一批具有较强国际竞争力的跨国公司。2015 年，中国有 106 家企业入选美国《财富》杂志公布的世界 500 强企业名单，其中，中石化排在第二位，中石油和国家电网公司则分别在第四、第七位。

我国企业在国际化进程中还注意发挥了同伴或国外同行的作用，采用加入全球制造网络模式、"跨国兵团"模式、战略联盟模式等进入国际市场。例如，浙江万向集团在美国、英国、德国、加拿大等 7 个欧美国家设立、购并、参股了 18 个子公司，为美国通用汽车、福特、克莱斯勒、德国大众等世界汽车业巨头提供汽车零部件，成功地将主导产品万向节推入了国际市场。还有一些中小民营企业通过境外商品集散地，例如巴西里约市圣保罗商业区的"中华商城"和南非约翰内斯堡的"中华门商业中心"，有组织地走出国门，它们采用"兵团作战"的方式把自己的产品推向国际市场。长虹集团在国际化经营过程中，加强与日本松下、东芝、德国西门子等外国跨国公司的技术合作，与它们结成战略联盟，从时间和空间上缩小了与拥有世界先进技术的企业的差距，成功进入东南亚、中东、澳大利亚等家电市场。

（5）国际化经营相关政策进一步完善。中国企业国际化经营管理体系日趋完善，通

① 参见陆慧泉：《除了中国队，他们都上场了》，《商业周刊》（中文版）2014 年第 13 期。

过深化"走出去"战略,中国现已拥有了比较完备的对外投资管理政策体系。

改革开放以来,原外经贸部、国家外汇管理局、国家国有资产管理局、海关总署、国家发展改革委、现商务部等多家部委机构颁布了众多用于调整对外直接投资结构的法律法规,这些法律法规主要针对项目审批、外汇管理、国有资产管理、金融支持、境外投资评价等方面作了规定。例如,《关于对国家鼓励的境外投资重点项目给予信贷支持政策的通知》、《境外投资外汇管理办法》等。

知识链接

天生国际化企业（Born Global Firms）

传统的企业国际化模式往往是渐进的,企业在国内发展到具有一定实力后才会开始选择国际化进程,其进入方式也要经过从"间接代理"到"直接出口"再到"海外建厂"等几个阶段。进入20世纪90年代以后,有人发现,很多企业国际化经营的模式正在发生改变:他们不再采用那种渐进式的发展模式了,代之而起的是直接迅速国际化,或者说生来国际化(Born Global)的模式。有些企业虽然成立时间不长,但是它们能在不同国家抓住商业机会,取得竞争优势。虽然不像大企业那样实力雄厚,但是,这些中小企业靠独特的竞争力同样可以在国际市场上大获成功。天生国际化企业可能在成立之初就选择在A国筹集资金,而在B国生产产品,然后在C、D、E等国销售产品。有人认为,天生国际化企业是一种从"成立之后三年内开始出口,并且出口额占总销售额的25%或者更多的企业"。

"天生国际化"是与经济全球化,以及ICT技术、物流技术的迅猛发展联系在一起的,很多企业抓住了国际利基市场,从一开始就大踏步迈出国门,并且能够在较短时间内占领国际市场。这几年,很多电子商务企业就是典型的天生国际化企业,它们从一开始就面向全球开展业务,并取得了一定的成绩。在很多产业,企业由于具有独特技术也能很快走向国际化,典型的如同方威视,这个源自国内高校一流成果的高技术公司从成立之初就依靠其独一无二的综合成套技术优势走向了国际化,其集装箱检测技术和产品目前占国际市场70%的份额。

二、中国企业国际化经营的现实意义

实行对外开放,包括"请进来"和"走出去"。我国加入WTO后,在世贸组织规则的作用下,国内市场以更加开放的态度欢迎世界各国的跨国公司来华投资与合作经营;同时我国企业也积极走出国门,参与到国际市场竞争中。虽然中国企业国际化经营起步较晚,但是企业的国际化,是中国现代化建设和外向型经济发展的必然趋势,具有十分重要的现实意义。

（一）是发展社会主义市场经济、发展外向型经济的要求

在经济全球化的进程中,市场经济已发展为全球一体化的经济,处于经济转型期的中

国,尚未确立完全的市场经济运行秩序。通过走向国际市场、参与国际分工与竞争、学习借鉴国外经验及教训、认识市场经济运行规律,对培育、发展和完善我国市场经济有着十分重要的现实意义。

坚持改革开放,发展外向型经济,必须加强与国际经济环境的融合,这最终需要一大批有国际竞争能力的跨国企业去实施。

(二) 是适应世界经济环境变化的需要

当今世界经济环境发生了重大变化,关税壁垒、配额制等传统保护措施逐渐减少,绿色壁垒、技术标准壁垒等非关税壁垒措施开始盛行,在很大程度上缩小了发展中国家以初级产品为主的出口市场;区域经济一体化、集团化趋势的加强,也加剧了发展中国家产品打入这些集团市场的困难。而开展国际化经营,实行跨国投资,就可以适应这种变化了的国际经济环境,从而打开国外市场。

"中国制造"的产品随着中国出口的持续增长,进入了越来越多的国家,许多国家纷纷采用加征关税的手段,或以反倾销和环保要求为由限制进口中国产品。近年来,全球反倾销案件总数连续4年下降,然而世贸组织成员对华反倾销案件数却呈现增加趋势。自1995年至2006年6月间,国外对我国产品反倾销案件达531起,为全球遭遇反倾销调查最多的国家。之所以会发生这种现象,除了由于我国企业大多处于劳动密集发展阶段,多采用低价渗透方式进入国外市场外,世界经济区域集团化发展的深化,区域经济集团为保护集团内部企业利益而排斥外来产品,也是不可忽略的原因。为了绕开针对中国的国际贸易保护壁垒,以本土化生产和销售的方式替代直接出口,使得中国企业得以顺畅开拓海外市场。

(三) 是有效利用国际资源的重要途径

企业开展国际化经营,可以使企业有效利用国际上的自然资源、技术资源、金融资源等,在更广阔的空间最佳配置这些资源,发挥国内企业无法比拟的区位优势。

虽然中国自然资源总量丰富,但由于人口众多,对能源的需求越来越大,导致能源形势十分严峻。每年我国都会从国际市场购买大量资源类商品,以2002年为例,我国进口超过10亿美元的32种大宗商品中,有三分之二为工业原料和能源等资源类商品。据权威部门估算,到2050年,中国年能源消耗将达38亿吨标准煤。为维持国内经济稳定持续增长,中国必须参与国际生产分工,尽可能多地争取世界资源。

从科研创新投入看,以2000年至2002年为例,虽然我国大中型工业企业科研经费支出增长迅速,但其中三分之一的额度花费在了引进国外技术上。开展国际化经营,在海外投资办厂,可以使企业更有效地直接利用国外的各种物质、技术、人力、管理、信息等资源。如企业可以利用国外金融机构和金融市场,在国际金融市场或东道国筹集更大规模的资金,或在东道国采用参股、控股、收购、租赁等方式,以较少资金控制较大的资本。

(四) 是转移国内剩余加工能力和技术的需要

中国幅员辽阔,拥有人口超过13亿,为世界上最有潜力的市场之一。改革开放以来,国外企业和产品纷纷进入国内市场,同时,近年来一些传统加工产业在国内市场已趋饱和,需要对产业结构和产品结构进行调整,而加入 WTO 后,中国有义务进一步开放国内市场,这种种因素结合在一起必将导致国内市场愈发激烈的竞争。企业到国外投资,开展国际化经营,可以带动设备、劳务的出口,帮助企业消化吸收部分国内剩余加工能力。此外,我国一些传统技术同时也可以通过国际化经营出口,参与国际市场竞争。例如,我国已在计算机软件、航天技术、光纤通信、遗传工程等高科技尖端领域处于世界先进水平,具有对外直接投资经营的能力。而我国钢铁、水泥、建材等传统产业也属世界一流,完全可以借助"一带一路"战略走出去。

三、中国企业国际化经营发展的问题

近年来,中国企业开展对外投资和跨国并购的发展速度很快,出现了联想、海尔、TCL等国际知名企业。但在吸引外资方面,以及与发达国家国际化经营状况相比,绝大多数中国企业尚处于国际化经营的初级阶段,在国际化的进程中仍存在众多问题,面临许多需要克服的障碍。

(一)我国跨国公司的国际化程度不高

从国际化经营整体现状看,我国现有跨国公司的国际化程度不高。若以海外销售占总销售额的比例来衡量,2005 年最具全球竞争力的中国公司 50 强平均海外销售比例为35.71%,这与全球跨国公司 100 强的平均 58.72%和发展中国家跨国公司 50 强的平均51.7%相比,还有相当大的差距。

> **知识链接** ‥‥‥
>
> **企业国际化程度衡量指标——跨国指数**
>
> 海外销售比例为常用的企业国际化衡量指标,但鉴于衡量企业国际化程度的复杂性,不能仅以海外销售比例高低作为判断企业国际化程度高低的依据,因而联合国贸发会议采用了较全面的"跨国指数"作为企业国际化程度的综合衡量指标。
>
> 跨国指数是指一个企业的国外资产占其总资产、国外销售额占总销售额、国外雇员人数占总雇员人数这 3 个比例的平均值。这一指标被用以衡量跨国公司对国外资产、国外销售和国外雇员的依赖程度。

(二)忽视东道国的软环境建设

大多数企业在进行国际化经营前,未对目标市场进行深入调研,忽视了不同文化背景下消费者的不同消费习惯,导致产品进入市场产生障碍。在经营过程中,由于企业未能与当地政府、社会、群众很好地融合,对所在国的社会发展没有发挥显著作用,因而近年来不断出现了国际市场排斥中国企业、抵制中国商品的现象。

案例 9-4

软环境对中国企业跨国经营的影响

（1）首钢秘铁备受罢工折磨

中国首钢秘鲁铁矿股份有限公司（简称首钢秘铁）位于秘鲁首都利马以南的伊卡省马科纳地区，占地面积达 671 平方公里，为南美洲少数的大型铁矿企业之一。然而，劳工问题、罢工事件时时发生，给首钢秘铁公司造成巨大的经济损失。公司每天因罢工导致停工而遭受的直接经济损失高达 27 万美元。2004 年 6 月的那次罢工更是给公司造成了 500 多万美元的直接经济损失，公司最终于同年 7 月宣布停产。

（2）西班牙焚烧中国鞋

2004 年 9 月，西班牙东部小城埃尔切的中国鞋城，发生了针对华商的暴力行为。一个温州鞋商的仓库和一辆载有 16 个集装箱的卡车被烧毁，造成约 800 万元人民币的经济损失。6 天后，为抵抗中国商人的廉价产品给西班牙本地商人带来的竞争压力，当地居民又发起了一轮针对我国商人的示威游行。

（3）中国商人在俄罗斯遭到歧视

2004 年 2 月，俄罗斯内务部出动大量警力查抄了莫斯科"艾米拉"大市场里华商的货物，中国商人遭受约 3000 万美元的巨大经济损失。恶劣的贸易环境使得相当大比例的中国鞋产品在俄罗斯市场受到重创，许多国内制鞋企业已大大压缩了对俄的出口量，有些甚至全面退出了俄罗斯市场。

（4）中石油在俄罗斯收购油田受挫

2002 年 12 月，中石油收购斯拉夫油田的计划以失败告终。在收购运作过程中，俄罗斯国家杜马以 255 票对 63 票通过了一项决议——不允许任何外国政府控股的实体参与竞拍斯拉夫石油的股权。这一决议最终迫使中石油中断这一收购活动。

（三）缺少国际性的知名品牌

品牌作为一种无形资产，可使企业获得高于一般价值的附加值，从而为企业创造更多的商业利润。当今的国际市场正日益被跨国公司及其国际品牌所控制，中国企业若想跻身国际市场，现有的品牌影响力还远远不够。

表 9-2　2006 年"全球最佳品牌百强"与"中国品牌价值 500 强"

排名	全球最佳品牌		中国品牌	
	公司	品牌价值（亿美元）	公司	品牌价值（亿元）
1	可口可乐	670.00	海尔	685.57
2	微软	569.26	中国移动	645.20
3	IBM	562.01	联想	643.65

续　表

排名	全球最佳品牌		中国品牌	
	公司	品牌价值(亿美元)	公司	品牌价值(亿元)
4	通用电气	489.07	中国石油	631.04
5	英特尔	323.19	红塔山	610.30
6	诺基亚	301.31	CCTV	607.50

数据来源:卢进勇、张之梅:《自主知识产权与企业"走出去"战略》

(四)缺乏能胜任国际化经营的专业人才

企业开展国际化经营,需要通晓国际惯例、熟悉国际市场、懂得现代经营管理,以及熟练掌握外语的复合型专业人才。国际化经营专业人才的匮乏,已成为中国企业扩大国际化规模、提高国际化水平的重要制约因素。

案例 9-5

中信泰富收购澳矿惨败

2013 年 12 月,中信泰富宣布,第一船磁铁精矿粉将启航运往位于中国江苏的特钢厂。时隔 7 年,中信泰富澳洲第一船铁矿石终于出航。

早在 2006 年,中信泰富就豪掷 4.15 亿美元,分两次从澳大利亚富豪手里买下了西澳大利亚两个分别拥有 10 亿吨磁铁矿资源开采权的公司 Sino-Iron 和 BalmoralIron 的全部股权。中澳铁矿项目 2006 年开工,原计划投资 42 亿美元,于 2009 年建成投产。但项目开工后,几度陷于停顿,直至 7 年后才成功装运首船矿石,而此时中信泰富已经投入了近百亿美元,但该项目要彻底完工,仍需追加投资。对于项目推迟的原因,中信泰富公告称,中澳铁矿项目工程规模之巨大、系统之复杂远远超出最初的预期。另外,在过去几年里,澳大利亚绝大多数铁矿项目的建设成本都大幅增加,除了人力与设备成本飙升外,澳大利亚政府 2012 年开始征收的资源租赁税,也进一步增加了中澳铁矿的资金成本。

除了项目开发成本上升外,中信泰富还与卖方产生了交易纠纷。2012 年,卖方向当地法院提起诉讼,认为依据采矿权协议中的一项条款,中信泰富一旦开始取矿,就必须支付 2008 年以来开采的使用权费,否则就应终止其采矿权与场地租用协议。但是,中信泰富对这项条款的理解却是,权利金的起始计算时间应该是从矿石经过粗碎后才开始,即要等矿山开始出产铁精矿之后。西澳法院最后判定中信泰富败诉,中信泰富为此又付出了巨额代价。

目前中国 60% 以上的铁矿石需要依靠进口获得,该项目是中国试图摆脱全球三大铁矿石巨头挟制的重要尝试,此前,中国钢企一直指责它们把铁矿石价格抬得过高。但是西澳磁铁矿项目生不逢时,因为国内目前铁矿石的供求形势已经出现了逆转。2006 年,当该项目首次被提出时,中国急需铁矿石,而现在国内钢铁行业严重供大于求,库存高企,使得铁矿石价格大幅下跌。中信泰富虽从未向外界披露过中澳项目的吨成本核算,但依照当地同业者与分析师的测算,这一数目不会低于每吨80美元,与澳洲当地生产商每吨30美元到40美元的开发成本相比毫无竞争力,就算是能够直接对接国内钢铁生产商,盈利前景也十分渺茫。

该项目曾经是中资企业在海外矿业领域中最大的投资项目,也是在澳大利亚资源领域为数不多的100%股权项目,因此曾被赋予了事关中国铁矿石话语权的重大意义。但由于其一直问题缠身,现在看来,该项目似乎更像是反面典型。过去,人们通常认为,总部设在香港并在香港交易所上市的中信泰富公司是一个国际化意识和能力比较强的企业,但是,从这个案例反映出的问题来看,该公司在国际化经营过程中的人才、技术和法律知识储备还远远不够。

(五)缺乏知识产权保护意识

近几年发生过多起我国企业的核心技术、商标被外国公司无偿获得或抢注的事件,说明我国大部分企业知识产权意识不强,保护自己知识产权的警惕性不高。目前,国内企业很少会建立专门的知识产权管理部门,或设专职人员对专利技术及商标进行归档管理,更没有建立起有关知识产权使用的详细制度。

例如,1999年,德国博世-西门子集团公司在德国注册了一个名为"HiSense"的商标,但并没有使用,而是将其束之高阁。2004年,当海信的等离子电视、液晶电视、变频空调等产品欲进入德国市场时,遭到了西门子商标侵权的起诉。海信与对方经过多轮磋商,最终于2005年3月以海信付出巨大的成本获得在德国HiSense商标的所有权收场。

四、中国企业国际化经营的战略选择

中国企业选择国际化经营战略,必须实现企业发展和国家对外经济发展的双重目标。

(一)区位选择战略

地理区位选择主要由企业跨国经营战略目标决定。若企业以开拓国际市场、提高销售为目标,宜选择发达国家,因为那里市场容量较大,无论是高技术产品还是成熟产品在那里都能找到合适的销售渠道,目前,美国、欧盟、日本仍然是中国以外的世界三大市场;若企业以利用国外资源为目标,宜选择资源丰富且投资办企业环境又较好的国家和地区;若企业以获取新技术为目标,宜选择发达国家;若企业以提供服务为目标,宜选择国民收入水平高、对服务业需求也很高的发达国家和石油出口国家。同时,也要注意发挥同周边邻国的地理优势以及友好国家的政治文化优势,加强与东南亚、拉美等发展中国家已有的友好合作关系。

(二)行业选择战略

我国在企业国际化进程中选择要进入的行业时,首先,应考虑选择进入那些相对东道国同类产业具有比较优势的产业,从而使双方获益。例如,我国企业在小规模制造、劳动密集型生产方面拥有较大优势,因此进入与我国相似或后进的发展中国家,往往能获得较好的经济利益。其次,要关注拟选行业所处发展阶段及市场容量,尽量选择处于行业空白期、发育或成长期的市场进入。例如,我国纺织企业进入毛里求斯等非洲国家时,当地市场尚处于起步阶段,于是我国企业先声夺人,迅速打开了当地市场并站稳了脚跟。最后,要关注国外该行业的相关贸易政策及法规,尽量选择东道国鼓励投资,并且对境外投资的技术性、规模性和成本性等限制壁垒较低的产业。

知识链接

中国具有较强比较优势的几个行业

(1) 食品、餐饮行业:中国有独具风味的食品,在国外具有基本相同的细分市场,其需求比较容易发生转移,易形成竞争力。在国际化进程中,企业应注意提高标准化、规范化程度,可以参考"肯德基"、"麦当劳"的经营方式,利用品牌许可或特许经营的模式,将产品输出国际市场。例如"全聚德"、"狗不理"等产品就以特许经营、加盟店的形式快速进入了国际市场。

(2) 家用电器行业:中国经过多年消化创新,在彩电、冰箱、空调、洗衣机等产品制造方面,已形成技术优势,产品技术接近标准化,易于在国外特别是发展中国家找到市场。企业在扩大国际市场份额的同时,应注重树立品牌形象,创造国际名牌。

(3) 纺织服装行业:服装行业比较容易因其承载着民族文化而使产品具有深刻内涵,像"旗袍"、"唐装"之类服装,款式本身就体现中国特色的传统文化,易于以丰厚的文化底蕴为卖点进入国际市场。

(4) 信息产业:信息产业产品标准化程度高,而我国相关信息产业产品和服务的技术水平相对于发达国家具有一定的比较优势,有些已走在世界前列,具有走向国际市场的优势。例如,华为、中兴已成为国际一流通信设备制造商。

(5) 中医药产业:随着人类对自身健康的日益关注,中医药以无明显毒副作用、可以整体调节人体免疫功能,受到世界各国消费者的青睐,具有广阔的发展前景。中医药产业国际化进程中,应注意到中西医药文化的差异,需将中成药的功效主治、质量标准、产品说明与国际医药规范相统一。

另外,在金属制造,智能手机,高铁,核电,工程建设,机械制造甚至汽车生产等领域,中国企业已表现出不同程度的竞争优势。

(三) 市场进入战略

选定目标市场国家后,企业就需要决定采用何种战略进入该市场。

从进入的时序角度看,我国大多数企业宜采用渐进式进入战略。若采用一步到位战略,即一次性将企业生产经营组织系统等所有环节同时延伸至目标国,需要企业具有较突出的竞争优势并能承受较大风险。而我国大多数企业经验不足,风险承受能力弱,因此更适宜采用渐进式进入战略。

从进入的速度角度看,若企业希望快速进入市场,减少风险和阻碍,获得公共市场不易获得的稀缺资源,且实力雄厚,能够一次性投入大量资金,那么可以采用收购、兼并当地企业的方式;若企业资金有限,或力图按照自己的经营方式和战略意图实施国际化发展,则宜采用创建新企业的方式。

从投入的比例角度看,若采用独资经营,的确可避免技术与经营上的泄密,并能保证国外子公司与母公司统一经营,从而取得最大利润,但由于投资规模大,风险高,只有拥有独特技术优势的企业才宜采用这种方式;采用股权合资方式更适宜于我国大多数企业的实际情况,这种方式不但可以减少企业的资金投入,以有限的自有资金扩大投资规模,也有利于企业的吸取和利用合作方的市场和经营资源,减少进入障碍和风险。此外,企业还可以采用非股权投资、战略联盟等方式达到进入目标市场的目的。

案例 9-6

TCL 收购汤姆逊失败案例

"大不一定强,但不大一定不强"、"海外并购是在垃圾中捡宝",这是 2002 年以后 TCL 董事长李东生的口头禅。也正是在李东生的带领下,2004 年 1 月 29 日,TCL 集团和法国汤姆逊公司在巴黎总理府签订了协议,共同组建了 TCL-汤姆逊电子有限公司 TTE。这是中国企业第一次兼并世界 500 强企业,对于 TCL 来说,这是一个走向国际化的里程碑事件。

自 1985 年 TCL 通讯设备有限公司在惠州成立以来,TCL 公司一路披荆斩棘、巧抓机遇,迅速跻身国内家电企业领先地位。1985 年 TCL 进军电话机领域,仅用三年时间,便使销量成为全国第一。1992 年投产彩电制造业,三年时间亦跻身国内三强。1993 年投产电工制造业,1998 年进军 IT 电脑制造领域,1999 年成立惠州 TCL 移动通讯有限公司,并于 2002 年生产销售手机超过 600 万部,成为国产手机第一品牌。自 20 世纪 90 年代以来,TCL 连续 12 年保持年均 42.65% 的增长速度,到 2002 年,TCL 与海尔、联想并称中国电子企业三强。2002 年,TCL 品牌成长为中国最具价值的品牌之一。

为了开拓欧洲市场,如日中天的 TCL 集团选择了与汤姆逊合作,在经过多年的接洽以后,TCL 看中了汤姆逊的彩电技术和研发中心,以及其在欧洲的品牌和渠道影响力,于是它果断收购了汤姆逊公司下辖的 7 家电视机生产工厂。

尽管在收购过程中,TCL 集团作了周密的调查和评估,但是,它对欧洲乃至世界彩电技术转型的速度仍然估计不足。收购案发生后不久,世界彩电市场迅速淘汰了传统的显像管彩电,代之而起的是液晶彩电。同时,中国市场也被液晶彩电迅速占领。而被并购的汤姆逊公司在液晶彩电生产方面乏善可陈,几乎没有任何技术和人才储备。TCL 认识到情况不妙时,为时已晚,不得已背上了沉重的包袱。收购后的第二年,TCL 集团由盈转亏,亏损额高达 3.1 亿元人民币。在收购两年后的 2006 年上半年,TCL 欧洲彩电业务亏损即高达 7.85 亿港元。面对严峻的形势,TCL 不得不于 2006 年 10 月宣布实施欧洲业务重组计划,其核心内容就是裁员和终止业务。但是,受到欧洲健全的劳动者权益法的保护,TCL 为裁减欧洲业务部门的员工付出了巨大的代价。收购汤姆逊失败使得 TCL 蒸蒸日上的发展势头遭到重大打击,从此一蹶不振。该案例为中国企业国际化上了一节生动的警示课。

(四)国际品牌战略

品牌是"能为顾客提供其认为值得购买的功能利益及附加价值的产品"①,在一定程度上象征着企业所提供产品或服务的质量、技术水平、消费信誉度以及企业形象。但我国大多数企业在国际化经营过程中,只注重了发挥成本优势和产品优势,却没有注重发挥品牌优势。正如海尔集团的张瑞敏曾指出的,"中国企业在品牌塑造方面起步非常晚,我们必须迎头赶上"②。企业可以根据自身实力和比较优势,采用多种品牌战略,开拓国际市场,逐步积累无形资产。一般可以采用的品牌战略有创牌战略、贴牌战略、创牌与贴牌结合战略。

创牌战略,即采用自有品牌进入国际市场,在生产、销售过程中均使用自有品牌,该战略以扩大企业自身产品知名度为目标。例如,海尔采用创牌战略,将创"中国的世界名牌"作为企业的战略目标,提出"质量国际化、科技国际化和市场国际化"的"三三"战略,率先进入发达国家和地区,创出品牌并建立了信誉度后再以高屋建瓴之势进入发展中国家和地区。

采用贴牌生产方式,是指企业只进行产品生产或零件组装,在成品上贴对方授权的品牌,而不以扩大自有品牌知名度为直接目标的战略模式。例如,广东格兰仕、澳柯玛等企业采用贴牌方式,逐步积累生产技术和经验,成功进入国际市场。

此外,还可以采用"创牌"与"贴牌"相结合的方式,在不同市场采用不同的品牌战略。例如,双星在美国市场实施贴牌战略,销售过程采用沃尔玛、派利斯等国际品牌的方式,而在南非、俄罗斯等国则使用双星自己的品牌开展营销活动。

案例 9-7

格兰仕:世界微波炉制造中心

格兰仕由 1978 年的一家民营羽绒服厂起家,90 年代初转产生产微波炉,至 2006 年,它连续 12 年蝉联中国微波炉市场销量及占有率的双项桂冠,连续 9 年获得微波炉出口销量和创汇双冠,拥有超过全球 50% 的市场份额,是名副其实的"世界微波炉

---

① 何佳讯著:《品牌形象策划》,复旦大学出版社 2000 年版。
② 桂琳、佟仁城:《中国企业品牌国际化问题分析与思考》,《科研管理》2004 年第 3 期,第 62—65 页。

制造中心"。

　　格兰仕采用成本领先战略、贴牌生产方式进军国际市场。微波炉技术属于技术成熟的标准化产业,成本为产业发展中的主要压力,对此,格兰仕采用了一系列价格攻势。例如当其生产规模大于 125 万台时,以低于产量 80 万台竞争企业的价格销售;当其生产规模大于 1200 万台时,以低于产量 500 万台竞争企业的价格销售等。由它发动的价格大战不但将小规模企业挤出了市场,也迫使国外品牌与格兰仕联合,将生产线搬至中国,交由格兰仕统一生产,而国外企业则负责销售。这样,格兰仕就与欧、美、日等国的多家跨国公司结成了战略联盟,低价受让微波炉主要原配件及整机生产线,使全球主要微波炉制造商的生产线几乎全部集中于格兰仕,从而控制全球微波炉产业的生产环节,大幅降低生产成本,继而再借用联盟伙伴的品牌进入国际市场,实现快速占领市场的目的。

本章小结

　　在经济全球化的大趋势下,企业国际化经营将不可避免,渴望做大做强的企业若想在全球范围内保持竞争优势,必须进行国际化经营。

　　企业国际化是指国内企业参与国际分工与经济一体化进程,逐步发展为一个国际企业或跨国公司的过程。企业国际化战略是指企业在面对激烈变化的国际经营环境和国际市场严峻的竞争时,为谋求生存和不断发展而作出的总体性、长远性的投资谋划和方略。企业国际化萌芽于资本主义生产方式准备时期,正式产生于资本主义生产方式确立后,关于二战后迅猛增长。企业开展国际化经营的动机主要有规避贸易壁垒型、市场指向型、劳动力指向型、自然资源指向型、全球战略一体化型等几种类型。

　　企业国际化战略模式按市场进入方式分为贸易型进入模式、契约型进入模式、投资型进入模式和战略联盟型进入模式等,按全球经营方式分为多国战略、国际战略、全球战略和地区战略等。

　　改革开放以来的中国企业国际化经营经过初步起兴、渐进发展、清理调整和迅速增长阶段,现已初具规模,但仍存在国际化程度不高、投资项目技术含量低、文化融入程度低、缺乏国际知名品牌、缺少国际化专业人才等诸多问题。针对中国企业的现状,如何制定有特色的区位选择战略、行业选择战略、市场进入战略和国际品牌战略成为了需要重点关注的问题。

思考题

1. 请简要介绍企业国际化的发展历程。
2. 请列举几种常见的企业国际化战略模式。
3. 试分析现阶段中国大多数企业国际化经营过程中存在的主要问题。
4. 若你是一个百年中药店老板,请谈谈你将如何进行中药店的国际化经营?

海尔集团的国际化经营

海尔集团是世界第四大白色家电制造商,2007年以高达786亿元的品牌价值成为中国最具价值的品牌之一。海尔由20世纪80年代一个濒临倒闭的集体小厂发展至今,已成为大规模的跨国企业集团,在全球30多个国家及地区建有本土化的设计中心、制造基地和贸易公司,全球员工总数超过5万人,2007年海尔集团的全球营业额达1180亿元。

一、海尔集团的国际化历程

进军国际市场,是海尔在国内市场上做大做强之后顺势而为的结果。海尔进军国际市场的目的不仅仅是出口创汇,更重要的是要成为国际化的海尔,创造出中国的世界品牌。海尔集团经过20多年四个阶段的发展,在世界范围享有极高的美誉度。其各发展阶段如下:

(1) 名牌战略阶段(1984年—1991年)。这一阶段的海尔专心致志地做好冰箱这一个产品,探索并积累了企业管理的经验,重点放在了改进产品质量、提升核心竞争力上,形成了"OEC"管理模式(O表示全方位,E表示每人每天每事,C表示控制和管理)。

(2) 多元化战略阶段(1992年—1998年)。海尔的经营范围从单一产品发展为多个产品(1984年时它只有冰箱,1998年时它已有了几十种产品),并从白色家电进入黑色家电领域。这一阶段,海尔以"吃休克鱼"的方式进行资本运营,以无形资产盘活有形资产,从整体上增强了企业核心竞争力,迅速高效地扩大了企业规模。

(3) 国际化战略阶段(1998年—2005年)。海尔将产品批量销往全球主要经济区域市场,形成了自己的海外经销商网络与售后服务网络,海尔品牌拥有了一定知名度、信誉度与美誉度。在美国,180升以下的冰箱中海尔占20%的市场份额;在德国,海尔占中国出口冰箱总量的95%以上。

(4) 全球化品牌战略阶段(2006年至今)。为适应全球经济一体化的形势,运作全球范围的品牌,海尔改变了其国际化战略的模式:它原来的国际化战略是以中国为基地,向全世界辐射;现在的全球化品牌战略则是在每一个国家的市场中创造本土化的海尔品牌。

为了保证企业在国际化进程中有一套有应变能力的管理机制、全球知名的品牌和广泛的销售网点,海尔集团进行了市场方向、产业方向(即从制造业向服务业转移)和管理方向(即从直线职能式管理向业务流程再造的市场链管理的转移)这三个方向的转移。

二、海尔的国际化战略

海尔的目标是发展成为中国人自己的世界名牌,振兴中国的民族工业。海尔国际化的目标是"三个三分之一":最终实现国内生产国内销售三分之一;国内生产海外销售三分之一;海外建厂海外销售三分之一。为了实现这一目标,以企业面临的经营环境为背景,海尔开拓国际市场时采用了一些特殊战略:

1. "先难后易"的区位选择战略

所谓"先难后易",即产品先进入发达国家市场,创出名牌后,再以高屋建瓴之势进入发展中国家市场。海尔的冰箱进军国际市场时,首先选择的是德国市场。德国是欧盟国家中最难进入的市场,仅获得质量认证就花费了一年半的时间。最初德国人认为日本产品还没有实力进入德国市场,更不用说中国生产的冰箱,海尔想尽办法凭借高质量的产品让德国用户对海尔品牌达到"认知"的程度,终于打开了德国的电冰箱市场。

通过开拓欧美等发达国家的市场,海尔不断提高了产品的全球竞争力,同时,企业形象和品牌价值也得到了大幅度提升。2002年,海尔在全球白色家电领域的竞争力升至世界第5位。

2. "先有市场后有工厂"的市场进入战略

海尔认为,企业国际化进程中既充满机遇,也存在较大风险,先开拓市场再建工厂能够较好地规避市场风险。为避免投资风险,并将成本降至最低,海尔采用了"发展出口——售后服务——树立品牌——达到盈亏平衡点——投资建厂"的程序进入国际市场,即若要在海外设厂,首先开发当地市场,待品牌出口达到在当地设厂的盈亏平衡点(即市场的竞争力)后才在海外投资建厂。例如,海尔在美国建厂前,测算得知在当地建一个冰箱厂的盈亏平衡点是年产量30万台左右,海尔待每年出口到美国的冰箱达50多万台,已远远超出平衡点时,才正式决定在美国设厂。

3. "创世界名牌"的国际品牌战略

"创牌"是海尔出口的目的。美国《读者文摘》2008年度"亚洲信誉品牌"调查榜中,海尔凭借较大的优势超过戴尔、惠普、西门子、三菱等国外品牌,夺取中国区金奖。其中,洗衣机获得白金奖,冰箱、空调获得金奖,为所调查品牌中获奖产品最多的家电品牌。其实,早在2003年,海尔就以530亿元的品牌价值成为了中国第一品牌。

海尔品牌国际化战略的特点是:不做OEM(贴牌生产),坚持创建自己的国际知名品牌。海尔深知,企业只有拥有世界知名的品牌,才能在国际市场上立足,才能在国际市场获得高额利润。海尔在观念上走出了传统出口的误区,很早就提出"出口创牌而不是出口创汇"以及"国门之内无名牌"等观点,坚持打自己的品牌,不仅国内制造的产品以海尔品牌出口,在海外的多个工厂和制造基地的产品也均以海尔品牌销售,即使是在意大利并购的企业,其产品也用海尔自己的品牌销售。

【案例讨论】

1. 绝大多数家电企业的国际化进程采用的是"先易后难"模式,为什么海尔却采用"先难后易"的国际化进程?

2. 对比TCL、联想等企业,海尔的国际化战略有何特殊之处? 能给我国的企业经营者以什么样的启示?

第十章
战略选择与战略执行

学 习 目 标 ··

● 认识战略选择与战略执行的重要意义
● 了解如何运用平衡计分卡来评估企业的战略执行
● 理解公司战略与公司治理、企业文化、领导力的关系

果断换帅使联想起死回生

"联想就是我的命,出山义不容辞。"2009年,联想集团在公布其第三财季亏损9700万美元的同时,宣布了集团领导层的大变动:柳传志将重新担任董事局主席,杨元庆会执掌CEO一职,原CEO阿梅里奥则担任公司顾问。这也意味着,年近65岁,已经离开联想领导层近六年的柳传志重新从幕后走上了台前。

1984年,柳传志及其同事从中科院的象牙塔走出来,共同创办了联想公司。1994年,联想在香港上市。1996年,联想电脑销售量跃居国内首位并一直保持至今。2004年,联想以12.5亿美元价格收购IBM的PC事业部,被业界喻为蛇吞象。收购仪式当天,柳传志宣布辞去联想董事长职位,仅保留董事席位,并任命当时的CEO杨元庆为联想新的董事长,新联想的CEO由美国人阿梅里奥担任。

对IBM个人电脑业务孤注一掷式的收购是联想发展的重要里程碑,联想集团信心满满,希望借此加快企业国际化的步伐。联想国际化战略的初衷是好的,收购对象也是国际计算机产业的执牛耳者,但是,能否如当初所愿,在国际化道路上迈上一个新台阶,则充满了巨大风险和变数,除了产业发展环境的不确定之外,收购后对企业的整合则是更大的挑战。

担任CEO的阿梅里奥显然在面对这些内外挑战时没有作好充分准备。收购IBM的个人电脑业务后,联想将公司产品定位于面向商业客户的高端机型,然而2008年的金融风暴致使商业客户的购买力大大下降,同时造成联想营业额和利润大幅下降。更要命的是,由于收购后的文化冲突和管理冲突,新联想内部矛盾重重,人心涣散,联想引以为傲的战略执行力出现了大问题,企业一时陷入了前所未有的困境。

柳传志重新出山对联想提振信心、提高内部向心力和凝聚力等各方面都有不可替代的作用。更重要的是,曾经带领联想走向辉煌的"柳杨组合"又重新站在了一起。柳传志拥有远见卓识的战略眼光,而杨元庆拥有高效的战略执行能力。上任后的"柳杨组合"重新修正了联想的战略方向,整顿了董事会班子,组建了一套以杨元庆为核心的执行管理团队,这使得杨元庆可以将精力完全投入到战略执行和业务运营之中。

事实证明,"柳杨组合"又一次成功了。他们就任后大力推进"双拳战略",在守住中国等传统市场的基础上,大力进攻欧盟以及印度、巴西等新兴市场,使联想很快便扭转了颓势,实现了快速增长和盈利,业绩超过了其他主要竞争对手,2011年第三个季度,联想超越戴尔成为全球第二大PC厂商。很多媒体称,处于悬崖边上的联想又被拉回来了。

2011年11月,柳传志在复出33个月后,正式宣布离开联想集团董事会,并将董事长职位再次交给杨元庆。经过磨砺,此时的杨元庆已经从一个优秀的执行者成长为一个出色的战略家。在杨元庆的带领下,联想电脑销售量在2013年跃居世界第一,成为全球最大的PC制造商。

联想的案例充分说明,好的战略并不见得一定会成功,好的团队和好的执行有时候比战略设想更重要。

企业经营的成败,除了受内部资源、外部环境等客观因素影响外,决策者能否审时度势地作出正确的战略选择并使企业行之有效地去执行,也十分重要。

第一节　企业战略选择

战略选择(strategic choice)是指企业对多个战略备选方案进行分析和评价,从中选出比较合适的方案,来充分利用外部机会,回避不利影响因素,加强企业内部优势,弥补自身不足的过程。前面章节介绍了几种主要的战略类型,如何在多种备选方案中找到适合企业自身条件的战略,需要决策者进行慎重决策。

一、企业战略选择的原则

市场环境和竞争态势瞬息万变,企业战略的选择不会是一劳永逸的事。好的战略应既具备预先性,又具备反应性。企业如何选择适宜的竞争战略是一个重要的问题。

第五章中,我们分析了一般竞争战略的类型及选择,根据迈克尔·波特的五力模型分析,企业一般竞争战略包括:成本领先战略、差异化战略和目标聚集战略等。这三种基本战略是企业能在行业竞争中战胜对手的有力武器,这里我们以成本领先战略和差异化战略的选择为例作简要说明。

(一)有所侧重、有所取舍

著名战略专家霍尔(W. K. Hole)在1980年10月发表的《关于在逆境中争取生存的战略》一文中,从美国的钢铁、橡胶、重型卡车、建筑机械、汽车、大型家用电器、啤酒酿造以及烟草等8个产业中选择了64个大型企业,研究分析了它们采用的竞争战略及各自在产业中竞争地位的变化,以此回答了如何选择一种竞争战略这一问题。这8个产业在20世纪70年代曾一度陷于困境,出现大面积亏损,甚至有些企业濒临倒闭。尽管如此,其中仍有少数企业取得了不错的经营业绩,甚至可与其他产业中经营业绩优良的企业相媲美。霍尔深入研究了这些继续保持繁荣的企业,得出结论:这些成功的企业有一个共同特点,那就是在成本领先与差异化二者之中取得了某一方面的竞争优势。即,它们在成本领先(价格)与差异化(质量)二者之中选择一个方面,全力以赴,直至取得全面胜利,而非同时追赶两个目标,最终导致资源分散。

理论上,企业应该在成本领先或差异化之间作出战略选择,或者致力于降低成本,利用价格优势,增加销售额,扩大市场占有率以获得较高利润;或者大力推进差异化,在本行业中提供技术水平最高、质量最好的产品或最佳的服务。由于这两种战略所要求的条件不同,因此,企业不能同时采用成本领先战略和差异化战略。企业若采用成本领先战略,就应对所有生产环节进行彻底的合理化改造,生产标准的产品,在将单个产品成本控制到最低的前提下,进行批量生产,充分发挥机器大生产的优势。相反,若采用差异化战略,企业就必须拥有特殊的工艺、设备或技术去生产非标准化产品,并且在销售方面组织广告宣传和产品推销,尽可能让用户了解企业产品与其他竞争对手的产品之间存在的"差异"。这些决定了产品差异化必然与成本领先发生矛盾,所以,同时追求这两个目标的企业往往会在竞争中失败。

但也不排除企业取得了新技术突破,既能生产出差异化的产品,同时又采用便宜的替代原材料,把成本也控制得很好,在两个方面都做得不错。在霍尔研究的案例中,就存在这样的例子,如经营建筑机械的卡特皮勒公司,既在生产方面努力取得了成本的优势,又在流通与服务方面取得了差异化的优势;又如经营烟草的菲力浦·莫里斯公司,依靠高度自动化的生产设备,取得了生产成本最低的好成绩,又在商标保护和促销方面加大投入,在差异化方面也取得了成功。在选择成本领先和差异化的组合形式时,企业可考虑用下面的几种方式:

(1) 在不同的产品线上采取不同的竞争战略。例如,奔驰公司在轿车线上采取差异化战略,而在卡车线上采取成本领先战略。

(2) 在价值链的不同环节上采取不同的竞争战略。例如,在生产环节上采取成本领先战略,而在销售和售后服务上采取差异化战略。

(3) 在行业所处生命周期的不同阶段采取不同的竞争战略。例如,当行业处于投入期和成长期时,为了抢占市场并防止潜在进入者的进入,企业可采用成本领先战略,以刺激需求,使企业处于低成本、高市场占有率、高收益和可加大投资的良性循环中;而当行业处于成熟期时,消费需求呈多样化、复杂化与个性化的发展趋势,则企业可采用差异化战略。

(二) 从企业具体情况出发

竞争战略的选择还须考虑如下因素:

(1) 社会生产力与科技发展水平。在经济高度发达的国家或地区,企业之间竞争激烈,居民收入普遍较高,成本领先战略就在很大程度上失去了意义,此时差异化战略应该更为有效。相反,在经济较落后的国家或地区,消费者对于产品价格的敏感度较高,则应采用成本领先战略刺激需求。

(2) 企业自身的生产与营销能力。一般来说,生产与营销能力比较薄弱的规模较小企业,应集中自身优势力量于某一特定顾客群、特定地区或特定的市场,宜选择集中化的竞争战略。生产能力较强但营销能力较差的企业,可考虑运用成本领先战略。而营销能力强但生产能力相对较弱的企业,则可考虑运用差异化战略。若企业的生产与营销能力都很强,则可考虑在生产上采取成本领先战略,而在销售上采取差异化战略。

(3) 企业的产品类别。消费者对于不同类型的产品在价格、质量和服务等方面的敏感度往往差异很大。比如生产资料产品,如钢材、工程机械等,一般多为标准品,在保证质量的前提下,价格将成为竞争中最重要的因素,因此企业应采取成本领先战略;对于日用消费品,由于人们几乎每天都消费,会反复少量购买,因此也应采取成本领先战略;而耐用消费品是一次购买、经久使用的产品,产品的质量与售后服务非常重要,因此企业应采取差异化战略。

知识链接

中小企业战略选择原则
一、专业化和突出核心能力

企业的竞争优势根源于企业内部优质的、特异的资源,而非市场上劳动力成本低、获得资金容易以及与政府的关系等外部因素。企业应认真分析自身的优势和劣势，结合外部环境的机会和威胁，找到本公司独特的资源，从而形成企业的核心能力。

显然，中小企业由于财力、物力和人力等因素限制，不可能在多个行业都具有竞争优势，所以中小企业应坚持专业化发展，集中企业内部资源，强化核心专长，由此培育企业长期的竞争优势。那些"各领风骚两三年"的中小企业有不少是由于盲目多元化导致优势资源分散，最终造成企业竞争优势的瓦解，走向失败的。对于高技术中小企业而言，重点强化核心技术能力是十分必要的；而对非高新技术型中小企业而言，它们的核心专长最可能来源于战略决策能力、组织协调能力、生产制造能力、工艺创新能力、企业文化以及有效营销服务体系等非技术开发能力，这是它们的比较优势所在，因此，这几项能力也必须协调发展。比如联想在中小企业时期并没有采取当时流行的"技—工—贸"战略，而采用了与之相反的"贸—工—技"战略，优先与东芝等跨国公司联手做强贸易，再发展自身的基础工业，最后才形成了现在国内独树一帜的技术开发核心竞争力。

二、市场原则：目标集聚、差异化

（一）目标集聚原则

竞争的全球化和消费者需求周期的缩短使得新市场会不断地出现。这意味着对企业而言，不存在有没有市场机会的问题，存在的只是市场机会是什么、如何发现市场机会的问题。

另外，现有的市场不可能是"天衣无缝"的，总会存在"缝隙"。索尼公司董事长盛田昭夫的"圆圈理论"认为，在无数的大圆圈（指大企业占有的销售市场）与小圆圈（即小企业占有的销售市场）之间，必然存在一些空隙，即行业中仍存在一部分空白市场。由于"空隙"市场的产品服务面比较窄、市场容量不大，大企业往往因无法形成规模生产而不愿涉足，此时，中小企业要看准机会，立即"挤占"。中小企业机动灵活、适应性较强的优势，将能够保证它们寻找到市场上的各种空隙，"钻进去"从而形成独特的竞争优势。

德国著名管理学家沃尔夫冈·梅韦斯认为，若一家企业将全部资源用于解决精心挑选的某一特定客户群的问题，那么该企业就能兴旺发达。中小企业没有足够的能力面向整个市场，在本行业的所有领域内进行竞争，故只能集中力量进入一个目标市场，为该市场开发一种理想的产品，实行高度专业化的生产和销售，即采用目标聚集战略。坚持这个原则不是追求在整体市场或较大的细分市场上占有较小的份额，而是要在一个较小或很小的细分市场上取得较高的，甚至是支配性的市场份额。

（二）差异化原则

差异化的方式可以是形成品牌形象、技术特点、客户服务、经销网络及其他方面的独特性。坚持差异化可以利用客户对品牌的忠诚度以及由此产生的对价格敏感度的下降，使中小企业避免与大企业发生正面冲突，它可以增加利润却不必过于压低成本。中小企业为保持在特定市场上的优势地位，往往不是以扩大市场规模为目标，而是以开发具有高附加值的、有别于大企业的产品为方向，力求做出精品，这样自然可获得丰厚回报。

差异化要求中小企业有一定的创新能力。中小企业贴近市场,可根据消费者需求,采用差异化战略,生产与大企业产品有差异的特色产品,吸引消费者。中小企业如果以特色产品和优质服务赢得消费者的信任,就能树立起良好的市场形象,提高消费者或用户对该企业产品的依赖程度和购买频率。

三、产业定位原则:乐当配角和虚拟经营

(一)配角原则

中小企业规模小、产品单一,独立生存能力弱,可以与大企业结成某种稳定的协作关系,通过市场贸易或承接外包业务的方式,使自己成为大企业的"卫星企业",从而提高专业化生产能力和水平,形成产品的规模产量,有效降低生产成本。不少中小企业仍对承接大企业外包业务的经营模式存在着偏见,都想要当"主角",想要独自生产面向消费市场的产品,却不考虑这种产品是不是有市场,是不是能顺利地销售出去。而与大企业进行协作,则能保证产品有稳定的销售渠道,从而降低了市场营销费用,减少了经营风险。

(二)虚拟经营原则

从价值链的角度来看,世界上无论大企业还是小企业,都不可能在所有的业务环节上都具有竞争优势,所以为了保持和强化核心业务,企业可只保留核心业务环节,对其他在本企业资源有限的情况下无法做到最好的环节,可将之"虚拟化"。虚拟经营推崇的理念是:如果某一环节不是我们的核心竞争优势,那么就把它让给合作伙伴去做。中小企业采用业务外包、战略联盟、技术互换协议等虚拟经营方式,将非核心环节业务外包,可在互惠互利的基础上协调发展,互相取长补短,共同开发市场,有利于抵御大企业给予的竞争压力,以及自身的生存和发展。

二、影响企业战略选择的因素

公司战略的选择会对企业的未来产生重大的影响,因而决策时必须非常慎重。在实际工作中,会有一些因素对战略选择决策产生影响,这些因素在不同的企业或不同的环境中所起的作用是不同的。影响企业战略选择的因素主要有以下几个方面:

(一)外部环境

企业总是生存在一个受到股东、竞争者、客户、政府、行业协会和社会等因素影响的环境之中。对这些环境力量中的一个或多个因素的依赖程度过高,必然影响企业战略的抉择过程,因此,选择战略时应当注重考虑依赖因素。

(二)竞争者的反应

在选择战略时,还必须预测竞争对手对本企业各种战略方案可能作出的反应。在寡头垄断的市场结构中,或者市场上存在着一个极为强大的竞争者时,竞争者的反应对战略选择的影响更大。

（三）原有战略

对大多数企业来说,过去的战略常常被当成战略选择过程的起点。由于企业管理者可能是过去战略的制定者或执行者,因此,他们常常倾向于维持既定战略。

（四）管理者对风险的态度

企业管理者对风险的态度可分为承担风险或回避风险。风险承担者一般采取进攻性的战略,会在被迫对环境的变化作出反应之前就作出主动的反应;风险回避者一般采取防御性战略,只有环境迫使其作出反应的时候才不得不这样做。

（五）企业文化

任何企业都存在着或强或弱的文化。企业文化和战略的选择是一个动态并衡、相互影响的过程。企业在选择战略时不可避免地受到企业文化的影响。企业未来战略的选择只有在充分考虑到其与目前的企业文化和未来预期的企业文化能够相互包容、相互促进的情况下才能被成功实施。另一方面,企业中总存在着一些非正式的组织,由于种种原因,某些组织成员会支持某些战略,反对另一些战略,这些成员的看法有时甚至能够影响战略的选择。

（六）时间因素

时间限制不仅减少了企业能够考虑的战略方案数量,而且也限制了企业获取可以用于评价战略方案的信息的能力。有研究表明,在时间的压力下,人们倾向于把否定的因素看得比肯定的因素更重要,因而往往会选择更加具有防御性的策略。另一方面,战略规划的时间跨度长短,也是战略规划和选择的着眼点。战略规划期长,则对外界环境的预测相对复杂,因而在战略选择时的不确定性因素更多,这会大大增加战略方案的决策复杂性。

战略之所以受到越来越多企业的关注,是因为战略是组织长远性、总体性、根本性、基础性的行为安排,而任何行为安排都与企业的自身条件及所处环境紧密相关。战略问题的重要性与特质性决定了战略只能是自己的战略,没有固定模式可以直接模仿,即使别人已经实施成功的战略,也不能照搬照抄,脱离实际的战略将使企业面临失败的必然结果。

知识链接 ∙∙∙∙

战略选择要避免的误区[①]

在战略管理的过程中,我们要避免一些常见的问题,以免造成战略选择的失误。这些战略选择的误区有其存在的客观原因,这要求战略管理者在决策时要十分注意。

（1）盲目追随他人。企业在没有仔细分析自身特有的内外环境和资源条件的情况下,盲目地追随市场领导者或目前流行的战略,最终造成失误。

---

① 王方华、吕巍著:《战略管理》,机械工业出版社 2004 年版,第 148—149 页。

　　盲目追随他人往往发生在市场前景较乐观、经济较景气的时期。此时,诱人的外部环境会使大多数企业采取扩张型战略,结果常常导致一哄而上,最后造成市场供大于求。那些实力强大、竞争优势明显的企业将最终获得市场扩张的好处,而真正遭受损失的就是那些盲目跟风、采用扩张型战略的中小企业。

　　(2)过分分散投资领域。有些企业认为投资多个行业和业务领域不但可以降低经营风险,还能显示企业的实力。事实上,多元化会使企业资源分散,同时也要求更丰富的管理经验,这些都将使企业的经营受到影响。

　　(3)排斥收缩型战略。大多数企业认为实行紧缩就意味着管理人员的失败,而多数人不愿看到自己失败。部分管理人员缺乏全局观念,也会排斥紧缩型战略,一方面,他们没有认识到许多成本具有沉没性,一旦投入进去就无法弥补,不如及早退出或清算;另一方面,他们没有认识到企业在有更好的业务机遇时,完全可以将其他运作不良的业务资源转移过来,从而实现企业资源的最优配置。

　　只有走出以上误区,才能使企业战略发挥其应有的指导企业长期的、全局性经营业务的作用。

三、企业战略选择的方法

　　一般来说,企业战略选择常用的方法有 SWOT 分析法、战略选择矩阵等。

(一) SWOT 分析法

　　我们在第三章已经介绍过,SWOT 分析法是依据对企业发展有重大影响的内部条件和外部环境因素,分别就优势、劣势、机会、威胁进行分析,进而确定标准,对这些因素进行评价,判定优劣势的大小、外部机会的好坏和威胁的严重与否,形成一个 SWOT 分析表,最终决定企业的战略选择的方法。

(二) 战略选择矩阵(matrix of strategic choice)

　　该模型是一种企业根据自身的优劣势和内外部资源的运用状况来选择合适战略的方法,如图 10-1 所示。

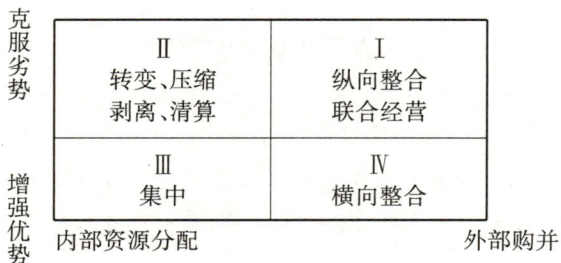

图 10-1　战略选择矩阵模型

（1）象限Ⅰ对应的情况是企业业务增长机会有限或风险太大时,企业从克服自身劣势出发,采用纵向整合的方式来减少上游原材料供应商或下游渠道和客户方面的不确定性。此外,企业也可以采用联合经营或者联盟的组织形式,这样既能克服自身劣势,又不会转移对原有业务的注意力。

（2）在象限Ⅱ中,企业常采用较为保守的克服劣势的办法:在保持基本业务方向不变的情况下,进行内部调整,从一种业务转向另一种业务,加强有竞争优势的业务的发展,如联想集团及时从汉卡业务转向 PC 业务的战略;企业也可以采用压缩战略,精简现有业务,如太原重工精简压缩非主营业务的战略;若某项业务已是成功的重大障碍,克服劣势耗费巨大,或者收益太低,就必须考虑采取剥离战略,把这项业务剥离出去,如 IBM 剥离其 PC 业务的战略;当业务已经徒然耗费组织资源,有导致企业破产的危险时,就可以考虑清算战略,如巨人集团领导企业几次起死回生的案例。

（3）在象限Ⅲ中,企业立足于内部资源调配,全力倾注于现有产品及市场,力求通过再投入资源,增强优势以巩固自己的地位,其市场开发和产品开发都是围绕现有业务开展的。

（4）在象限Ⅳ中,企业向外部寻求机会,通过积极扩大业务范围来增强竞争优势。横向整合可使企业迅速增加产出能力,特别是对同心型多种业务的整合,可以使企业平稳而协调地发展。合资经营也是从外部增加资源的一种战略,它可以帮助企业进入新的业务领域,尤其在单独进入风险很高的情况下,合作者的生产、技术、资金或营销能力可以大大减少企业的投资,并增加盈利的可能性。

第二节　企业战略执行及评估

提高战略分析、制定、选择和执行的能力,需要从多方面提高企业能力,也需要遵循一定的规范和流程。这在第一章中已经有所论述,如图1-4所示。

从图1-4中可以看出,战略实施和评估是整个战略管理过程中极为重要的一环,再好的战略方案,如果执行不力,也无法实现任何好的决策目标。总之,如果执行不力,企业的发展也不过是海市蜃楼,昙花一现。所以研究企业战略执行是企业的一个重要课题。

一、战略执行和战略执行力

企业战略管理包含战略制定和战略执行两个方面。战略执行(strategic executive),又称战略实施,是战略管理过程的行动阶段,是将既定的战略加以细化,制定出实施战略所需的各项措施,并将其付诸行动的过程。战略制定和战略执行之间密切相关,从图 10-2 可以看出,只有在正确制定战略并进行有效实施的情况下,企业才能获得成功。

战略制定

		正确	错误
战略实施	有效	成功	不确定
	无效	艰难	失败

图 10-2　战略制定与战略实施的基本关系①

战略执行效率主要采用战略执行力这一衡量指标来衡量。战略正确并不能保证一个企业取得成功,成功的企业必须同时具备正确的战略和相当的战略执行力。战略执行力是针对企业整体而言的,是企业多种能力的结合与表现。企业提升战略执行力的过程也是企业正确处理企业战略、组织结构、企业文化和信息沟通之间的相互关系,并使之相互协调的过程。

1. 企业员工

要从两个层次去理解"执行力",一是个人执行力,另一个就是企业执行力。个人执行力表现为"执行并完成任务"的能力,不同岗位的人要完成不同的任务需要不同的具体能力,比如战略分解能力、时间规划能力、标准设定能力、过程控制能力与结果评估能力等。企业全部员工的执行力体现在企业整体运行上,就是企业执行力。虽然并非是简单相加的关系,但员工个人执行力是企业执行力的基础,影响着整个战略执行的效果。

2. 组织结构

企业的组织结构必须服从企业战略。企业战略的变化要求企业对其组织结构进行相应的调整,对组织结构进行调整的最终目的是提高企业实施其战略的能力。

组织结构决定了一个组织内人员的分工协作方式,组织结构既可以支持企业战略,也可能侵蚀企业战略。企业组织结构的设计既要能鼓励不同部门和不同团队保持独立性以完成不同任务,也要能够将这些部门和团队整合起来为实现企业整体的战略目标而合作。因此,企业要能够在设计组织结构之前,先详细地阐述企业战略目标,然后将其具体化为一套组织结构设计的原则,并以此为依据,重新审视现有企业组织形式、部门设置、职能分布和岗位设置等,优化企业的组织结构,同时,在变革的每一步都不断地思考组织结构变革能否与企业的战略相符合,这些对于企业提高组织结构变革的有效性和提高企业战略实施的能力都是极其有用的。

然而,随着组织网络化、组织扁平化、流程再造等组织理论的盛行,一些企业在实践中将组织结构的变革误当作企业的最终目标,或是将战略和结构视为"两张皮",即企业组织结构的变革没有反映企业战略意图的调整。这些都会导致企业管理层对其组织结构不停地进行调整,而调整的结果却并不理想。

3. 企业文化

企业文化反映了企业内部隐含的主流价值观、态度和做事方式,而这种价值观、态度和做事方式不是一成不变的。企业外部环境的变化,必然要求企业战略作出相应的调整,而企业外部环境的变化和企业战略的调整必然也会要求企业文化作出相应的改变。我们在分析企业战略执行力时,经常强调管理人员的勇气、耐心、坚韧和创新等素养,以及企业

---

① 徐君著:《企业战略管理》,清华大学出版社 2008 年版,第 303 页。

员工之间的相互沟通、相互信任、同心同德等作风,这实际上反映了企业文化的力量对企业战略执行力所起到的重要作用。

企业文化是一种积极的还是消极的力量,主要看企业文化与这个企业的环境和战略相互匹配的程度。先进的企业文化不仅能够激发广大员工的积极性,促使员工按照企业所想要的方式去努力,而且能够适应动态环境的变化和企业战略的调整。而不良的企业文化,则不仅会成为制约企业战略实现的障碍,而且可能成为扼杀企业的主要因素。因此,培养一种能够与企业战略相适应的健康优秀的文化对于企业战略执行力的提升有着至关重要的作用。近年来提出的创建"学习型组织"的理论,其本质就是通过企业和员工持续不断的学习与思考,在企业内部形成一种能够适应企业外部环境变化、促进企业战略目标实现的企业文化。企业要想使员工行为习惯和工作方式符合企业战略执行的要求,就必须以企业战略为依据,形成支持企业战略实现的企业经营理念、态度、信念和企业价值观。

4. 信息沟通系统

企业内的信息沟通系统好像人体内的神经系统,一方面它将宏观环境信息、竞争情报、客户信息、绩效评估结果、财务信息、销售记录、员工满意度、客户满意度等企业运行所需要的信息反馈到企业的战略层面,为企业战略制定提供依据;另一方面它将企业的愿景、战略意图、管理者的指令发布到企业的各个实施操作层面,从而使得战略制定和战略执行形成一个闭环。当然,信息沟通系统对提升企业战略执行力的意义并不仅仅局限于此,一个良好的信息沟通系统对于企业组织内部,企业组织与组织之间知识的分享、应用和转移,以及对将员工个体知识集聚为企业整体的知识起着极为关键的作用。这显然对处于知识经济环境中的企业提升战略执行力、改进工作绩效和培育竞争优势具有十分重要的意义。

以上任何一方面的缺失,都会限制企业战略执行力的提升,同时也会限制其他因素对战略执行力的提升效果。

二、战略执行的评估——平衡计分卡

企业在战略实施和执行的过程中,必须不断对实施的绩效进行评估和管理,以便总结经验和发现问题。为此,理论界和企业管理者发明了很多绩效管理和评估的工具与方法,如目标管理法、计划分解法等。限于篇幅,本节只简要介绍近几年在国际上有着广泛影响力的战略实施评估管理工具——平衡计分卡。

(一)平衡计分卡的概念

平衡计分卡(balanced score card,BSC)是由美国学者卡普兰(Robert S. Kaplan)和诺顿(David P. Norton)发明的,它以平衡为目的,将企业的使命和愿景以及企业的战略转换为可以衡量的具体指标,寻求企业短期目标和长期目标之间,财务绩效与非财务绩效之间,落后指标与先进指标之间,企业内部成长与企业外部满足顾客需求之间的平衡状态,是一种有效的全面衡量企业战略实施绩效并进行战略控制的重要工具和方法。

平衡计分卡从财务、顾客、企业内部流程、员工的学习和成长四个维度全面考核了一个企业的战略绩效,并将这四个维度组成了一个相互支撑、相互依赖的平衡框架。此外,这四个维度还被细化为若干个具体指标。

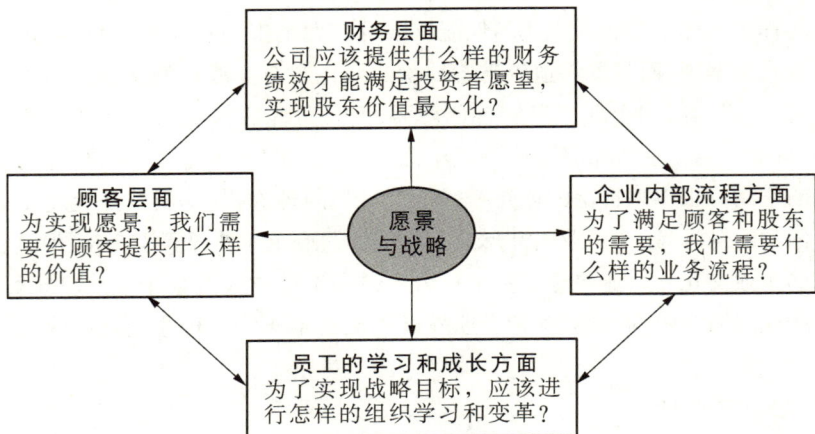

图10-3　平衡计分卡模型

平衡计分卡自发明以来受到了广泛的关注,普遍认为,该模型工具较为全面地诠释了企业的使命、愿景和战略,架起了企业战略目标和企业局部目标之间的桥梁,促进了企业各部门之间的协调行动,强调了战略反馈与组织的创新。其最终目的是通过一连串的因果关系,把员工及企业的能力转换为卓越的财务绩效。

知识链接 ····

平衡计分卡①

1996年,卡普兰和诺顿在著作《平衡计分卡——化战略为行动》中对平衡计分卡进行了全面的理论性阐述。

平衡计分卡包含了所有有助于企业发展的关键成功因素,来帮助经理们关注企业的关键成功因素并修正他们仅仅重视利润的短视行为。平衡计分卡也是前瞻性的,因为它包括很多非财务类的关键成功因素,如产品质量和客户服务指标等,这些指标将增加企业的未来价值。显而易见,平衡计分卡以一种深刻而一致的方法描述了战略在公司各个层面的具体体现,因而具有独特的贡献和意义。

在运用平衡计分卡的过程中,应注意以下两点:

首先,为提高平衡计分卡的有效性,它应被制定得非常详细,以便员工能够理解他们的行为有助于企业的成功。同时,员工报酬应基于平衡计分卡来进行计算,以强调获取关键成功因素的重要性。

其次,平衡计分卡应该具有结果和过程指标,即它应该既包括关系企业未来竞争成功与否的指标,如研发过程中的专利申请、生产及客户服务上的改进等,也包括生产效率、单位成本和利润等现实的财务指标。

---

① 金占明著:《战略管理:超竞争环境下的选择》,清华大学出版社2004年版。

（二）平衡计分卡的战略执行意义和作用

采用平衡计分卡对于企业的战略执行具有十分重要的意义。首先，作为战略管理的工具，平衡计分卡把战略放在了公司管理过程的核心地位，它描述了战略在公司各个层面的具体体现，因而具有独特的贡献和意义。在平衡计分卡出现之前，管理人员缺乏一套被普遍接受的、用来描述战略的框架，而无法描述的东西是很难实施的。因此，这种通过计分卡来描述战略的简单方法是一个重大的突破。其次，作为绩效管理的工具，平衡计分卡克服了单纯利用财务指标来评估战略绩效的局限性，它改变了财务报告仅传达已呈现的结果、滞后于现实指标的现状，能有效地向公司管理层传达未来业绩的推动要素是什么，以及如何通过对客户、内部运营、员工等方面的投资来实现新的股东价值。

对应平衡计分卡的四个组成部分，可从财务、顾客、企业内部流程及员工的学习和发展等四个互相关联的维度来考核公司各个层次的绩效水平：

（1）财务维度。公司怎样满足股东，实现股东价值的最大化？由这些问题产生的第一类指标即财务类绩效指标，该指标是公司股东、投资者最关注的反映公司绩效的重要参数。这类指标能全面、综合地衡量经营活动的最终成果，衡量公司创造股东价值的能力。

（2）顾客维度。企业只有向顾客提供产品和服务，满足顾客需要，才能生存。顾客关心时间、质量、性能、服务及成本，因此企业必须在提高服务质量、保证服务水平、降低定价等方面下功夫。从顾客的角度给自己设定目标，就能够保证企业的工作有成效。

（3）企业内部流程维度。为了企业的成功，从企业内部流程的角度思考，企业应具有什么样的优势？必须擅长什么？一个企业不可能样样都是最好的，但是它必须在某些方面拥有独特的竞争优势。

（4）员工的学习和发展维度。为了提升企业内部运营的效率，满足顾客、持续提升并创造股东价值，企业必须不断地成长。学习和发展类指标的意义在于衡量相关职位在追求营运效益的同时，是否为企业的长远发展营造了积极健康的工作环境和企业文化，是否培养和维持了组织中的人力资源竞争力。学习和发展类的关键绩效指标可用来评估员工管理、员工激励与职业发展等保持公司长期稳定发展的能力。

一个完备的平衡计分卡是对公司战略的描述，它对企业的战略执行具有以下详细作用：

（1）完善财务量度。平衡计分卡不是取代财务量度，相反，它是完善了财务量度，把它们与公司的整个目标和计划内容结合起来。因此，它所要"平衡"的是财务和非财务指标之间的关系、过去和将来绩效之间的关系、短期和长期定位之间的关系。在平衡计分卡中，财务量度不只是已获得的价值，它们必须面向公司的愿景或公司的目标。

（2）沟通公司目标。跨国公司管理中的一个共同问题是，公司目标如何与全体员工沟通？员工如何看到这些目标与他们每日任务的相关？员工要了解公司的愿景和战略，他们也必须对如何与每日任务联系起来有一个清晰的图像。愿景和战略必须与整个组织沟通。当然，沟通是双方的过程：所有员工都能够评论愿景和战略，并提供给执行层有价值的反馈。平衡计分卡也可以作为董事会和外部利益关系人的沟通工具。

（3）长期计划编制。平衡计分卡是连接公司长期战略和短期行动的有力工具。财务量度是平衡计分卡的基石之一，但它只能描述过去，对将来绩效的驱动还不够充分。单单利用短期财务量度,会过分投资解决短期问题而缺乏投资长期价值,如削减在研发、人力资源开发和内部过程提高等方面的投入。而采用平衡计分卡则可将企业目前的短期行为与其长期战略紧密联系起来。

(三)平衡计分卡的指标体系和实施流程

实践证明,平衡计分卡是一个解决战略执行(实施)问题的有效工具。通过遵循系统的流程来实施平衡计分卡,能有效提升企业绩效,使之成为"战略中心型组织"。

平衡计分卡是我们在制定关键绩效指标时可以采用的非常有用的工具。它以公司战略为导向,寻找能够驱动战略成功的关键成功因素(依据公司价值链来分析各个价值增值过程中出现的关键成功因素),并建立与之具有密切联系的指标体系来衡量战略执行过程。

一般来说,设计关键绩效指标的流程主要包括以下几步:第一,确认公司战略及战略目标;第二,依据战略目标确认关键成功因素;第三,依据关键成功因素设计公司的绩效指标;第四,采用必要的技术方法确认关键绩效指标;第五,对于价值链的各个部分采用平衡计分卡的方法循环评估,确认各个业务功能及流程的关键绩效指标;第六,形成整个公司的关键绩效指标体系的管理报告文件体系;第七,持续的管理报告和业绩改进;第八,对关键绩效指标体系的持续回顾及改进。

我们在设计关键绩效指标时应该遵循以下一些基本原则:

(1)实现股东价值。在企业运作过程中,我们强调促进股东价值的最大化实现。在关键绩效指标的设计时,我们也要求满足股东利益最大化的要求。

(2)紧扣战略,合理平衡。例如财务、流程、客户、人才、创新、内部和外部、前瞻性和滞后性、公司内部的统一性等等。

(3)标准化、简单化。包括使各项指标、所用的表格及文档等标准化,避免在设计及使用过程中造成信息的不对称,简单化并且容易让人理解。

建立了平衡计分卡后,其实施流程如下:

(1)推动:包括首席执行官的带动、管理团队的执行等;

(2)传达:包括传达使命和愿景、平衡计分卡、战略目标和战略行动方案;

(3)协调:使企业中各部门、各岗位与企业的目标相一致;

(4)执行:把战略变成每个员工的工作,包括培育战略意识、统一目标、和激励措施挂钩等;

(5)持续:包括与预算挂钩、反馈系统和学习流程。

第三节 企业战略控制

战略控制(strategy control)是使战略实施达到预期效果的必要手段,企业在执行战略时,必须依据战略目标对实施过程进行监督及必要的调整。

一、战略控制的概念及作用

战略控制是指在战略评估的基础上,依据战略目标,监督战略实施过程,及时纠正偏差,确保战略有效实施的一种手段。战略控制一般包括设定绩效标准、进行偏差分析和纠正偏差等内容,即首先依据企业战略目标,结合企业内部资源条件,确定企业的绩效标准,作为战略控制的参照系;然后,采用一定的方法、手段,监测企业的实际绩效,并对实际绩效与标准绩效间的偏差进行分析;最后,设计纠正偏差的措施,将企业战略进程调整至原定轨道,保证战略的预期效果。

企业战略控制在企业战略管理过程中主要有以下几方面的作用:

(1)为战略有效实施的重要保证。企业战略明确了企业的主要奋斗方向,决定企业应做什么、不应做什么,战略控制的作用就是保证企业能沿着预定的方向进行下去,最终实现企业的战略目标。

(2)决定企业战略行为能力的大小。企业战略控制能力强、控制效率高,则企业高层管理者会倾向于作出风险较大的决策,反之,则管理者会倾向于作出较为稳妥的决策。

(3)为战略决策提供重要反馈。战略控制能帮助战略决策者明确战略中哪些是符合实际的、正确的,哪些是不符合实际的、错误的,以便及时调整战略。

二、战略控制的类型

根据战略控制的阶段、控制的层次、控制的本质、控制的动力及控制的对象的不同,企业的战略控制可以分为以下几种类型:

(一)按控制的阶段划分,分为前提控制、执行控制和特别警讯控制

(1)前提控制是指企业系统且持续地监测战略形成的前提是否依然有效的行为,主要针对外部环境、内部资源和目标等三方面因素进行监控。若前提发生较大变化,企业必须及时采取应变措施。

(2)执行控制是指企业根据战略执行结果,判断是否需要对战略进行调整或修正的过程。主要是对关键任务、关键事件或重要资源分配等进行监测,从而掌握战略执行的重要概况。

(3)特别警讯控制是指企业借由发生的某一特定或突发事件,对战略进行一次完整而快速的重新检测的行为。

(二)按控制的本质划分,分为机械控制和有机控制

(1)机械控制是指采用一些制度、规范或其他正式方法,来防范和修正绩效偏差的控制方式。例如企业设立的奖惩制度、严格规范的工作说明书等。

(2)有机控制是指采用松散、弹性的自我控制或其他非正式方法,来防范和修正绩效偏差的控制方式。例如,有些自愿性的公益团体多倾向于采用有机控制。

（三）按控制的动力划分，分为外力控制和内力控制

（1）外力控制是指借助外力的干预进行控制。例如，企业的预算、科层体制控制等。

（2）内力控制是基于企业成员的认同与承诺的、自发的自我控制。例如，强调借助共享价值、信念及其他企业文化方面的手段来管理员工行为的族群控制系统、员工参与制定的目标管理等。

（四）按控制的对象划分，分为财务控制、产出控制、行为控制和人员控制

（1）财务控制是针对企业财务资源所做的控制。财务资源包括流入企业的资源、停留在企业的资源和流出企业的资源。

（2）产出控制是针对企业各部门、成员设立的产出绩效目标的控制，多与薪酬系统相联，提供必要的激励。

（3）行为控制是通过建立一套完整的规则与程序的系统，指导各部门和员工的行为的控制方式。例如，作业预算、标准化、规则和规定。

（4）人员控制是通过企业的信念体系、共享价值与企业文化，指导员工产生自我控制与自我监督的控制方式。

三、战略控制过程

战略控制过程主要分为以下几个步骤：

（一）制定绩效标准

战略控制首先需要根据预期战略目标和战略方案制定出效益标准。企业针对已完成的工作任务，找出成功的关键因素，据此作为企业实际效益的衡量标准。这种标准多采用销售额、净利润、市场占有率、产品质量和劳动生产率等指标。

（二）审视战略基础

对于制定现有战略的基础进行监测，例如外部环境、内部条件是否发生变化。多从竞争者行动、需求变化、技术变化、经济状况、政府行为等外部环境，以及内部优势是否仍然具备、是否出现新的劣势等内部环境来进行监测。

（三）衡量企业绩效

比较预期绩效和实际绩效之间的差距，分析能否接受偏差的性质，若不可接受，则需及时找出发生偏差的原因。

（四）纠正偏差

针对现有偏差进行调整。若是由于工作失误引起的，需要通过加强管理和监督，确保工作方向与战略目标一致；若是由于战略本身不切实际引起的，则控制工作主要应是及时修改战略目标或战略方案；若是由于外部环境或内部条件发生重大变化，导致战略失去客

观依据,则企业应根据新条件制定新战略。

第四节　企业战略执行与公司治理

公司治理作为一种制度安排,规定了整个企业运作的基本框架和运行机制,有效的公司治理是投资者、经营者、管理者发挥才能的舞台,公司战略管理就在这个既定的平台和框架内,驾驭企业制定目标并实现目标。企业的存在是由于它是创造价值的有效机制,公司治理和战略管理的有机结合可以产生良好的协同效应,进而有效提升企业的价值。

一、公司治理的概念

所谓"公司治理"(corporate governance)一词,我国学者译法不一,基于监督或防弊观念者称之为"公司管控"或"公司监理",强调兴利功能者则称之为"公司管理"或"公司统治"。尽管各种翻译用词的角度与界定范围不尽相同,但其主要的内涵是:在企业所有权与企业经营权分离的组织体系中,有效监督其组织活动,健全其组织运作,防止违法行为等经营弊端,以落实企业经济责任和社会责任。

公司治理从广义讲是指有关公司控制权和剩余索取权分配的一套法律、文化和制度性安排,其目的是解决内在的两个基本问题:一是激励问题,即在产出是集体努力的结果且个人贡献难以度量的情况下,如何促使企业的所有参与人努力提高企业的产出;二是经营者选择问题,即用什么样的机制能保证最有企业家能力的人成为企业经营者。

企业的每个参与者都要追求自身利益最大化,这使得权力之间的制约非常复杂。随着企业所有权与控制权的分离,代理问题随之出现,道德风险和逆向选择问题越来越突出。为有效解决上述问题,建立有效的公司治理机制尤为必要。

公司治理作为现代企业制度的核心,是平衡企业的要素投入者和利益相关者之间关系的一种制度安排,通过合理地运用用人机制、监督机制和激励机制,以及对股权结构、资本结构与治理机构设置和职权安排的合理配置,有效地解决了利益相关者的相互关系,为公司形成统一战略目标并卓有成效地实施和控制战略提供了平衡工具。公司治理有效地平衡了公司管理者对经营权的需要和股东监督管理者的需要之间的矛盾。

公司治理包括治理结构和治理机制,其核心是董事会的设置和权力安排。董事会代表着现代公司的权力中心,它决定着公司的重大战略决策,是战略管理的起点和终点。公司治理的核心是在所有权和经营权分离的条件下,由于所有者和经营者的利益不一致而产生的委托—代理关系。公司治理的目标是降低代理成本,使所有者不干预公司的日常经营,同时还要保证经理层能以股东的利益和公司的利润最大化为目标。

二、企业战略与公司治理的关系

公司治理与战略管理之间存在着紧密的关系,二者的相互影响和互动将直接影响企业的战略适应能力以及企业的综合竞争力。

（一）公司治理与战略管理的相互作用机制

现代企业的运作模式一般是资本所有者通过公司治理掌控公司的战略方向,利用公司治理这一载体表现其最原始的动力,追求企业价值的最大化。

资本机制通过公司治理结构这座桥梁对战略管理起到监督和激励的作用,资本的价值实现始终贯穿于股东大会、董事会及经理层的战略选择和决策的全过程,战略目标和使命的形成及战略的制定在一定程度上取决于资本的控制力。

> **知识链接** ••••
>
> ### 现代公司治理结构①
>
> 现代股份制企业中,由于股东的广泛分散,企业的控制权转移到管理者手中,企业所有者的地位已经被贬到仅仅是资金提供者,即控制权与所有权的分离,引发了所谓代理问题——董事会作为股东的代表,行使资本的意志,由经理层具体实施。
>
> 委托代理理论的代表莫里斯和霍姆斯特姆认为,资本家是委托人,劳动者是代理人,其核心是解决委托人与代理人的激励相容问题,即委托人(资本者)如何设计最优机制,激励代理人(经营者)在努力工作的同时为委托人创造更多的财富。张维迎指出,非人力资本所有者拥有企业所有权,即"资本雇佣劳动"是使企业价值最大化的最优企业所有权安排。他还指出,资本作为一种物化的要素投入直接决定着企业的运营方向,且将决定公司的战略方向。比如从企业组织的发展和演进看,治理结构的演进直接推进组织的变革,组织的变革直接影响公司的战略,而在组织变革过程中,资本这一要素投入起着直接的作用。
>
> 资本结构是公司治理结构最重要的一个方面。企业治理机制的有效性在很大程度上取决于资本结构。如果一个特定的资本结构能有效地解决经营者激励和经营者选择(及时选择和解雇)问题,它就是最优的。董事会控制、股票市场、破产机制是三种主要的治理机制,可以制约经理和股东的行为,它们将直接决定公司的前进方向,即决定战略的选择。
>
> 一般认为,现代公司治理发展的新趋势,主要表现为董事会的权力日益扩大,而股东大会的权力逐渐缩小,董事会被置于与股东和经理层相互制衡的权力系统中。作为治理的主体和战略的决策者,董事会被赋予了代表股东监督和控制经理的权力,因此在股东大会即资本的所有者权力的条件下,董事会在一定程度上代表资本的意愿,促进企业改进绩效。而股东作为资本的真正所有者,他们手中的直接凭证就是股票,如果大股东无法真正掌握公司的控制权,那么股东的剩余索取权将所剩无几。假如股东通过目前的制度安排无法对经理层施加更大的压力,或机构投资者根本无精力考虑公司的治理结构时,股东将选择"用脚投票",抛售手中的股票,这会导致公司的股价下跌,使得公司在资本市场上声誉受损,甚至会使公司被其他企业收购。股东

---

① 刘冀生著:《企业经营战略》,清华大学出版社 2003 年版。

在证券市场上的抛售行为,将对管理层形成强大的压力,这必然会引起公司经营方的重视,从而激励他们制定新的战略,尽力提高企业的经营业绩。

　　在成熟的美国资本市场中,以资本的意志为导向,重新架构公司治理或建立公司战略的案例可以说比比皆是。如机构投资者在1992年就发出了强有力的声音,在两家大股东的坚持下,通用汽车公司新任董事长不得不辞职,首席执行官和董事长的职位实现了分离。而在德国资本市场,德意志银行拥有德国当地公司300亿马克的股份,它于1998年成立了专门的部门来管理所持有的股份,并在所持股公司选派董事和监事,如在欧洲最大的保险公司——安联公司中,德意志银行派驻的监事和董事名额已经超过全部名额的30％,因此在重大的战略决策中,资本在战略中的重要地位可以得到有效的保证。

知识链接 ● ● ● ●

公司治理结构的典型模式①

1. 美国的市场主导型模式

　　美国作为市场经济发达的国家,其公司治理结构具有典型的市场主导模式的特点。

　　第一,股权高度分散。美国股票市场极其发达,股份有限公司的股权也极其分散,并且以个人持股为主。股权分散是所有者风险的分散,说到底是企业经营风险的分散。一些上市公司往往有几十万、上百万甚至几百万个股东,众多小股东并不热衷于公司的经营管理活动,普遍通过"用脚投票"的方式来迫使经营者改善经营、提高公司业绩。虽然近年来美国机构投资者在公司治理结构中开始占有一定地位,但大多分散在多个公司中,一般仅占某一公司股份总数的0.5％—2％或3％。

　　第二,股权高度流动。由于股权高度分散,股东很少有监督公司经营者的动力,仅要求公司向他们提供详尽的财务数据和遵守证券市场制定的相应规则,以确保交易的公平性。若不满意公司公开的财务信息,股东就会在股票市场卖掉股票,从而造成持股的短期性。短期持股使股票市场的买卖交易频繁,从而导致了股权的高度流动。

　　第三,以独立董事为主。美国公司是独立董事的发源地,在美国,公司广泛采用独立董事制度。独立董事代表股东行使监督控制权,在保护股东权益方面发挥着特殊作用,取得了良好的效果。但是,在有限博弈和信息不对称的情况下,也存在独立董事不独立,甚至与经营者合谋的问题。

　　第四,外部审计。美国公司没有监事会,而是由公司聘请专门的审计事务所负责有关公司财务状况的年度审计报告。公司内部设立的审计机构,只是协助董事会或总公司监督子公司的财务状况和投资状况,难免在信息发布的及时性和真实性方面存在偏差。所以,美国很早就出现了由独立会计师承办公司审计业务的审计事务所,他

① 麻彦春、童欣:《公司治理结构:模式阐释与制度构建》,《江汉论坛》2007年第11期,第55—58页。

们对公司经营状况进行独立审计并发布审计报告,以示公正。这种外部审计制度既杜绝了公司的偷税漏税行为,又在很大程度上保证了公司财务状况信息的真实性。

2. 德、日的银行主导型模式

银行主导模式突出了银行在公司治理结构中的地位和作用,典型代表是德国和日本的企业。

第一,银行是公司的主要股东。德、日两国的银行,特别是商业银行在公司治理结构中处于核心地位,由此形成了"日本公司主办银行控制制度"和"德国公司全能银行控制制度",商业银行成为公司的最大股东。日本的银行拥有公司较大股份,并控制了公司外部融资的主要渠道;德国公司则主要依赖于股权十分集中的大股东的直接控制,更多地依赖于内部资金融通,而不是像日本银行那样能够通过控制外部资金来源对企业施加有效的影响。

第二,法人持股和法人相互持股。德、日公司个人持股比例较小,法人持股和法人相互持股比例较大。在法人持股中,又以金融机构持股为主,其中,银行持股所占比例很高。

第三,严密的股东监控机制。德、日公司采取主动性和积极性很强的股东监控机制,即公司股东主要通过一个能信赖的中介组织或股东当中有行使股东权力的组织,一般都是由主办银行,来代替他们监督与控制公司经理的行为。若公司运转正常,主办银行一般不干预公司的事务;仅当公司绩效变差时,主办银行才会密切关注公司的流动资金,并通知相关公司采取对策,甚至通过股东大会、董事会和监事会来变更经理人员。

第四,强化监事会的职能。与美国公司治理结构的外部监控模式不同,德、日两国公司设有监事会。监事会处于监督和控制公司经营者的地位,主要行使监督经营者执行业务的监督权和代表公司对经营者进行起诉的起诉权。

(二) 企业价值的作用机制

如果说资本意志是公司治理与战略选择最原始的推动力的话,那么企业价值则是公司治理和战略管理的最终结点。公司治理作为决定和控制一个组织的战略方向和企业绩效表现的各种利益相关者之间的关系,其核心是寻求一种保证战略决策有效的方式,也可以被看作是企业针对所有者和经营者之间可能出现的利益冲突而建立的一种秩序和规则,因而企业价值的提升在公司治理作为战略制定和执行的主导因素中起到决定性作用。从一个理性人的角度来说,无论作为治理结构的哪个选择方,如董事会、监事会、股东及利益相关者,都认为企业绩效的提升将为个人的利益最大化提供基础,因此企业价值的表现形式就是企业治理的绩效和战略管理的综合控制力。

股东大会、董事会、监事会作为公司治理的制衡机制,三者相互作用的最后归宿将直接体现在企业的业绩上,而战略制定的决策主体与公司治理的制衡主体基本上是重合的,因此二者在企业的价值取向上应该也是基本重合的。

利益激励与目标约束作为公司治理的激励机制,其核心是战略决策者提供给战略执行者的激励。从战略制定者的角度来说,其目的非常明确,就是实现企业价值的最大化、实现资本增值的最大化,因此他愿意提供足够的激励来使战略执行者实现个人价值的最大化,同时确保战略被正确地实施,进而实现企业既定的战略目标。从最新的实证研究来看,企业的高层管理人员因业绩的不佳,无法保证企业价值最大化而离职的比例正逐渐上升,公司治理和战略重新整合的频率也在逐步上升。

市场竞争、法律法规、政府等作为公司治理的外部治理机制,其目标显然是实现社会资源的最优化配置和社会福利水平的最大化,因此它们通过公司治理机制实现对公司有效的约束,使公司战略的制定和实施符合公司价值的最终要求。从这个意义上说,作为利益相关者的股东、债权人等通过公司治理,有效地利用企业绩效这个机制,实现了企业价值的最大化。如美国安然、世通等企业的财务造假案,从反面反映了公司治理和战略高层为了获得一个表面较好的绩效,而不择手段去造假,但是企业相关利益者并不对这种经不住推敲的企业价值给予肯定,因而企业遭到市场的抛弃,最后不得不破产。相反,业绩良好的微软公司、思科公司则在资本市场上受到青睐,因为这些企业有着良好的内外部治理和清晰的战略,并拥有着强大的竞争优势,在真正为企业带来最大化利润的同时,也能为其他利益相关者带来价值的最大化。

（三）公司治理与战略管理的互动作用对企业竞争优势的影响

从本质上讲,企业竞争优势来自企业持续不断的核心能力的提升,而核心能力的培养、管理和提升又来自企业战略的卓越管理以及治理结构的持续改进。从理论角度看,企业竞争优势具有系统性、相对性、动态性、主客观结合性、获益的现实性与潜在性。从企业竞争优势的特性看,完善的公司治理和强有力的战略管理与竞争优势之间有着密不可分的关系。公司治理与公司管理构成企业竞争优势的培养创造系统,战略管理的全过程则构成了企业管理的核心。

从企业生命周期的角度考虑,公司治理结构、战略选择与企业生命周期是相适应的。企业在不同发展阶段,针对不同的管理问题,应采取不同的战略,因而公司治理结构也有所不同。

从企业的绩效考虑,公司治理结构与战略管理对企业绩效的影响与企业外部环境有关。产业的竞争环境和竞争力会影响到公司治理结构与战略管理对企业绩效的实际贡献。企业竞争力的强弱取决于外部环境和自身的综合能力,而企业的外部环境包括产业政策和国家的宏观环境,因此作为企业自身拥有的属性之一的治理结构,其自身的战略对绩效的影响,必然受到企业外部因素的制约,因此竞争优势的表现形式会因环境的不同而不同。

从企业价值增长的角度考虑,波特认为,根据企业的内外部环境和企业自身的优劣势,企业的价值来源于企业战略的卓越实施和有效控制。不同的企业可以在业务层面根据实际选择的"低成本"、"差异化"、"聚集化"等三种战略之一或其组合,在公司层面实施多元化或一体化战略。通过实施不同的战略组合,可以有效地促进企业治理的完善和企业组织的创新与变革,全面打造和提升企业的核心能力。

3M 公司的治理结构

1902 年成立的 3M 公司在世界上共有约 8.5 万名员工,如何使这个庞大的企业具有持续的竞争优势,最大化地创造公司价值? 在百余年的历史中,公司的发展有过波折:企业高层多次因为战略失误导致公司业绩不佳,进而遭到资本市场的抛弃,公司的董事会和经理层也在资本市场、股东等各方的压力下进行了多次更换。公司战略决策层为了缓解来自市场、消费者、股东等各方的压力,使公司的战略逐渐明晰。可以说是公司治理与战略管理之间多次有效的整合和互动作用,使公司员工逐步形成了良好的组织学习能力,卓有成效地营造了企业浓郁的学习、创新氛围,创造了以"创新为荣,分享技术,传播智慧"为核心的企业文化。通过创新文化这一载体,企业的战略高层有效地提升了企业的创新能力,并成功地开发了以客户需求为导向的核心产品,培育了企业的竞争优势。至 2002 年末,公司收入达 350 亿美元。可以说,3M 公司依靠完善的公司治理结构和有效的治理机制与公司战略管理全过程的有效互动和协同取得了成功,并通过创新文化这一载体实现了企业价值的最大化。

综上所述,公司治理和战略管理对于企业成长有着重要意义,特别是对于我国转型时期的国有企业以及朝气蓬勃的民营企业尤为重要,一个没有完善的治理结构和治理机制的企业在激烈的竞争中将难以生存,一个没有战略管理的企业,更不可能走得很远。对于我们的国有企业来说,要保持长久的竞争优势,就必须先建立产权明晰的企业制度,让资本的意志真正能体现在符合公司发展的战略决策上,充分利用文化的软约束作用,加强企业的制度建设,促进公司治理与战略管理的互动,进而塑造企业的核心能力,实现企业价值的最大化。对于成长中的民营企业来说,应充分利用自身机制的灵活性,优化和完善治理结构和治理机制,建立现代企业制度,科学地制定战略并实施战略,培养优秀的组织文化,提升企业竞争优势,促进企业持续健康发展。

第五节　企业战略执行与企业文化建设

企业文化与企业战略看似是两个泾渭分明的概念,但它们之间却有着十分密切的联系。哈佛商学院曾经就企业文化和企业战略方面的问题调查多名企业界人士,结果发现,同一个问题在一部分人士看来是属于企业文化范畴,在另一部分人士看来却是属于企业战略范畴,由此看出两者存在着一个交叉。

如前所述,企业战略就是企业在对环境的假设、对目标的假设及对优势的假设的基础之上具体的经营思路和安排,是在变化的环境下为求得持续发展的总体性谋划。企业文化是企业对成长环境、能力、经验的归纳与提炼,是企业适应变化环境的能力和让这种能力延续发展的能力,企业文化也可以说是企业经营理论的人性的反映。

企业文化影响企业战略的制定和经营模式的选择,而企业战略的实施过程又会促进和影响企业文化的发展和创新,两者之间是相互影响和相互促进的关系。

一、企业文化的概念

为了全面把握企业文化的实质,有必要对文化和企业文化的内涵及相关内容作一定的了解。

(一)企业文化的概念

当今世界上的学者给"文化"一词下了许多定义,仁者见仁,智者见智,至今尚无统一的定论。多数资料对文化的定义有广义和狭义之说。所谓广义文化,是指人类在社会历史发展过程中所创造的物质财富和精神财富的总和。狭义文化则仅指人类在社会历史发展过程中所创造的精神财富。

虽然对文化的概念没有一个清晰的定论,但它的基本特征还是比较明确的:它是对人的描述,只跟人以及人的活动有关;它是对作为群体的人的描述,体现人的群体本质和现象;它是人类群体之间相互区别的依据;文化现象包括人类活动的物质财富、精神财富和活动方式本身。因此,文化是以人群为载体的,而且是一个历史范畴。凡是有人群的地方,只要有一定的历史过程,就有体现他们的思想观念、行为方法,以及通过他们创造的物质财富所表现出来的文化。一个国家有代表国家的民族文化,一个地区有反映地区风土人情的社区文化,一个单位或组织,也有体现单位成员和组织整体特点的单位文化。单位文化属于微观组织文化,企业文化也属于此类。

所谓企业文化,是指一个企业在运行过程中形成的,为全体成员所普遍接受并共同奉行的理想、价值观念和行为规范的总和。从这一定义看,企业文化是狭义的文化概念,是精神文化。但是,企业文化常常要通过企业制度和物质形态表现出来,不同的企业文化会形成不同的企业管理制度,表现出不同的物质形态,相应地也会创造出不同的物质财富。有专家提出了企业文化的三层次结构:核心层文化、制度层文化、器物层文化。[①]

企业文化的本质要素是价值观和信念,即以企业全体员工的行为表现出来的企业所信守的准则。人有各种信仰,如信奉上帝、主张唯物、突出自我、注重团体、追求私利、报效国家等等。人们的这些信仰都会表现在他们的行为之中,并产生不同的结果,从而形成了不同人的个性和特点。企业也是一样。不过企业的信仰是企业全体职工共同信守的准则,它使员工表现出一致性的行为,从而形成一个企业区别于其他企业的某种风格。企业的这种信仰一旦形成,它将对企业经营目标的实现和企业的生存与发展发挥重要作用。

(二)企业文化的内容

企业文化的内容是十分广泛的,但其中最主要的应包括以下几点:

(1)价值观念。所谓价值观念,是人们基于某种功利性或道义性的追求而对人们(个

---

① 张德著:《人力资源开发与管理》,清华大学出版社2006年版,第120页。

体或组织)本身的存在、行为和行为结果进行评价的基本观点。可以说,人生就是为了价值的追求,价值观念决定着人生的追求行为。价值观不是人们对一时一事的看法,而是在长期实践活动中形成的关于价值的观念体系。

企业的价值观,是指企业职工对企业存在的意义、经营目的、经营宗旨的价值评价,是企业全体职工共同的价值准则。只有在共同的价值准则基础上才能产生企业正确的价值目标。有了正确的价值目标才会有奋发追求价值目标的行为,企业才有希望。因此,企业价值观决定着职工行为的取向,关系到企业的生死存亡。只顾眼前利益的价值观,就会导致员工急功近利,搞短期行为,使企业失去后劲。我国老一代的民族企业家卢作孚(民生轮船公司的创始人)提倡"个人为事业服务,事业为社会服务,个人的工作是超报酬的,事业的任务是超经济的",从而树立起"服务社会,便利人群,开发产业,富强国家"的价值观念,这一为民为国的价值观念促进了民生公司的发展。

(2)经营哲学。企业经营哲学是一个企业特有的从事生产经营和管理活动的方法论原则。一个企业在激烈的市场竞争环境中,面临着各种矛盾和多种选择,它们要求企业有一个科学的方法论、有一套逻辑思维的程序来决定自己的行为,这就是经营哲学。

(3)企业精神。企业精神是指企业基于自身特定的性质、任务、宗旨、时代要求和发展方向,经过精心培养而形成的企业成员群体的精神风貌。企业精神会通过企业全体职工有意识的实践活动体现出来。因此,它又是企业职工观念意识和进取心理的外化。企业精神在整个企业文化中处于支配的地位。企业精神以价值观念为基础,以价值目标为动力,对企业经营哲学、管理制度、道德风尚、团体意识和企业形象起着决定性的作用。可以说,企业精神是企业的灵魂。

企业精神通常由一些既富于哲理又简洁明快的语言来表达,便于职工铭记在心,时刻激励自己;也便于对外宣传,在人们脑海里形成印象,从而在社会上树立个性鲜明的企业形象。如王府井百货大楼的"一团火"精神,就是用大楼人的光和热去照亮、温暖每一颗心,其实质就是奉献服务;西单商场的"求实、奋进"精神,体现了其以求实为核心的价值观念和真诚守信、开拓奋进的经营作风。

(4)企业道德。企业道德是指调整本企业与其他企业之间、企业与顾客之间、企业内部职工之间关系的行为规范的总和。它从伦理关系的角度出发,以善与恶、公与私、荣与辱、诚实与虚伪等道德范畴为标准来评价和规范企业。

企业道德与法律规范和制度规范不同,它不具有后者那样的强制性和约束力,但具有积极的示范效应和强烈的感染力,当被人们认可和接受后会具有使员工做到自我约束的力量。因此,它具有更广泛的适应性,是约束企业和职工行为的重要手段。中国老字号同仁堂药店之所以三百多年长盛不衰,原因就在于它把中华民族优秀的传统美德融于企业的生产经营过程之中,形成了具有行业特色的职业道德,即"济世养身、精益求精、童叟无欺、一视同仁"。

(5)企业形象。企业形象是企业通过外部特征和经营实力表现出来的,被消费者和公众所认同的企业总体印象。由外部特征表现出来的企业的形象称为表层形象,如招牌、门面、徽标、广告、商标、服饰、营业环境等,这些都给人以直观的感觉,容易形成印象;通过经营实力表现出来的形象称为深层形象,它是企业内部要素的集中体现,如人员素质、生产经营能力、管理水平、资本实力、产品质量等。表层形象是以深层形象为基础的,没有深层形象这个基础,表层形象就是虚假的,也不能长久地保持。流通企业由于主要经营商品和提供服务,与顾客接触较多,所以表层形象显得格外重要,但这绝不是说深层形象可以放在次要的位置。

（6）企业制度。企业制度是在生产经营实践活动中所形成的,对人的行为具有强制性,并能保障一定权利的各种规定。从企业文化的层次结构看,企业制度属中间层次,它是精神文化的表现形式,是物质文化实现的保证。企业制度作为职工行为规范的模式,使个人的活动得以合理进行,内外人际关系得以协调,员工的共同利益受到保护,从而使企业内务环节有序地组织起来为实现企业目标而努力。

案例 10-2

微软的企业文化[①]

优秀的企业文化造就卓越的企业,微软就是这样一个例子。微软拥有舒适的工作环境,包括自然环境和人文环境。位于美国西雅图的微软园区环境优美,拥有大量鲜花、草坪,还有篮球场、足球场和健身房等文体设施。舒适的自然环境为微软人提供了优雅的工作场所,成为高效工作的有力保障。

更令人们好奇和值得探寻的还是微软的人文环境。启动一个企业要从启动人开始,而启动人要从启动人的精神开始。微软"以人为本、开放随和"的工作风格就很好地体现了这一点。在微软任何一个团队中,都有着这样一句名言:没有永远的领导与员工。领导与员工在一起,不仅是一起工作,更是在一起分享成功与失败、快乐与悲伤。开放的环境形成了开明的领导风气。

这使得微软人的团队意识非常强:成败皆为团队共有;大家互教互学;互相奉献和支持;遇到困难互相鼓励,及时沟通;依靠团体智慧;承认并感谢队友的工作和帮助;甘当配角。在这样一个融洽的团队中工作,工作的潜能和激情也能更好地被挖掘出来。在微软,开放和随和的气氛,开明的领导,使员工有了更广阔的发展空间,也为员工个人才能潜力的充分发挥提供了更好的机会。这种团队精神也许就是微软永葆青春的奥秘。

在交流方面,微软更有自己的特色。微软人认为,交流是沟通的核心,是解决问题的有效途径以及团队精神的体现。在微软,员工的沟通方式有 E-mail、电话、个别讨论等,而"白板文化"是其中最典型的。"白板文化"是指在微软的办公室、会议室甚至休息室都有专门可供书写的白板,以便随时记录某些思想火花或一些建议。这样,有什么问题都可以得到及时沟通,及时解决。在这里,员工得到了充分的尊重,交流也成了一种艺术。

优秀的企业文化使得工作成了一种乐趣。在这里,员工和公司的前途是紧紧连在一起的。微软的实践证明,优秀的企业文化对于高科技企业的成功有重要作用。

---

① 根据《财经日报》2005 年 11 月 28 日有关资料修改。

二、企业战略与企业文化的关系

(一)企业文化是企业战略管理的基础

企业文化的核心价值观始终是企业立足的基本点。只要是企业,不管它是什么类型,都摆脱不了争取最终实现企业核心价值观的逻辑范畴。企业使命、价值观和理念等精神因素是企业文化的主线,企业的战略规划受企业思想的影响,因而,企业战略的研究、规划与实施必须考虑企业文化的问题。

(二)企业文化的塑造、整合和提升始终围绕企业战略进行

企业文化随环境、时间、规模、进展阶段的变化而有所不同。所以,要符合和满足企业达成其最终战略的目的,就必须适时调整和重塑企业文化。为了企业最终价值取向的达成所建立的企业理念支撑体系,使其尽可能地接近企业的宏观整体一致性和能动性,以符合并满足企业的生存与宏观战略发展的需求。对企业文化的不断提升与创新,是为了适应和满足企业在不同时期、不同环境和不同条件下的战略发展对企业的不同需求。

案例 10-3

韦尔奇与 GE 大学

1981 年至 2001 年间,杰克·韦尔奇任美国通用电气公司(GE)这个美国最大的工业企业集团的董事长兼 CEO,在这 20 年的职业生涯中,韦尔奇把 GE 这个百年老店推向了前所未有的成功和辉煌。在他的领导下,GE 的市值从 1981 年的 140 亿美元增长到 2000 年的 4900 亿美元,韦尔奇也因此当之无愧地被称为 20 世纪美国最杰出的职业经理人。韦尔奇的成功缘于什么?除了他高瞻远瞩的战略方向感以及他雷厉风行的领导作风之外,韦尔奇利用 GE 大学进行战略沟通和企业文化传播是其成功的关键。

上任之初,韦尔奇就为 GE 提出了雄心勃勃的改革方案和发展战略,例如"数一数二"战略、"六西格玛"质量管理、"无边界"管理等。为了让几十万名遍布全球的 GE 员工跟上自己的战略思路,韦尔奇特别重视利用 GE 大学这个平台与中高层经理进行交流和沟通。

成立于 1955 年的 GE 大学是全球第一所企业大学,它位于纽约哈德逊河边的"克劳顿村",占地 58 英亩,也称 GE 克劳顿管理学院。自成立以来,它一直是 GE 高级管理人员的培训中心,也可说是 GE 高级领导干部成长的摇篮,被《财富》杂志誉为"美国企业界的哈佛"。

韦尔奇从一开始就把克劳顿学院当作达成战略目标的利器,他虽然对公司其他部门的花费十分节省,但是对克劳顿学院出手却十分大方,GE 每年拨款约 10 亿美元

用于克劳顿学院的建设和对管理人员的培训,每年在克劳顿村接受培训的 GE 高级经理人员超过 5000 人,他们都是来自 GE 全球各个业务部门的杰出人才。克劳顿学院除了提供高级财务管理、高级 IT 管理、高级营销管理、创新思维、人际沟通等管理知识培训外,更重要的是,还为公司经理人员与韦尔奇面对面交流提供了机会。要知道,在 GE 这个百年老店里,一般的经理人员能见到 CEO 是一件相当荣耀的事。为了传达他的战略理念,韦尔奇亲自确定培训课程,他说"我要以克劳顿学院,以及'克劳顿式的学习过程'在 GE 掀起一场文化革命"。在他担任 CEO 的 20 年中,韦尔奇曾 250 多次出现在克劳顿学院的教室里,亲自向 GE 的高级管理人员授课。

例如,在克劳顿村有一间奇大无比的讲演厅,这间大厅里的座位像看台一样被高架起来,演讲者只得仰头与听众说话,仿佛置身于洞穴底部,因此人们称之为"洞穴"。就是在这个"洞穴"中,韦尔奇会发表他的战略见解和管理哲学,也让 GE 的高级经理说出他们的心里话,大家相互辩论,互相质疑。这些课程的学习和交流不仅让韦尔奇抓住机会说服员工认同自己的看法,同时也让他了解了 GE 员工中存在的问题,这样就彻底消除了战略决策者与执行者之间的隔阂与认识偏差,于是韦尔奇顺利地将他的管理哲学渗透到 GE 所有人的大脑里。

总之,克劳顿村集思想盛宴、学术论坛、情报信息站、辩论场合、布道讲坛于一身,通过在克劳顿村的学习,GE 的经理层受到公司文化的熏陶和洗礼,使他们能够及时跟上韦尔奇的步伐,随着 GE 发展的脉搏一起跳动。据统计,曾经有 137 位财富 500 强的 CEO 来自 GE 公司,他们都曾受过 GE 克劳顿学院的培训。正是由于克劳顿村的存在,才使得 GE 成为一个名副其实的"人才制造工厂"。也可以说,克劳顿村帮助成就了韦尔奇与 GE 的百年大业。

第六节　企业战略与领导力

"一只绵羊带领的一群狮子,敌不过一头狮子带领的一群绵羊。"这句堪称经典的商界名言透露出了领导力对一个企业发展的重要性。毫无疑问,企业家要对一个企业义不容辞地承担起领军的重任。

中国企业未来战略目标及愿景的实现不能仅依靠企业家个人的能力,而必须要有一支有远大抱负和共同追求的具有卓越领导力的管理团队,要靠高素质的企业家群体来完成。

一、领导力的概念

(一)领导力的含义

领导力(leadership)可以被概括为一系列行为的组合,这些行为将会激励人们跟随领导去要去的地方,而不是简单地服从。一个头衔或职务不能自动创造一个领导者。

领导力名人谈

美国前任国务卿鲍威尔(Colin Powell)将军被认为是一个深知如何去激励别人创造佳绩的领导,他将领导力定义为:"领导力是一门艺术,它会完成更多管理科学认为不可能的东西。"

美国前国务卿基辛格(Henry Kissinger)博士说:"领导就是要带领他的人从他们现在所在的地方,去还没有去过的地方。"

通用汽车副总裁马克·赫根(Mark Hogan)对领导者的描述是:"记住,是人使事情发生,世界上最好的计划,如果没有人去执行,那它就没有任何意义。我努力让最聪明、最有创造性的人们在我周围。我的目标是永远为那些最优秀、最有天才的人们创造他们想要的工作环境。如果你尊敬人们并且永远保持你的诺言,你将会是一个领导者,不管你在公司的位置高低。"

"永远不要怀疑,一小组有思想和关心的公民可以改变这个世界,事情的确就只是这样。"——玛格丽特·米德(Margaret Mead)

"领导力就像美,它难以定义,但当你看到时,你就知道。"——沃伦·班尼斯(Warren Bennis)

"领导能力是把握组织的使命及动员人们围绕这个使命奋斗的一种能力;领导能力的基本原则是:领导力是怎样做人的艺术,而不是怎样做事的艺术,最后决定领导者能力的是个人的品质和个性。领导者是通过其所领导的员工的努力而成功的。领导者的基本任务是建立一个高度自觉的、高产出的工作团队;领导者们要建立沟通之桥。"——德鲁克基金会关于《领导者的对话》

"我不认为领导能力是能够教出来的,但我们可以帮助人们去发现,并挖掘自己所具备的领导潜能。"——约翰·科特(John Kurt)

"一个领袖人物必须正直、诚实、顾及他人的感受,并且不把个人或小团体的利益和需要摆在一切衡量标准的首位。否则人们就不会追随他。"——约翰·科特

作为企业管理层的核心能力,领导力是企业"能力管理"的重中之重,更是企业人力资源管理与开发的根本。因此,"领导力培育"也便成为企业人力资源规划必不可少的核心内容之一。

(二) 企业领导力培育

企业领导力的培育是一个系统工程。关于领导力的培育,目前有两种不同的理念:一种是全面领导力建设理念;一种是企业高层领导团队的领导力建设理念。

1. 全面领导力建设理念——由下而上开发领导力

所谓全面领导力建设,即认为领导是每个员工的事。领导并不是一个职位,而是一个行动者,一种重要的实践过程。因此,领导力的开发不仅仅针对企业的高层管理者,而是

针对组织中所有对象,每个员工都是领导实践者,都要做自己的领导,都要承担自我开发与管理的责任。全面领导力建设主要有以下几个特点:

第一,领导力是一种能够激发团队成员的热情与想象力,以期全力以赴、共同完成明确目标的能力。这说明领导力就是一种影响力。

第二,强调员工的自我开发与管理,领导力的培育不仅针对高层,还包括各层员工,要让每个员工通过日常工作与生活经验培养积累而获得领导能力,使每个人都成为主动者,成为自己的领导。对于员工的领导力培育,主要是实现其自我潜能的激发和自我能力的开发,使其形成一种自我激励与自我约束的动力,对组织的事业与目标充满激情,自觉地全身心投入工作,不断实现与超越目标。

一个具有高度竞争力的企业,其领导力应是由下而上生成的,而非传统认为的只是由上而下的灌输,唯有能持续地在各层级培养出领导者的企业,才能适应外部环境的不确定性。

2. 企业高层领导团队的领导力建设理念

另一种领导力建设的观点认为,领导力的培育与开发应更多地关注高层经营管理团队。这里介绍摩托罗拉针对高层管理者及领导人设计的专门的领导力培养计划——5E领导力模型,也就是高层领导团队应主要具备的五种能力:眼力(envision)、魅力(energize)、魄力(edge)、能力(execute)和约束力(ethics)。

知识链接

5E领导力模型

1. 眼力

领导者能否为组织科学决策,树立发展目标和提出战略规划,决定了组织的长远发展前景。作为一个领导者,首先要有眼光、有境界、有追求,才能够敏锐地发现有利于企业发展的机会和需要实施的变革,同时能够提出实现这一变革的设想、战略和切实可行的计划,也就是说领导者要有战略思维。

瓦伦·本灵斯研究了90位美国最杰出的领导者,发现他们有4种共有的能力:令人折服的远见和目标意识;能清晰表达这一目标,使下属明确理解;对这一目标的追求表现出一致性和全身心的投入;了解自己的实力并以此作为资本。可见,洞察机会与确立目标的能力对于领导者极其重要。

摩托罗拉对本企业的高层经营管理者就眼力提出了4项标准:第一,要能将复杂的战略转为简单的标准和行动内容,以指导员工的行动;第二,能够提出使公司运营突破瓶颈的途径和方法;第三,要密切注意顾客及竞争对手的变化和动向,以发现未来的发展趋势;第四,要对臆断和常规思维提出疑问,向现状发出挑战,敢于打破常规。

在组织目标的确立过程中,领导者的洞察力起着关键作用。观察业界的发展方向,发现竞争突破点,树立独树一帜的组织风格,确立产品的发展方向和服务范围,每一项改革和创新都是对领导者洞察力的检验。高瞻远瞩是成功领导者的必要条件。

2. 魅力

所谓有魅力,就是要热情,要能够激发出员工、顾客和合作者对组织目标的热情,创造一个人人能满怀激情地工作、并有机会为公司作出贡献的环境。

领导者个人确立了组织目标对于组织发展是远远不够的,更重要的工作是要使这一目标成为组织共同的目标与追求,在组织内形成共有的价值观。只有组织成员共同拥有其愿意真心投入或遵从的群体目标,才能产生群体行动,并激发起更大的责任感和创新精神,从而使目标产生激励作用。

一个领导者的魅力首先来自其自身的热情与对工作的投入,来自他的境界追求。摩托罗拉就领导者的魅力提出了6项标准:第一,要表现出对美好设想的热情,创造积极的工作环境;第二,要向下属放权,扫除障碍,为他们提供工作所需要的资源;第三,要承认和表彰人们的贡献,使他们感到自己会得到尊重;第四,要通过对下属的辅导、指导和支持,培养人才,领导者的首要任务就是能带队伍,能培养人才;第五,要满怀感情和热情地与人交流,要学会沟通,能够把公司整体的战略意识传递到下面去;第六,要在工作中投入高度的个人热情,创造性地开展工作。

3. 魄力

魄力也就是果断力,即领导者要能一针见血地切中问题的要害,作出大胆和及时的决定,坚持用更高的标准要求本组织,以实事求是的方式表示善意的不满。

4. 能力

所谓能力,包括计划能力、组织能力、控制能力、沟通能力等诸多方面。这里要强调的是要有执行能力,必须能将目标转变成现实的行动和成果。摩托罗拉对领导者的能力提出了以下4项标准:第一,要能够按期完成工作,遵守对顾客和内部同事的承诺;第二,要通过适当的紧迫感将团队的注意力集中到执行计划、取得成果上;第三,要能够采用创新性的方法,持续改进工作和工作流程;第四,要在保证质量的前提下,按时间和预算规定对项目进行管理。

5. 约束力

约束力即自律能力(自我管理能力)。个人的自律意识与职业道德是领导者首先要具备的素质之一。约束力强的领导者应该做到:(1)作为一个高层领导者,要首先将公司的利益放在个人志向之前,确保个人的目标和利益服从组织的目标和利益。(2)公平对待、尊重所有的人和文化。领导者要有公平意识,尊重人性,尊重大多数人在合法条件下对利益的追求。(3)会克制、控制自己的情绪反应。(4)当个人目标与团队目标发生冲突时,要选择对顾客和企业最为有利的行动。

对领导力的概念,不同的企业有不同的理解,这与企业的文化和管理现状有关。对大多数中国企业来讲,目前一方面要强调员工的自我开发与管理;另一方面要加强培养高层经营管理团队。其中后者需要通过建立高层管理者的领导力模型,研究高层管理者的素质和能力要求,来进行对高层管理者的能力培养。只有制度化、系统化地培养高层管理者的能力,才能提升企业的整体管理能力,进而推动企业的发展。

二、企业战略与领导力的关系

领导力、企业文化和企业战略正在成为企业制胜的关键。随着市场变化速度越来越快、竞争日趋激烈,越来越多的企业家认识到企业战略需要由具备较强领导力的中高层经理人来实施,并在必要的时候调整战略。同时,企业也需要建设活跃进取的企业文化,使企业的每个人都成为实现企业成功的重要力量。

战略的制定、选择、实施和完善的各个过程,都离不开企业的领导力,事实上这方面的工作就是企业高层管理者的主要职责,我们称之为战略领导。

战略领导者的职责包括:

(1)决定战略方向。战略领导者应该为组织指明前进的方向,应该提出反映企业战略意图的企业经营基本理念和基于此理念的使命与愿景。

(2)发展核心竞争力。核心竞争力源于企业的资源和能力,战略领导者往往掌控企业核心资源,也最了解企业具备的能力,因此他们必须不断努力开发企业核心竞争力,并在战略执行过程中不断强化核心竞争力。

(3)优化人力资源。人是企业的中心要素,有效进行人力资源的开发和管理,是企业战略能否成功的关键。

(4)培育优良的企业文化。如前所述,企业的活动都是在企业文化的影响下进行的,战略的执行也不例外。如何培育能够与企业战略匹配的企业文化,是战略领导者重要的职责之一。

(5)建立战略的实施和控制系统。如果说战略的制定在一定程度上是企业高管层的工作的话,战略的实施就应当是全体员工的事情,而不能只由企业高管来完成。所以企业的战略领导者要制定战略的实施和控制系统来确保战略的实施。

组建企业战略领导团队要遵循的几个原则是:确立领导核心、能力匹配、精干高效、合作和谐、优化组合等。

本章小结

企业必须对各种战略方案进行分析、评价并作出选择,企业战略或战略组合应当帮助企业做到充分利用外部机会,避开不利影响因素,加强企业内部的优势,弥补自身的不足。企业面临多种战略选择,在进行战略选择的过程中,需要借助一些战略评价工具和技术,对各种可供选择的方案加以分析和评价,从中选择适合自己的战略方案。

战略选择的方法有 SWOT 分析法、战略选择矩阵等。战略执行和评估的方法有平衡计分卡方法等。战略控制根据控制阶段、控制层次、控制本质、控制动力、控制对象等,可以分为多种不同类型。

战略选择和战略执行都与企业的治理结构、企业文化、企业领导力等密切相关。

思考题

1. 请举例说明战略选择与战略执行在企业战略各环节中的重要作用。
2. 公司治理与公司战略有什么样的关系? 请结合事例说明。
3. 请举例说明企业文化、领导力与企业战略的关系。

案例应用

绩效考核与索尼的兴衰

绩效考核是任何组织战略实施的关键,没有考核就不能发现战略执行中存在的问题。但是,绩效考核一定要与组织的传统、文化,以及组织的相关管理体系相结合,与时俱进,否则,僵化的考核办法不仅不能促进战略执行,反而会起到副作用。日本索尼公司由盛转衰的例子充分证明了这一点。

成立于 1946 年的日本索尼公司曾经长期执世界电子产业的牛耳,是日本企业中最有创新精神的企业,它不仅是世界上最早的便携式数码产品的开创者,也曾是世界上最大的电子产品制造商之一,其创始人井深大和盛田昭夫的故事曾经家喻户晓。但是,进入新世纪,索尼公司辉煌不再。自 2003 年出现巨额亏损以来,索尼陷入了发展困境,仅 2008 年到 2013 年的六年时间内就亏损了 1.15 万亿日元。最新发布的年报显示,索尼在 2014 财年亏损达到 1260 亿日元,网上甚至传出索尼要破产的消息。

索尼为什么由盛转衰? 一时众说纷纭。但是一位内部老员工的观点也许能够帮助我们管窥索尼衰败之一斑。索尼前常务董事天外伺郎发文认为[1],是绩效主义毁了索尼,因为实行绩效主义,职工逐渐失去创新的热情,索尼再也不见过去的"激情集团"。公司为统计业绩花费了大量的精力和时间,而在真正的工作上却敷衍了事,出现了本末倒置的倾向。

从 1964 年进入索尼集团以后,天外伺郎在索尼工作了 40 年。他切身体会到,过去索尼有很多不知疲倦、全身心投入研究开发的"激情集团",这样的"激情集团"开发出了很多具有独创性的产品。索尼以前之所以能做到这一点,是因为有创始人井深大的领导。井深大最让人佩服的一点是,他能点燃技术开发人员心中之火,让他们变成为技术献身的"狂人"。例如,即使是年轻员工,也敢和井深大就技术问题进行激烈争论,而且互相尊重。在这样的氛围下,年轻员工从一开始就视工作为乐趣,视挑战为机遇,从而忘我地投入到创新浪潮之中,成就了"激情集团"。

从 1995 年开始,索尼公司开始实行西方的绩效主义,还为此成立了专门机构,制定了非常详细的评价标准,并根据考核结果确定报酬。天外伺郎认为,绩效主义就是:"业务成果和金钱报酬直接挂钩,职工是为了拿到更多报酬而努力工作。"绩效主

---

[1] 参见天外伺郎:《绩效主义毁了索尼》,《中国企业家》第 2007(Z1)期,第 38 - 40 页。原文刊登于日本《文艺春秋》2007 年 1 月刊。

义使得员工过去那种以工作为乐趣的意识被扼杀，这与井深大的创业理念恰恰相反，他曾有一句口头禅："工作的报酬是工作。"如果你干了件受到好评的工作，那么下次你还可以再干更好的工作。在井深大的时代，许多人为追求工作的乐趣而埋头苦干。但是，实行绩效主义后，职工逐渐失去工作热情，"激情集团"再也不见了。

为衡量业绩，首先必须把各种工作要素量化，但是有些工作是无法简单量化的。为了满足业绩考核要求，几乎所有人都提出容易实现的低目标，自此代表索尼精神的核心要素，即"挑战精神"消失了，索尼内部追求眼前利益的风气蔓延开来，短期内难见效益的工作，逐渐失去了对员工的吸引力。当年井深大和公司员工都有一种自信心：努力争先，创造历史。员工为成为"最尖端企业的一员"而感到骄傲，今天索尼已经没有了向新目标挑战的"体力"，同时也失去了把新技术拿出来让社会检验的胆识。

另外，绩效主义不仅对每个人进行考核，还对每个业务部门进行考核，由此决定整个业务部门的报酬。最后导致的结果是，业务部门相互拆台，都想方设法从公司的整体利益中为本部门多捞取更多好处。

创新完全是一种复杂的人类智力劳动，尤其是从事原创性工作的活动，风险和不确定性很大，员工需要得到充分的激励，对他们的考核不宜用事无巨细的考核体系。团队合作是过去日本企业成功的一大法宝，这一点与崇尚个人英雄主义的西方文化非常不同。实践证明，绩效主义助长了个人短期导向的行为和组织的本位主义思想，使得团队合作以及原创性的成果在索尼变得越来越难见到。

任何战略的执行都离不开科学有效的考核和激励，但是，在任何时候，考核的办法都不能千篇一律、照搬照抄、僵化教条。索尼这个过去的日本之星之所以悄无声息地陨落，天外伺郎的见解可谓一针见血。

【案例讨论】

绩效考核真的是索尼衰败的原因吗？